바로 알고 거울삼아야 할
조선 왕실 이야기

조선 왕실 이야기

펴 낸 날 2020년 6월 5일

지 은 이 공준원
펴 낸 이 이기성
편집팀장 이윤숙
기획편집 윤가영, 정은지, 한솔
표지디자인 윤가영
책임마케팅 강보현, 류상만
펴 낸 곳 도서출판 생각나눔
출판등록 제 2018-000288호
주   소 서울 잔다리로7안길 22, 태성빌딩 3층
전   화 02-325-5100
팩   스 02-325-5101
홈페이지 www.생각나눔.kr
이 메 일 bookmain@think-book.com

- 책값은 표지 뒷면에 표기되어 있습니다.
  ISBN 979-11-7048-044-0 (03910)

- 이 도서의 국립중앙도서관 출판 시 도서목록(CIP)은 서지정보유통지원시스템 홈페이지 (http://seoji.nl.go.kr)와 국가자료공동목록시스템(http://www.nl.go.kr/kolisnet)에서 이용하실 수 있습니다(CIP제어번호: CIP2020006971).

Copyright ⓒ 2020 by 공준원 All rights reserved.
· 이 책은 저작권법에 따라 보호받는 저작물이므로 무단전재와 복제를 금지합니다.
· 잘못된 책은 구입하신 곳에서 바꾸어 드립니다.

조선 왕실 이야기

바로 알고 거울삼아야 할

공준원

태조 이성계는 차사를 한 사람도 죽이지 않았다

생각나눔

제대로 알아두면 쓸모있는 역사

머리말

"구리(銅)를 거울로 삼는다면 그로써 의관을 단정히 할 수 있고, 옛일을 거울로 삼는다면 흥망성쇠(興亡盛衰)를 알 수 있으며, 사람을 거울로 삼는다면 정치의 득실을 알 수 있을 것이다."

이 말은 당나라 태종이 아끼던 재상 위징이 죽었을 때 "이제 누구를 거울삼아 정치를 할 것인가!"라고 한탄하며 한 말이다.

권력(權力)이란 말에서 권(權) 자는 저울추를 의미하고 있으나 본래는 눈금이 그어진 저울 막대를 말한다. 옛날 우리 조상들이 쓰던 손저울은 평판에 올려놓은 물건의 무게에 따라 저울추가 막대의 눈금을 따라 움직인다. 그 막대가 수평이 될 때까지 추가 좌우로 이동한다.

권력이란 저울을 손에 쥔 자가 평판에 올려놓은 물건의 무게에 따라 저울대가 수평이 되도록 저울대에 걸려있는 추를 조정하는 역량을 의미한다. 그러므로 권력의 본래 의미는 형평과 균형을 이루는 능력이다.

그런데 오늘날 권력의 개념은 남을 눌러 복종시키는 힘으로 이해하고 있다. 권력이 남을 지배하는 힘으로 받아들여질 경우 독재로 흐르는 속성을 띤다. 그래서 정치 지도자는 권력을 형평과 균형의 논리로 받아들여야 나라를 잘 다스릴 수 있고, 후대에도 거울로 삼는 본토기가 된다. 그러므로 지도자는 치세에 형평과 균형을 이루기 위해서 늘 고뇌해야 한다.

플라톤은 "철학을 한 자가 정치를 하거나, 정치를 하는 자는 철학을 해야 나라가 잘 다스려진다."라고 했다.

종교는 믿음(信)이 생명이지만, 철학은 끊임없이 '왜?'라는 의문으로 이어진다. 철학을 하게 되면 자기 소신이 서 있어도 더 나은 가치 추구를 위하여 항상 자기 소신을 손질하는 도량과 지혜가 필요하게 된다. 그래서 소수 의견도 진지하게 경청하는 것이다.

민주국가의 참된 지도자는 24시간 반대 의사를 들으면서 정치를 해야 한다는 뜻이 바로 거기에 있는 것이다. 역사를 거울삼고 사람을 거울삼는 것도 이와 맥락을 같이 한다. 특히 불행했던 과거사를 중심으로 한 것은 그것이 우리에게 주는 교훈이 크기 때문이다. 누구나 다 아는 이야기인데도 그 내용을 이야기하라면 단 1분 정도라도 말할 수 있는 지식을 가진 사람은 그리 많지 않다.

　현대를 살아가는 우리에게 옛 역사와 인물이 거울이 되고 귀감이 되려면 그 내용과 의미를 음미할 수 있는 최소한의 지식이 필요하다는 생각이 들었다. 다 아는 몇 가지 역사적 사건을 재조명해본 이유가 여기에 있다. 영웅이든, 악인이든 그들이 역사에 기여한 사실을 이해하기 위해서는 그들이 살았던 시대를 파악하는 것이 중요하다. 같은 역사적 사건이라도 가치관과 시대적 입장에 따라 서로 다른 관점을 가질 수도 있으나 우리는 보편적이고 객관적인 역사의식에 눈을 떠야 한다는 신념에서 이 책을 썼다.

천박한 지식에도 불구하고 과감한 접근을 시도한 것은 무지에서 오는 당돌함이 아닌가 싶어 두려움이 앞선다. 하여, 강호제현의 질정을 기다리며 겸허한 마음으로 이 책을 펴낸다.

목차

머리말 _ 5

이성계와 함흥차사 15
이성계는 차사를 한 사람도 죽이지 않았다

종계변무 38
태조 이성계의 족보가 바뀌다

도성 한양 44
동전을 던져 결정한 수도 한양

해태 | 선악을 구별하는 영물 53
개화령 | 원시적인 방법으로 불을 지핀 궁중 행사 57

광화문이 있기까지 60
광화문 보존에 한 일본인의 노력이 있었다

인정 종과 파루 종 | 통금 위반자는 경을 친다 76

성종과 폐비 윤씨 81
비상으로 남을 해하려다 자신이 비상을 마시고

잡상 | 지나침은 부족함만 못하다 94

연산군 98
포악한 임금으로 초로인생을 살다

선농단 | 선농제 후 먹은 음식에서 설렁탕이 유래 139

장녹수 143
초로와 같이 진 요화

친잠례와 수견례 | 궁궐 안에 뽕나무를 심고　　　　　153
구전된 양만춘 이야기 | 우리 민족의 진정한 애국자를 기리다　　157
신참례와 면신례 | 신랑 다루다 자칫 동승과부 만든다　　　162

광해군과 이이첨　　　　　　　　　　　　　　　　170
패덕한 왕과 간신

광해군과 개시　　　　　　　　　　　　　　　　　192
상궁의 신분으로 권력의 중심에 서다

폐주 광해군　　　　　　　　　　　　　　　　　　206
철령 높은 재에 자고 가는 저 구름아

남경, 경무대　　　　　　　　　　　　　　　　　　224
지금의 청와대

부차 전투의 패배와 포로 생활 229
준비 없는 장수는 나라에 엄청난 재앙을 몰고 온다

숙종과 희빈 장씨 238
미나리는 사철이요 장다리는 한철일세

영조와 사도세자 292
네가 나를 위해 울어야 하거늘 내가 너를 위해 울다니

반달이 336
네가 무슨 반달이냐 초생달이 반달이지

강화도령 철종 339
다락에서 내려와 화려한 연을 타고 궁으로

명성황후 시해 347
며느리 사랑은 시아버지라는데

아관파천   374
38선 처음 거론

순화궁과 정화당   386
희비가 엇갈린 두 후궁 이야기

매국노 이완용   392
명문대가 양자가 되어

독립문의 의미   402
독립문인가, 사대문인가

덕수궁 대한문   408
대한문大漢門을 대한문大韓門으로

참고 문헌 _415

제대로 알아두면 쓸모있는 역사

이성계와 함흥차사
이성계는 차사를 한 사람도 죽이지 않았다

❖ 왕조 건국의 기초를 세우다

　　　　　태조 이성계는 충숙왕 복위 4년(1335) 10월 11일 함경도 영흥(永興) 흑석리에서 태어났다. 고조할아버지 안 사(목조)는 원래 전주 토호였는데, 지주知州(知全州事)가 총애하는 관기와의 염문으로 지주와 불화가 생겨 가솔과 170여 호의 추종자들을 이끌고 강원도 삼척으로 옮겨갔다. 그런데 정착한 지 얼마 되지 않아 새로 부임한 안렴사가 공교롭게도 전주에서 다투었던 그 지주였다.

　충렬왕 16년(1290) 안사는 다시 일행을 거느리고 해로를 따라 덕원부(德源府), 즉 의주(宜州)로 옮겨갔다. 덕원부는 동해안에 있는 지금의 함경남도 문천군 덕원면 일대로 남으로는 원산, 북으로는 영흥과 접하고 있다. 의주로 옮길 때에는 전주에서 같이 온 170여 호뿐만 아니라 삼척에서도 따르는 자가 많아 대집단을 형성하고 있었으므로 고려 조정에서는 그를 회유하기 위해 의주 병마사에 제수했다.

그 후 몽고의 침입으로 의주가 점령당해 쌍성총관부가 설치됨에 따라 쌍성총관부에 예속되었고, 안사와 그 집단은 원나라 장수 산길(散吉)의 휘하에 들어감으로써 고려의 관직을 버리고 원나라의 관직을 받게 되었다. 안사는 산길의 회유로 의주에서 난징(南京)의 오동으로 옮겨가 오천호소(五千戶所)의 수천호(首千戶)와 다루가치(達魯花赤)를 겸하게 되었다. 그렇게 하여 20여 년간 오동에 살면서 후에 여진족까지 거느리다가 그 세력 기반을 행리에게 물려주었다.

행리行里(翼祖)는 덕원에서 태어났는데 아버지로부터 천호와 다루가치를 이어받아 오동에 거주하면서 안변, 화주, 함주 등에도 자주 왕래하여 활동 영역을 넓혀갔다. 그러나 원나라의 통치세력이 차츰 약화되고 여진과의 마찰이 심하여, 강성해진 여진족들이 그를 제거하려 하자 재빨리 탈출하여 두만강 하류 적도(赤道)를 거쳐 뱃길로 연고지인 의주로 옮겨왔다. 의주로 온 행리는 그 세력 기반을 다 잃어버린 후라 무료한 세월만 보내다 그곳에서 세상을 떠났다.

행리의 아들 춘(椿:度祖)은 충혜왕 3년(1342)에 의주에서 화주(和

州)로 옮겼다. 화주로 옮긴 이유는 왕성한 처가 쪽의 정치 세력을 이용하기 위함이었으나 처남들이 전처와 후처소생으로 갈라져 싸움만 치열하였으므로 전혀 도움도 받지 못하고 그곳에서 죽었다.

아들 자춘(子春:桓祖)은 원나라의 후원을 얻음으로 부원세력인 조씨(趙氏)와의 대결에서 승리할 수 있었다. 거기에 조카가 어린 탓에 장성할 때까지 형의 천호(千戶)를 습직하여 이를 계기로 독자적인 세력을 굳힐 수가 있었다. 때마침 명나라의 세력이 왕성해지고 반대로 원 나라의 세력이 약화된 것을 계기로 공민왕이 자춘을 끌어들여 반원 정책에 가세함으로써 뿌리 깊게 대립해온 조씨 세력을 완전히 제거하고 그동안 오랜 기반을 구축했던 동북면을 떠나 개경으로 돌아왔다. 그러나 개경에 들어온 지 1년여 만에 아직도 불안한 동북면을 안정시키기 위하여 삭방도만호 겸 병마사에 임명되어 다시 화주로 돌아와 4년여 만에 세상을 떠났다.

이로써 아들 이성계는 약관으로 금오위 상장군 동북면(東北面) 상만호(上萬戶)가 되어 정3품 중앙무관직에 올랐다. 이성계는 이와 같이 선조의 토착 기반을 이어받아 조선왕조 건국의 든든한 세력 기반을 구축할 수 있었던 것이다.

❖ 이성계의 두 여인

이성계는 두 여인을 정실부인으로 거느리고 있었다. 고려 사대부가에서는 고향에 향처(鄕妻)를 두고, 개경에 경처(京妻)를 두는 것이 상례로 되어있었다. 향처는 조강지처 신의 왕후 한씨(韓氏)이고, 경처는 신덕 왕후 강씨(康氏)이다.

신의 왕후 한씨는 증영문화부사(贈領門下府事) 한경(韓卿)의 딸로 안변 출신이다. 신의 왕후는 함흥 귀주동 운전리에 시집와서 아들 여섯과 딸 둘을 낳았다.

첫째 아들 방우(芳雨)는 부친의 후광으로 일찍부터 벼슬길에 들어 예의판서(禮義判書)를 지낸 바 있는데, 조선왕조가 들어서자 고려의 신하임을 자처하고 산속으로 들어가 보잘것없는 초옥에 거처하면서 술에 젖어 살다가 39세로 세상을 버렸다.

둘째 방과(芳果)는 조선왕조 2대 임금이 되었고, 셋째 방의(芳毅)는 성격이 원만하고 야심이 적어 방간과 방원의 반목이 있을 때에도 중립을 지켰으며 왕족으로 평범하게 살다 갔다.

넷째 방간(芳幹)은 성격이 괄괄하고 야심 찬 인물로 '제1차 왕자의 난' 때에는 방원을 도와 정도전 일파를 제거하는 데 공을 세웠으나 1400년에 지중추부사 박포의 이간으로 충동을 일으켜 방원을 치려다 실패하여 황해도 토산에 유배되었다. 그 후 여러 차례 중벌로 다스릴 것을 중신들이 주청했으나 받아들이지 않고 그때마다 유배지만을 바꾸었다. 토산에서 안산, 익주, 순천성에서 다시 익주,

1410년에는 완산으로 옮겼다. 신하들의 줄기찬 주청으로 1417년에는 태종도 할 수 없이 공신녹권과 직첩을 몰수하고 홍주로 옮겼다. 그간에도 여러 차례 치죄를 논의해왔으나 태종은 끝까지 불응하여 홍주에서 천명을 누리다 갔다.

다섯째 방원(芳遠)은 조선왕조 3대 임금인데 보위에 오르는 과정에서 '제1, 2차 왕자의 난'을 겪었고, 정종이 두려움으로 방원에게 양위하자 보위를 이어받음으로써 태조 이성계의 노여움을 사 '함흥차사'라는 일화를 남긴 인물이다.

여섯째 방연은 어려서 일찍 죽었다.

첫째 부인 한씨는 태조가 개국하여 보위에 오르기 전해인 1391년 9월 23일에 보령 55세로 승하하였다. 정종이 즉위하여 신의 왕후(神懿王后)라 추존하고 태종 10년 태조의 신주 곁에 부제(祔祭)하여 종묘에 배향하였다.

둘째 부인 강씨는 판삼사사(判三司使) 강윤성(康允成)의 딸로 고려 말 권문세족의 배경을 가진 집안이다. 태조 이성계와 신덕 왕후 강씨와의 만남에는 아름다운 일화 한 토막이 전해온다. 태조가 사냥을 나갔다가 돌아오는 길에 목이 말라 마침 우물가에 물을 긷는 처녀에게 물 한 바가지를 청했다. 그 여인은 바가지에 물을 뜨고서는 우물가에 있는 버들잎을 훑어 물에 띄워주었다. 화가 난 이성계는 이 무슨 무례한 짓이냐고 그 여인을 나무랐다. 여인이 답하기를 "보오니 급히 달려오신지라 냉수를 급히 드시면 탈이 날까 염려되어

천천히 드시라 그리하였습니다."라고 공손히 대답하였다. 용모도 아름답거니와 상대를 배려하는 사려 깊은 너그러움이 이성계의 마음을 사로잡았다.

이성계가 강씨를 맞이하게 된 것은 고려 우왕(禑王) 6, 7년경으로 보이는데, 강씨에게서 아들 둘, 딸 하나를 낳았다. 맨 처음에 경순 공주를 낳았고, 그다음에 방번(芳蕃)과 방석(芳碩)을 낳았다. 둘째 부인 강씨는 이성계가 새 왕조를 창건할 때까지 방원과 뜻을 같이하여 힘을 보탠 여인으로, 당돌하고 야심만만한 여걸이라 할 수 있다.

이성계가 새 왕조를 창업하여 보위에 오르자 중전이 된 강씨는 숨겨놓은 야심을 드러내기 시작하였다. 이성계가 새 왕조의 태조가 되면서 이방원에게 동북면으로 떠나 왕실의 능침에 고제(告祭)를 하라는 왕명이 내려졌다. 갑작스러운 일이긴 하나 새 나라를 세우는 대업을 이루었으므로 조상께 고제를 올리는 것은 명분이 있는 일이었다. 하지만 이것은 신덕 왕후 현비의 책략에 의한 것이었다.

이방원이 동북면으로 떠나고 없는 사이 신덕 왕후 강씨는 둘째 아들 방석을 세자에 책봉했다. 현비 강씨의 발 빠른 행보이었으나 이것은 비극의 서막이었다.

❖ 왕자의 난

태조 3년(1394) 10월 28일 새 궁궐도 짓기 전에 도읍을 한양으로 옮겨왔다. 조정 중신들은 대부분 재산을 송도에 두고 몸만 옮겨왔다. 그들의 거처가 제대로 마련되지 않아서 그랬겠지만, 조상 대대로 살아온 송도를 버리기가 그리 쉬운 일도 아니었다. 왕자를 입조시키라는 명나라 황제의 칙명에 따라 명나라를 다녀온 방원은 도읍이 옮겨갔는데도 송도의 추동에 머물고 있었다. 한양으로의 천도는 이처럼 어수선한 가운데 이루어졌다.

1395년 9월 25일 경복궁이 완성되어 동년 12월 29일에 새로 지은 궁궐로 이사했다. 그동안에는 고려 때 지어놓은 남경궁 연흥전을 시어소로 삼았다. 새 왕조가 들어서고 어려운 일들이 한 가지씩 매듭지어지는 가운데 조정도 정도전, 남은 등의 주도하에 자리를 잡아가고 있을 무렵, 태조 5년 8월 13일 현비 강씨가 판내시부사 이득분(利得芬)의 집에서 승하하였다. 사랑하는 중전을 잃은 태조는 억장이 무너졌다.

향처(鄕妻)인 신의 왕후는 고향을 지키며 살다가 태조가 보위에 오르기 전에 승하하였고, 현비 강씨는 아내로서뿐만 아니라 친구로서, 신하로서, 조선이 개국하여 그 기반이 설 때까지 온갖 고초를 다 겪으며 고락을 같이해온 반려자였다. 결코, 헤어질 수 없는 사람이었다.

당초 안암동을 능지로 정했으나 산역을 하면서 파보니 물이 나왔다. 궁리 끝에 근정전에서 바라보이는 도성 안 황화방 북쪽 언덕(정동에 있는 영국 대사관 자리)에 능을 만들고 능 동쪽에는 흥천사(興天寺)라는 원찰(願刹)을 지어 강씨의 명복을 빌어 주었다.

이 무렵 하륜이 갑자기 충청도 관찰출척사로 좌천되어 나감에 따라 방원의 오른팔인 책사 한 사람이 도성을 떠났다. 그런 데다 1398년 정도전 일파에 의한 요동정벌이 추진되면서 자신의 마지막 세력 기반인 사병마저 징발해가려는 기미가 보이자 위기의식을 느낀 방원은 분연히 거사의 칼을 들었다. 태조가 마침 환후를 얻어 침전에 누워있을 때라 거사가 용이했다.

이날 남은의 집에는 방원 일파를 제거하기 위하여 정도전, 심효생, 판중추 이훈, 전참찬 이무, 총성군 장지화, 성산군 이직 등이 모여있었다. 방원은 남은의 집으로 먼저 잠입하여 이들을 모두 주살하고 궁궐에 난입하여 방번과 세자 방석을 죽였다. 이것이 '제1차 왕자의 난'이다.

이로 말미암아 태조는 모든 의욕을 잃고 1398년 9월 5일 방과에게 보위를 물려주고 상왕으로 물러났다. 보위에 오른 정종은 조정을 일신하고 국정을 주도하기 위하여 다음 해 3월에 도읍을 다시 개경으로 옮겼다. 그러나 정종은 자신의 힘으로 보위를 이어받은 것이 아니었기 때문에 정국은 오히려 살얼음판이었다.

'제1차 왕자의 난'을 거친 후에 공신 책록이 있었는데, 이무는 정사공신 1등에 책봉되고 자기는 2등 공신에 책봉된 것에 불만을 품은 박포(朴苞)는 계속 불만을 표출하다 도리어 죽주(竹州)에 유배되고 말았다. 얼마 뒤에 풀려났으나 박 포의 불만은 이것으로 그치지 않았다.

이때 정종이 후사가 없자 조정 일각에서는 방원의 입지가 조금씩 부각되기 시작하였다. 방원을 세자로 책봉해야 된다는 것이다. 박포는 방간을 찾아가 충동질을 했다. 세자를 책봉하려면 서열로 보아 형인 방간이 당연히 우선순위가 아니냐는 것이다. 이에 고무된 방간은 기회를 보아 방원을 제거할 계획을 세우고 있었다. 때마침 이성계가 아들들을 불러 독제(纛祭)에 쓸 육찬을 사냥해서 마련하라는 분부를 내렸다. 방간은 이때를 좋은 기회로 여겼다. 결국, 사냥터가 교전장이 되고 말았다. 이 기미를 눈치챈 방원이 미리 철저하게 준비한 탓으로 도리어 방간의 진용이 깨지고 패하여 유배의 길을 떠났다. 이것이 제2차 왕자의 난'이다.

'제2차 왕자의 난'으로 방원의 세자 책봉은 힘들이지 않고 앞당겨져 1400년 2월 4일에 세자에 올랐다. 그러자 조정의 대소신료들은 모두 방원의 측근들로 채워지고, 국정의 대소사가 방원의 의도대로 되어가고 있었다.

❖ 왕위를 양위하다

정국이 이렇게 변해가자 정종은 위기의식을 느꼈다. 중전 김씨가 서둘러 주상의 양위를 설득하고 내외가 함께 덕수궁(개성에 있음)으로 가 상왕 이성계를 설득했으나 극력 반대하고 나섰다. 덕비 김씨가 애원하다시피 하여 상왕을 설득한 끝에 결국 양위의 전교가 내려졌다. 1400년 11월 13일 세자에 오른 지 9개월 만에 방원은 수창궁에서 보위에 올랐다. 보령 34세였다.

이치가 통하지 않는 곳이 기생집과 궁궐이다. 기생집은 돈이 이치이고, 궁궐은 권력이 이치이다. 태조 이성계는 태상왕이 되고, 정종은 상왕으로 물러났다. 1401년 새해를 맞이하여 태종은 태상왕에 세배를 드리러 갔으나 이를 미리 안 태상왕은 신암사로 떠나버렸다.

태상왕 이성계와 태종 방원과의 불화는 태조가 보위에 오른 때부터 시작되었다고 보아야 한다. 태조가 보위에 오르기 전까지는 현비 강씨와 의기투합하여 조선을 개국하는 데 힘을 보탰다. 태조가 보위에 오른 후부터는 현비 강씨가 야심을 드러내기 시작함으로써 방원과 틈이 생겼다. 강씨와의 불화는 곧 태조 이성계와의 불화로 이어지기 때문이다.

방원은 '제1차 왕자의 난'으로 이제는 돌이킬 수 없는 한을 아버지 이성계의 가슴에 심어주었다. '제2차 왕자의 난' 때 태상왕은 방간을 만류하였으나 듣지 않고 거사하여 결국 방간마저 귀양을 떠났고, 이제 정종까지 보위를 태종에게 물려주자 참을 수 없는 울화가 치밀었다. 겉으로는 선위였으나 태상왕은 찬탈로밖에 볼 수 없었다. 이성계는 이래저래 송도가 싫었다.

❖ 함흥차사의 서막

3월에 들어서 날이 풀리자 태조는 태종 내외의 만류에도 불구하고 한성으로 떠났다. 태상왕은 한성에 도착하여 신덕 왕후의 능침을 둘러본 후 흥천사에서 경순 공주와 만나 회포를 풀고 그곳에서 며칠을 묵은 뒤 금강산으로 떠났다.

태종은 보위에 올랐으나 그의 마음을 가장 무겁게 하는 것은 태상왕과의 관계가 좀처럼 호전되지 않는 것이었다. 태종은 박석명을 보내어 모셔오도록 하였으나 허사였다. 태상왕 이성계는 아예 눌러앉을 계획인지 안변, 함주 등지에 양정(凉亭)을 지으라고 했다.

태종은 태상왕의 신임이 두터운 성석린을 보내기로 했다. 성석린은 당시 어머니의 상을 당하여 복중(服中)에 있었다. 왕명을 받은 성석린은 충(忠)이 있고서야 효(孝)가 있다고 하여 상중임에도 길을 떠났다. 성석린은 회양 땅을 지나면서 한 가지 계책을 떠올렸다. 베옷 한 벌과 백마 한 필을 구했다. 저녁에 눈에 잘 띄는 색깔이다.

이성계는 안변 석왕사 부근에서 머물고 있었는데, 성석린은 그곳에서 잘 보이는 들판 한곳에 나뭇잎을 주워 모아 불을 지피고 앉아있었다. 안변부사 조사의(趙思義)와 이야기를 나누고 있던 이성계는 들판에서 피어오른 연기를 보고 내관 함승복을 시켜 무슨 연유인지 알아 오도록 하였다. 연기의 내막을 알아보러 갔던 내관이 돌아와 들에서 유숙하고자 하는 나그네가 피운 연기라고 하자 태상왕은 "들판에서 어떻게 유숙하겠는가? 들어와 묵고 가게 하라."라고 일렀다.

사랑채에서 자고 난 성석린은 아침에 태상왕에게 문안 올리고 회가할 것을 간곡하게 주청하였다. 방원이 보낸 것으로 안 이성계는 대노하여 당장 물러가라 호통을 쳤다. 다급한 성석린은 "만약 명을 받고 왔다면 신의 자손은 삼대까지 눈이 멀 것입니다."라고 하여 가까스로 태상왕의 진노를 가라앉혔다. 그 덕에 며칠을 묵으면서 두 사람은 바둑을 두기도 하고, 시문 화답도 하였다. 새로 짓는 양정(凉亭)을 둘러보기도 하고, 조정에서 일어나는 여러 가지 우려되는 부분의 일들을 이야기하면서 시간을 보냈다. 성석린의 노력이 주효하여 태상왕은 조사의의 만류에도 불구하고 도성을 떠난 지 두 달 만에 환궁하게 되었다.

『명신록』에 보면 석린의 맏아들 지도(至道)와 지도의 아들 창산군(昌山君) 귀수와 귀수의 아이 다 태중에서부터 장님이 되어 삼대를 이었고, 석린의 작은아들 발도는 후사가 없었다는 기록이 있으나 사실 여부는 알 수 없다.

안변부사 조사의는 승하한 신덕 왕후의 먼 친척뻘이다. 안변 주변에 신덕 왕후의 친인척이 많아 그들을 중심으로 세를 결집하여 신덕 왕후의 원수를 갚자고 기회가 있을 때마다 태조를 찾아와 설득하고 있었는데, 태조의 환궁은 조사의를 허탈하게 만들었다. 태상왕 이성계는 회가 하자마자 유배되어있는 방간의 죄를 사하여 줄 것을 당부하였다. 태종은 흔쾌히 허락하였으나 중신들의 극렬 한 반대로 뜻을 이루지 못했다.

그 무렵 세자의 사부를 정하는 일로 조정이 한동안 시끄러웠다.

태상왕은 수양을 많이 쌓은 고승을 원했으나 조정 대신들은 억불숭유의 정신에 위배된다 하여 이를 극력 반대하고 나섰다.

✥ 다시 궁을 나서다

세상이 이토록 변해 버린 것을 태상왕 자신도 몰랐다. 이제는 아무것도 할 수 없는 한낱 평범한 노인에 불과했다. 할 일 없이 대궐에 앉아있는 것이 답답하기만 했다. 태상왕은 또다시 궐 밖을 나가 이번에는 소요산으로 갔다.

왕은 속이 탔다. 태종은 성석린을 대동하고 태상왕을 찾아 환궁하도록 간청하였으나 오히려 다음에는 회암사로 가려 하니 절을 증축해달라 요청하고, 1402년 초겨울은 소요산에서 보냈다. 이 무렵 이지란이 승복을 입고 나타나 속히 환궁하여 사직을 보존하시라 간곡히 주청하고 사라졌는데 며칠 후 이지란이 세상을 떠났다는 소식이 들려왔다.

태상왕 이성계는 큰 충격에 빠져 자신도 이제 부처에 귀의해야겠다고 결심하고 그해 6월에 회암사로 옮겨갔다. 회암사에 이르러 무학으로부터 계를 받아 육식을 끊고 불제자로 살 것을 결심하였다.

이 소식을 들은 태종은 태상왕을 모시러 회암사로 갔다. 태상왕이 무학의 설교를 받아 고기를 들지 않은 관계로 몸이 쇠약해졌으므로 태종은 태상왕이 고기를 들지 않으면 왕사 무학에게 죄를 묻겠다고 엄포를 놓았다.

이제는 회암사 주지 무학이 나서서 태상왕을 설득하였다. 어쩔 수 없는 입장이 된 태상왕은 조건을 내세웠다. "임금이 만약 나처럼 부처를 위한다면 내가 고기를 먹을 것이다."라고 제안하였으니 태종으로서도 대답을 아니 할 수가 없었다. 결국, 태종은 같이 환궁은 못 했으나 육식을 들게 하는 데는 뜻을 이루었다. 태종은 회암사에 밭 1백 20결을 하사하고 양주 땅을 떠났다.

태상왕은 태종 2년 11월 1일 회암사를 떠나 4일에 금화현에 도착하여 며칠을 머문 뒤 9일에 역마를 타고 동북면으로 향해 가 조상의 능을 살폈다. 그리고 나서 조사의를 만났는데 그는 태상왕 앞에서 현 임금을 치자는 대역 의사를 공공연히 밝히고 윤허를 청했다.

태상왕 이성계가 함흥으로 간 것은 방원에 대한 증오심 때문이었지만 그래도 친자식인지라 번민과 갈등이 많았는데 안변부사 조사의의 부추김은 심기를 더욱 사납게 만든 것도 사실이었다. 그러나 아무래도 더 이상 피를 흘려서는 안 된다는 이성계의 생각은 확고했다. 만류가 있었지만 때는 이미 늦었다.

태상왕을 문안하러 함흥으로 떠났던 청원군 심종(沈淙), 예문관 제학 유창, 예문관 대제학 이직 등이 거느린 군사들을 조사의가 모두 목을 베어버리고 이들의 지휘관들만 돌려보냈다.

태종은 당장 군을 동원하여 치려 하였으나 하륜이 말렸다. 중국에서 사신이 와있었고, 자칫 태상왕이 화를 입을까 염려되었기 때문이다. 이번에도 성석린이 나서서 박순(朴淳)을 천거하였다.

왕명을 받은 박순은 망아지가 딸린 말 한 필을 구하여 어미 말을 타고 떠났다. 철령을 넘어 영흥을 지나면서 주위가 살벌하였으나 박순이 무사하였던 것은 망아지 딸린 말을 탄 데다 행색이 초라하여 일반 백성으로 보았기 때문이었다.

박순은 영흥 땅에 있는 용흥강 어귀에서 하룻밤을 지내고 함흥으로 들어갔다. 태상왕이 거처하는 곳 가까이에 이르렀으나 조사의의 군사들이 삼엄하게 경계하고 있어 접근하기가 쉽지 않았다. 박순은 꾀를 내어 별전이 바라보이는 곳에 망아지를 매어놓고 어미 말을 타고 망아지 주위를 돌고 있었다. 이 해괴한 광경을 본 태상왕은 내관을 시켜 그 사람을 데려와보라 하였다. 가까이 오는 사람이 박순임을 안 태상왕은 반갑게 맞이하면서 며칠을 묵어가도록 허락해주었다.

며칠을 묵는 동안 박순은 태상왕을 설득하여 환궁을 결심하게 되었다. 이를 안 조사의는 환궁을 결사반대하면서 태상왕의 환궁 소식을 가지고 가는 박순을 죽이겠다고 나섰다. 자신도 모르는 사이에 태상왕은 이미 조사의의 인질이 되어있었다. 태상왕은 결심을 번복하면서 이미 출발한 박순이 강을 건넜거든 살려 보내고, 건너지 못했거든 주살해도 좋다는 조건부 윤허를 내렸다. 박순이 이성계의 오랜 친구인지라 이때쯤이면 강을 건넜으리라 믿고 될 수 있으면 살려 보내려는 심사였던 것이다. 그러나 용흥강을 충분히 건넜으리라 생각했던 박순은 도중에 배탈이 나 시간이 많이 지체되었다. 박순이 배에 타려는 순간 조사의의 군사들이 쏜 화살에 맞아 죽임을 당했다(半在江中 半在船). 남편의 부음을 들은 박순 부인 임씨도 스스로 목매어 죽었다.

일반적으로 알려진 이상과 같은 박순의 이야기는 『왕조실록』과 상당한 차이를 보이고 있다.

『조선왕조실록』 태종 2년 11월 8일조의 기록이다.

> 동북면으로 파견했던 상호군 박순이 그곳 군사들에 의하여 살해되었다. 순이 함주에 가서 도순무사 박만과 고을 사람들에게 조사의를 따라나서지 말라고 이르다가 그곳 군사들에 의해 살해되었다.

태상왕이 회암사를 떠나 김화현에 도착한 것은 11월 4일, 그곳에서 함주로 떠난 날이 9일인데, 박순은 전날 전사한 것이다. 박순은 임무를 띠고 동북면으로 파견되어 태상왕(태조)이 함주에 도착하기 전에 죽었으므로 태상왕을 만나지도 못했다는 결론이다.

그럼에도 불구하고 위와 같은 야사가 전해지는 것은 박순의 죽음을 미화하고 태상왕의 입장을 합리화시키기 위한 일각의 바람에서 나온 이야기가 아닌가 싶다. 박순은 임무를 수행하다 장렬한 죽음을 당한 것은 사실이다.

더 참기 어려워진 태종은 직접 출병하여 조사의를 치려 하였으나 주변의 간곡한 만류가 있어 마지막으로 사자를 한 번 더 보내기로 하였다. 만약 조사의의 군병을 태상왕이 지휘하고 나선다면 이것은 부자간의 싸움이 되어 자칫 큰 화를 자초할 수 있기 때문이었다. 하륜이 왕사 무학을 추천하였다.

✥ 무학대사와 함흥차사

태조 이성계와 무학은 개국 이전부터 인연이 되어 꾸준히 친분을 다져온 관계로 개국 후에도 국정 대소사는 물론 사적인 일까지도 격의 없이 대화하고 자문을 구하는 유일한 친구였다. 둘 사이에 이런 일화가 전해온다.

어느 날 한가한 시간에 이성계가 무학에게 농을 걸었다. 우스갯소리를 한번 해보자고 제안하면서 "대사의 얼굴은 돼지와 같소이다."라고 시비를 걸었다. 무학대사는 "전하의 얼굴은 부처님과 같소이다."라고 응수했다. 그러자 이성계는 "애써 농을 걸었는데 무학은 아부하는 말을 하니 실망했소이다." 하면서 시무룩했다. 무학이 대답하기를 "돼지의 눈으로 보면 모두 돼지로 보이고, 부처의 눈으로 보면 모두 부처로 보입니다." 하니 둘은 크게 웃었다고 한다. 그만큼 두 사람은 변함없이 스스럼없는 우정을 나누고 있었다.

태종 2년 11월 9일 무학은 살을 에는 추운 겨울에 오랜 수도 생활로 굳어진 느린 발걸음을 동북면을 향하여 재촉했다. 11월 1일 태상왕은 회암사에서 출발하여 강원도 북쪽에 있는 김화현에서 며칠 머물다가 무학이 태상왕을 만나러 떠나던 날 태상왕은 역마를 타고 함주로 달려간 것이다.

무학이 함흥에 이르러 태상왕을 뵈었더니 노하여 이르기를 "너도 또한 나를 달래러 왔구나!" 하며 꾸짖었다. 무학이 황망 중에 "전하께서 제 마음을 모르십니까? 빈도가 전하와 더불어 만난 지가 수십 년인데 오늘은 특별히 전하를 위로하기 위하여 왔을 뿐입니다." 하니 태조의 안색이 조금 부드러워져 그때부터 머물러 같이 지내게 되었다.

하루는 무학이 태조를 달래어 아뢰기를 "방원이 진실로 죄가 있으나 전하의 사랑하는 아들이 다 죽고 다만 이 사람이 남아있을 뿐이니 만약 이것마저 끊어버리면 전하가 평생 애써 이룬 대업을 장차 누구에게 맡기려고 하십니까? 남에게 부탁하는 것보다 차라리 내 혈족에게 주는 것이 나으니 원컨대 세 번 생각해보소서." 하니 드디어 행차를 돌릴 뜻이 생겼다. 그러나 태조 이성계는 이미 자유로운 몸이 아니었다.

11월 10일 태종은 대호군 김계지를 보내어 일단 출전 선포문을 반포하였다. 이 소식을 접한 조사의는 우려한 대로 태상왕의 어가를 앞세우고 출병하였다. 그러나 태종은 막상 선포문을 반포하고 나서도 신중을 기하고 있었다.

13일 조영무, 이천우, 김영렬, 이귀철 등이 군사를 이끌고 떠났다.

조영무, 김영렬 등은 철원을 거쳐 통천, 안변, 의주, 영흥, 정주, 함흥에 이르는 동북면으로 진격했고, 이천우, 이빈 등은 서북면 살수로 이어지는 꽁꽁 얼어붙은 길을 따라 진격했다. 태종은 권충을 경기 좌우도 절제사로 임명하여 김영렬을 도우라고 했다.

그러나 조영무, 김영렬이 이끄는 군사들은 조사의의 부대가 출전하여 안변을 이미 떠났기 때문에 아무 저항 없이 안변까지 진출할 수가 있었다. 도리어 이천우의 군사들이 애전 땅에서부터 조사의의 본진과 접전하게 되었다. 이 전투에서 죽기 살기로 싸우는 조사의의 군사들에게 포위되어 고전했으나 이천우는 기병 10여 명과 함께 가까스로 포위망을 뚫고 빠져나올 수가 있었다.

태종은 조사의의 출전 소식을 듣고 난 후에야 출전하여 금교역

들판에서 머물다가 11월 22일 원중포에 이르러 이 소식을 들었다. 분노한 태종은 출전을 서둘렀으나 하륜과 박석명이 나서서 만류했다.

이때 조사의의 군사는 덕주에 있고, 이천우의 군사는 잔병을 이끌고 자성에 진을 쳤으며, 이 빈의 군사는 강동에 있었다.

11월 25일 은주지사 송전이 조사의의 진영에서 도망쳐 나와 조사의의 진영에 대한 실태를 알려왔다. 송전은 이천우가 패전하면서 그들에게 잡혔었는데, 그쪽의 도진무 임순례가 누군가에게 군량을 보내라 하면서 군사의 수효는 6,000명에서 7,000명이 되는데 올량합까지 오면 1만 명은 충분히 될 것이라 하나 오면서 보니까 그들의 군사는 40명 혹은 30명 또는 20명 정도가 무리 지어 도망치는 자들이 많았고, 역모꾼들은 모두 오합지졸이라 크게 걱정하지 않아도 된다는 고무적인 소식을 전해왔다.

이 소식을 접한 태종은 김계지를 서북 병마사로 삼아 서북면으로 나가 완산군을 돕도록 하고, 이거이를 좌도통사로, 이숙번을 도진무(都)로 삼아 평양을 사수하고 이곳에 머물면서 만약의 사태에 대비하라 해놓고 다음 날 원중포를 떠났다.

그러나 태상왕의 안위가 궁금하였다. 27일에는 수소문 끝에 태상왕의 임시처소를 가까스로 알아내어 노희봉으로 하여금 문안드리도록 하였다. 다음 날은 안평부원군 이서와 중 설오를 시켜 태상왕이 있는 임시처소를 찾아 문안드리도록 하였다. 조사의가 출병할 때는 태상왕을 앞세웠으나 치열한 전투가 벌어지자 조사의는 경황 중에 태상왕을 놓쳤다. 그 바람에 태상왕과 무학은 조사의의 진중을 벗어날 수 있었던 것이다.

조사의의 군사들은 싸움 한번 제대로 해보지도 못하고 스스로 붕괴되었다. 전의를 상실한 조사의의 군대는 안주에서 밤중에 청천강을 건너다 얼음이 깨져 군사의 태반을 잃었다. 조사의는 겨우 기병 50명을 거느리고 안변으로 돌아왔는데, 도안무사 김영렬이 포위하여 사로잡아 조중생으로 하여금 도성으로 압송하도록 했다.

❖ 방황의 끝

태종 2년 12월 2일 태상왕은 평양부에 들어가 머물렀다. 이때 무학은 태상왕과 작별하여 자기 길을 갔다. 무학은 그 후 왕명으로 회암사 주지로 있었으나 그 이듬해 태종 3년 금강산 진불암으로 들어가 있다가 태종 5년 금강암으로 옮겨 62세로 입적했다.

박석명이 태상왕이 회가한다는 소식을 전해왔다. 태종이 금교역에 차일을 치고 태상왕을 맞을 준비를 하라 일렀는데 차일을 받치는 기둥이 유난히 큰 것을 보고 하륜에게 그 까닭을 물었다. 하륜은 만약의 사태에 대비한 것이니 그 기둥 옆을 떠나지 말 것을 귀띔했다.

드디어 태상왕이 금교역에 이르러 태종이 있는 차일 가까이 오자 백우선을 날렸다. 태종은 바로 큰 기둥 뒤로 피하여 위기를 모면하였다. 태상왕이 두 번째 화살을 날리려 했으나 옆에 있던 박석명의 만류로 그만두었다. 초조하고 긴박했던 한순간이 지나갔다.

태상왕을 궐내로 모시고 들어와 부용당에서 주연이 벌어졌다. 이때도 하륜이 헌수를 올릴 때 직접 올리지 마시고 내관을 통해 올리도록 권했다. 태상왕이 옆에 철퇴를 지니고 있었기 때문이었다. 태종은 하륜의 지혜로 두 번이나 위험한 고비를 넘겼다. 태상왕은 이것이 모두 하늘의 뜻으로 알고 태종을 마음으로 감싸 안으며 덕수궁 거처로 들었다. 태상왕의 마음에 갈등과 방황이 끝난 것이다. 속(俗)은 세(世)를 따르는 것을!

조사의와 조홍 부자 그리고 내관 함승복을 주살하고 정용수와 신효창은 유배를 보내는 것으로 '조사의의 난'을 매듭지었다.

『실록』의 기록을 보면 태종 2년 11월 18일 태상왕의 어가는 옛 맹주 땅으로 향했고 19, 20일에 조사의의 병사와 이천우의 병사가 애전에서 격돌한 것으로 기록되어있다. 이때 태상왕의 어가를 호종한 승녕부(承寧府) 당상관 정용수와 신효창, 그리고 내관 함승복마저도 조사의의 역모에 가담했다는 기록을 보면 마음의 갈등은 있었겠지만, 태상왕 이성계와 조사의 사이에도 상당한 묵계가 있었던 것으로 보인다.

함흥차사의 설화에는 환궁을 주청하러 간 사자들이 모두 이성계가 쏜 화살에 맞아 죽은 것으로 되어있으나 여러 가지 정황으로 보아 이성계의 손으로 직접 살해한 일은 없었던 것으로 보인다. 사자로 간 사람들이 모두 이성계와 친분이 있는 관리들이고, 『실록』의 기록에도 그런 사실이 없기 때문이다. 사자들이 모두 조사의의 군사들에 의해 살해되었을 것이다. 이 설화는 이성계의 활 솜씨를 과장하려는 일면이 여기에 투영된 것이 아닌가 싶다.

종계변무(宗系辨誣)
이성계의 족보가 바뀌다

❖ 정적의 아들이 되어있다니

    종계변무(宗系辨誣)란 태조 이성계(李成桂)의 족보(族譜)가 명나라 기록에 잘못되어있으니 이를 고쳐달라고 주청(奏請)한 사건이다. 사건의 발단은 전혀 예기치 못한 곳에서 시작되었다.

고려 말에 이성계의 정적 윤이(尹彝)와 이초(李初)가 명나라로 달아나 망명했다. 이들은 이성계를 타도할 목적으로 고려 공양왕이 왕실의 후손이 아니고 이성계의 친척이며, 같이 공모하여 명나라를 치려고 한다면서 이성계 또한 고려 우왕 때의 권신 이인임(李仁任)의 후손이라고 속였다.

명나라에서는 그들의 이야기를 그대로 믿고 명(明)의 『태조실록』

과 『대명회전大明會典』(명나라의 통치 기본이 되는 통일 법전)에 그대로 올려놓았다.

조선에서는 이 사실을 전혀 알지 못하고 있었는데 1384년(태조 3년) 4월 명나라 사신 황영기(黃永奇)가 갑자기 들이닥쳐 "조선의 연해민이 해적 활동을 하고 있다."라고 항의하며, 그들의 압송을 요구했다.

갑작스러운 일이라 조선에서도 당황했지만, 더욱 황당한 일은 항의문에 이성계의 족보가 잘못 기록되어있는 것이었다.

항의문 내용에 "고려배신이인임지사성계금명단자 운운(高麗陪臣李仁任之嗣成桂今名旦者云云)"이라 한데서 조선 조정은 발칵 뒤집혔다. "이인임 지사성계(李仁任之嗣成桂)"란 말은 '이인임의 아들 성계'란 뜻이다.

조선의 입장에서는 왕통의 합법성이나 왕권 확립에 중요한 문제가 아닐 수 없었다. 이인임은 고려 말 우왕 때 권신으로 이성계의 정적이었다. 너무도 어처구니없는 일이었다.

그해 6월 조선에서는 명나라의 사신이 귀국하는 편에 이성계의 세계(世系)가 잘못되었으니 고쳐달라는 주문(奏文)을 올렸다. 그 내용에는 태조 22대를 간결하게 기록하고, 태조 즉위의 정당성과 이인임의 부당한 행위를 상세하게 첨부했다.

그럼에도 불구하고 1402년(태종 2년) 1월 장온(張溫)이 성절사(聖節使)로 명나라를 다녀왔는데 귀국 복명 속에 들어있는 명나라 태조의 유훈에는 여전히 조선왕조의 가계를 이인임의 후손으로 기록했다. 그러나 조선에서는 곧바로 사신을 보내지 못했다. 당시 명나라에서는 2대 건문제(建文帝)와 3대 성조(成祖) 사이에 황제의 계승 문제를 놓고 정란(靖亂) 중에 있었으므로 시기가 적합하지 않았다. 결국, 성조가 3대 황제에 오른 뒤 이듬해 4월에서야 태종 이방원이 보위를 승계한 것에 대한 고명(誥命)과 인신(印信)의 문제가 해결되고, 이어 10월에는 면복(冕服)까지 보내왔는데도 왕실 족보는 그대로였다.

조선에서는 11월에 임빈(林彬)을 사은사로 명나라에 보내게 되었는데 종계변무의 임무도 겸하도록 했다. 그동안 명나라와의 사이에 왕래한 문서와 태조 이성계의 가계는 물론 이인임의 가계(家系)까지 상세히 구분하여 보내주었다. 그러나 명나라에서는 『대명회전』에는 명 태조의 유훈이 기록되어있기 때문에 이를 고치기는 불가능하다'면서 『만력회전萬曆典』 중수본에 변명 사실을 부기하는 데 그쳤다.

이후 이것은 양국 간의 중요한 외교 문제로 대두되었고, 중종반정 때 탄정의 합법성을 강조할 때에도 명나라를 설득하는 데 애로가 많았다.

1518년(중종 13년) 전해에 종계변무의 임무를 띠고 주청사(奏請使)로 갔던 이계맹(李繼孟)이 돌아와 기막힌 보고를 했다. 『대명회전』 조선국조(朝鮮國條)의 주(註)에 이인임과 그의 아들 단(旦: 이성계)이 홍무 6년부터 28년까지 네 왕을 시해하였다고 기록되어있다는 것이다. 설상가상이었다. 백성들이 가지고 있는 성씨(姓氏) 족보(族譜)가 잘못되어도 문중에서 난리가 나는데 한 나라 왕실의 세계(世界)가 이토록 꼬였으니 조정에서는 큰일이 아닐 수가 없었다.

왕실의 족보를 선원계보(璿源系譜)라 하여 일반 족보와 구분하고 이 기록을 보관하는 전각을 따로 지어 선원전(璿源殿)이라 했다. 선(璿)은 북두칠성을 말하는 것으로 이것을 우주 만물의 근원으로 섬겨왔기 때문에 왕실의 근본을 여기에 두고 있었던 것이다. 정말 난감한 일이 아닐 수 없었다.

중종은 서둘러 남곤(南袞)을 주청사로 다시 보내어 '태조의 세계가 이인임과는 아무런 관련이 없고, 또 선세(先世)에 시역(弒逆)한 일은 더더욱 없는 일'이라고 밝히고 그 시정을 요구했다. 그러나 명나라 무종(武宗: 正德帝)은 들어주지 않았다. 무종은 15세의 어린 나이에 등극하여 처음부터 유근(劉瑾)을 비롯한 장영(張永) 등 8명의 환관들에 둘러싸여 음락(淫樂)의 늪에 빠져 허우적거리고 있었다. 국정은 모두 이 8명의 환관들 손에서 농단 되고 있었으니 조선 조정의 속 타는 심정을 이들이 알 리가 없었다.

그 후 1529년 가절사(佳節使) 유부(柳溥)가 명나라에 다녀와서는 『대명회전』이 중찬되리라는 소식을 전해와 조선에서는 서둘러 명나라 예부에 상소를 올렸지만 종무소식이었다. 이때 명나라에서는 무종(武宗)이 후사 없이 죽고 세종(世宗)이 즉위하였지만, 도교(道敎)에 심취하여 무당을 가까이하며 장수나 기원하는 부질없는 황제이었기 때문에 조선왕실의 족보에는 관심도 없었다.

1539년 주청사 권벌(權橃), 1557년(명종 12년)에는 호조판서 조사수(趙士秀), 1563년 김주(金澍), 1573년(선조 6년)에 이후백(李後白), 윤근수(尹根壽). 1575년에는 홍성민(洪聖民) 등을 주청사(奏請使)로 보내어 지속적으로 수정을 요구했지만, 여전히 『대명회전』은 반포되지 않았고, 그 중찬 내용도 알 수가 없었다.

대사간 이이(李珥)는 200년 동안 이 종계변무를 해결하지 못한 것을 한탄하고 1581년에는 김계휘(金繼輝)를 주청사로, 다시 1584년에는 황정욱(黃廷彧)을 주청사로 보내어 강력하게 요구하였다.

결국, 황정욱이 중찬된 『대명회전』 중에서 수정된 조선 관계의 기록 등본만을 가지고 돌아오는 성과를 거두었다. 절반의 성공이었다. 이때 명나라는 만력제(萬曆帝:神宗) 12년이었다. 신종 황제는 명나라 황제 중 재위 기간(48년)이 가장 긴 황제이지만 치적이 별로 없는 황제로 유명하다. 그러나 우리나라 입장에서는 왕실 족보를 바로잡아주었을 뿐 아니라 임진왜란 때에는 구원병을 보내주어 큰 업적을 남긴 황제였다.

1587년에는 유홍(俞泓)을 주청사로 명나라에 보내어 『대명회전』의 반사(頒賜)를 요청했지만, 명나라에서는 황제의 친람을 거치지 않았다는 이유로 이를 거절하다가 예부상서 심리(沈鯉)가 다시 상주하여 명제의 칙서와 함께 중수된 『대명회전』 중에서 조선 관계 부분만 분리하여 한 질을 보내왔다.

그 뒤 1589년 성절사 윤근수가 수정된『대명회전』전부를 받아옴으로써 200년간 끌어오던 종계변무의 외교 문제가 완전히 매듭지어졌다.

도성 한양
동전을 던져 결정한 수도 한양

✣ 계룡산을 새 도읍지로

태조 이성계는 조선을 창업하고 나서 수백 년 동안 고려 왕실이 자리했던 송도에서 통치 중심을 이어가기에는 어쩐지 마음이 편치 않았다. 고려의 정궁은 원래 만월대이었으나 1361년 '홍건적의 난'으로 소실되어 별궁인 수창궁을 정궁으로 사용하고 있었다.

태조는 수창궁에서 즉위식을 가진 뒤에 2년여 동안 여기서 정무를 보아오다 통치 기반이 어느 정도 확립되자 천도를 서둘렀다. 아직도 고려 왕실을 동경하는 인사들의 준동과 500년 왕 씨가 누려온 도성이기 때문에 새 조정은 그 두려움과 조급함으로 좌불안석이었다.

태조 이성계가 새 왕조를 세우고 제일 급히 행한 일이 국호를 정하고 도읍을 옮겨가는 일이었다.

 국호는 조선(朝鮮)과 화령(和寧) 두 가지를 가지고 예문관 학사 한상질(韓尙質)이 주문사가 되어 명나라로 떠났다. 한 상질은 세조 때 책사 한명회의 할아버지이다. 그리고는 바로 천도를 서둘렀다.

 태실증고사(胎室證考使)가 되어 권중화가 물색한 길지로는 전라도 진동현(珍同縣)과 양광도 계룡산이었다. 진동현은 한쪽에 너무 치우쳐있어 국방에 문제가 있다 하여 제외하고 계룡산이 주로 거론되었다.

 이성계는 보위에 오른 다음 해 1월 19일 새 도읍지로 거론되고 있는 계룡산으로 현지 답사를 떠났다. 개경을 떠난 지 이틀 후에 양주 회암사에 들려 무학대사(無學大師)에게 동행을 청했다. 아버지 자춘의 산소도 무학이 정해주었는데, 이성계는 국사나 가정사를 막론하고 모두 무학과 의논하여 처리할 정도로 둘은 아주 가까운 친구였다.

 이성계는 2월 8일 계룡산에 도착하여 계룡산 남쪽 마을을 5일 동안 살펴보고 13일에 계룡산을 떠났다. 이성계가 계룡산을 떠난 다음 날 청주에 머무르고 있을 때 명나라에 간 한 상질이 명 황제의 조칙을 받들고 돌아왔다.

 명황제의 조칙에 "동이의 국호에 다만 조선의 칭호가 아름답고 또 그것이 전래한 지가 오래되었으니 그 명칭을 근본으로 하여 본받을 것이며, 하늘을 본받아 백성을 다스려서 후사를 영구히 번성하게 하라."라고 했다. 이로써 1393년 2월 15일 국호를 조선이라 반포하였다.

 나라 이름 없이 7개월여를 고려라는 이름으로 나라를 다스린 셈이다.

 태조가 계룡산으로 새 도읍지를 정한 후 공역이 한창 진행되고 있을 때 하륜이 계룡산이 길지가 아님을 지적하는 상소를 올렸다. 방원도 계룡산으로 천도함은 달아나는 것이라고 하여 반대하고 나섰다. 달아난다는 표현을 쓴 것은 송도를 벗어나야 한다는 절박한 심정의 역설적인 표현일 수도 있다.

 고려 왕조를 무너뜨린 주역들은 누구나 이와 비슷한 생각을 하고 있었다. 그러나 대다수 중신과 백성들은 수백 년 동안 누대를 살아온 송도를 가볍게 버리기가 쉽지 않았다. 하륜과 방원뿐 아니라 대부분 중신이 반대에 가세하여 동년 12월 11일 어전회의에서 계룡산 궁궐 공역은 중지되고 말았다.

✥ 남경으로 정하다

 1394년 8월 태조는 남경(한양)에 마음을 두고 무악에 이르렀다. 무학대사가 이곳에 미리 대기하고 있었다. 무악은 서강(西江) 일대를 말한다. 무학대사와 같이 무악을 둘러본 이성계는 무악이 길지이기는 하나 도성으로서는 너무 좁다는데 의견이 일치하였다.

8월 13일 이성계 일행은 남경궁터를 살펴보기 시작하였다. 북쪽으로 화산(華山: 삼각산)을 의지하고 남쪽으로는 한수(漢水: 한강)가 흘러 토지가 넓고 편편하였다. 도참설을 근거로 하여 하륜이 반대하였으나 이성계와 무학대사는 한양을 도읍지로 정하는 데 의견의 일치를 보았다. 한양으로 도읍을 옮기는 일은 삼봉 정도전과 무학대사가 주도했다.

이성계가 한양에 궁궐터를 잡을 때 무학대사는 인왕산을 주산으로 하여 북악산을 좌청룡, 남산을 우백호로 삼아 동향(東向)의 궁궐을 지어야 한다고 주장하였는데 정도전은 "자고로 제왕은 남쪽을 보고 천하를 다스렸지, 궁궐을 동쪽을 향하여 지은 적이 없다." 하며 적극적으로 반대하여 정도전의 의견대로 지금의 경복궁 자리로 결정되었다.

이에 무학이 탄식하기를 "도선비기에 국도(國都)를 정할 때 중의 말을 들으면 나라의 기초가 길어질 것이나 정씨(鄭氏) 성을 가진 사람의 말을 들으면 5세(五世)가 되지 못하여 혁명이 일어나고 200년 만에 큰 난리가 나서 백성이 어육(魚肉)이 되리라 하였는바 나중에 반드시 내 말을 생각하게 되리라." 하였다. 이것은 신라 중기 의상대사가 쓴 『산수비기(山水秘記)』에서 연유된 말이다. 이 기록을 살펴

보자.

"한산(漢山)은 금국(金局)이라서 궁궐을 반드시 동향으로 지어야 한다. 그렇지 않으면 불교가 쇠약해진다. 터를 고르는 사람은 다른 이의 말에 흔들리지 말라. 동쪽은 허하고 남쪽은 낮으니 북악산 아래 터 잡지 말라. 검은 옷을 입은 도적(왜적)이 동쪽에서 쳐들어 올까 두렵다. 한양 땅에 도읍을 정하려는 자가 승려의 말을 들으면 나라의 운수가 좀 연장된다. 그렇지 않고 만약 정씨 성을 가진 사람이 시비를 걸면 5대도 못 가서 왕위를 빼앗기고 변고가 생기리라. 또 200년 후에는 대란이 닥쳐서 나라가 위태로워진다. 삼가 조심하라."

과연 5대안에 왕자의 난이 두 차례나 있었고, 개국 후 200년(1592)만에 '임진왜란'이 일어나 전 국토가 초토화되었다. 도선 국사는 무학 대사가 왕십리에 도읍을 정할까 보아 '왕십리(往十里)'라는 돌장승을 세워두었다고 한다. 이곳은 진 혈이 아니니 10리를 더 가란 뜻이다. 그래서 무학 대사는 인왕산을 배산으로 하여 동향으로 궁궐을 짓자고 한 것이다. 수도가 한양으로 정해지자 태조는 미처 궁궐 공사를 시작하기도 전에 이사부터 서둘렀다.

새 왕조를 세우는 데 공을 세운 공신들을 제외하고는 천도를 달갑게 받아들이는 사람은 거의 없었다. 그러나 송도는 새 왕조가 들어서는 과정에서 많은 살육이 벌어져 공포와 두려움이 압도하고 있었기 때문에 이사라기보다는 끌려가는 심정으로 옮겨간 사람이 대부분이었다. 이에 재산을 송도에 두고 간단한 짐만 챙겨온 사람도 많았다.

1394년 10월 28일 송도에 있는 각 관청에는 두 사람씩만 남겨두어 잔무를 처리하도록 하고 미처 새 궁궐을 짓지도 못한 채 서둘러 한양으로 옮겨 오는 바람에 종전 한양부 객사를 임시궁전으로 삼았다. 한양이란 이름은 강의 북쪽과 산의 남쪽에 있는 도시에 양(陽) 자를 쓰므로 크다는 뜻의 한(漢)과 합하여 한양漢陽이라 한 것이다.

한양으로 도읍지를 옮기는 일도 삼봉 정도전과 무학 대사가 주역이었다. 궁전 건축이 시급하였으므로 1395년 2월에 영삼사사 심덕부의 감역으로 공사를 착수하여 9월에 완공하고 경복궁이라 하였다.

동년 12월에 이 궁에 들었으나 그 후 '제1차 왕자의 난'으로 인하여 태조 재임 중에 정종이 왕위를 물려받았는데, 즉위 후 얼마 되지 않아 다시 송도로 옮겨 갔다. 한양으로 옮겨 온 뒤 처참한 골육상쟁이 벌어지고 대궐에 까마귀 떼가 날아드는가 하면 궁궐 전각 옥상에 부엉이가 우는 등 흉조가 계속되자 정종은 더 이상 한양에서 머무를 생각이 없었던 것이다. 거기에다 옛 고향을 그리워하는 원로대신들의 향수 어린 여망이 송도로의 귀환을 부추겼다.

송도는 조선왕조를 창업한 공신들과 종친들 외에는 대부분 수 대를 이어 살아온 원주민이어서 처음 태조(이성계)가 한양으로 옮겨올 때에도 내심 심한 저항에 직면해 있었지만, 왕권이 전복되고 살벌한 분위기 속에서 강행되었기 때문에 다시 송도로 돌아온 데는 별 무리가 없었다.

그러나 정종재위 2년여 만에 태종이 왕위에 오르자 다시 한양 천도의 이야기가 모락모락 피어오르기 시작하였다. 또다시 한성으로 천도하자는 논의가 일자 이론이 분분할 수밖에 없었다. 하지만 조선왕조를 건국하는 데 주도적 역할을 해온 태종은 왕씨들이 수백 년 누려온 고려 수도인 송도를 벗어나야 한다는 생각은 태조 이성계와 다를 바 없었다. 이때 수창궁에 큰 화재가 나 궁궐이 모두 타버렸다. 수창궁의 화재는 천도 결단의 촉진제가 되었다.

1404년(태종4) 9월 1일 태상왕(태조)이 지신사 박성명을 불러 태종에게 지시하기를 "처음에 내가 한양으로 수도를 옮겼는데, 수도를 옮기자면 복잡하리라는 것을 나라고 왜 몰랐겠는가? 그러나 송도는 왕씨의 옛 수도인 까닭에 그대로 눌러있을 수 없고, 전 임금(정종)이 이리로 다시 수도를 정한 것은 왕조를 창시한 선대의 뜻을 따르는 것이 아니다."라고 하여 태종을 재촉하였다.

❖ 동전을 던져 정하라

　　　　　　　　태종은 일단 성산군 이직과 취산군 신극례를 불러 공사의 제주로 임명하고, 한성에 별궁을 건축하도록 명을 내렸다. 그러는 가운데 송도는 갑론을박으로 들끓고 있었다. 태종은 최종 결단을 내리기 위해 한성 모악산(무악재)으로 길을 떠났다. 태종 4년 10월 2일이었다. 조준, 하륜, 권근, 이천우 등 개국공신들과 종친들 여럿이 뒤따랐다. 이 가운데에서도 이양, 하륜 등은 모악산이 명당자리라 하고, 이 양달, 조준 등은 한양을 고집하였다.

　태종은 무악재를 그냥 지나 종묘에 이르러 송도, 모악, 한양 세 곳 중 어느 곳으로 할 것인가를 결정하기 위하여 점을 치기로 하였다. 정종이 송도로 다시 옮겨 갈 때 종묘는 한양에 그대로 두었었다.

　임금이 말하기를 "사람들이 다 아는 것을 가지고 점을 치는 것이 좋으며, 또 돈을 던지는 것도 우리나라에서만 있는 것이 아니고 중국에서도 한다. 태조가 수도를 정할 때에 무슨 물건으로 점을 쳤는가?"라고 하니 조준이 "그 역시 돈을 던져서 점을 쳤습니다."라고 대답하자 "그렇다면 오늘도 돈을 던져서 결정하자."라고 했다.

　종묘에 절을 한 다음 완산군 이천우, 좌정승 조준, 대사헌 김희선, 지신사 박성명, 사간 조휴를 데리고 종묘의 방으로 들어가서 임금이 향을 피우고 꿇어앉아 이천우를 시켜 소반 안에 돈을 던지게 하였다. 결과 새 수도 한양은 두 번 좋았고 한 번 나빴으며, 송도와 모악산은 두 번 모두 나빴고 한 번 좋았다. 임금이 나와서 한양으로 결정을 내리면서 아울러 향교동의 동쪽에 별궁을 지으라고 지시하였다. 이때가 태종 4년 10월 6일이었다.

이러한 임금의 행동은 마음먹은 대로 가기 위한 수순이었을 것이다. 기복신앙과 무속이 지배하던 당시 사회에서 점괘의 결과는 큰 위력을 발휘하게 된다. 결국, 반대 세력을 잠재우기에 충분한 결과였다.

거기에 임금은 한술 더 떴다. 따라온 재상들에게 말하기를 "나는 모악산에다 수도를 정하지 못하지만, 후세에 반드시 그곳에 수도를 정하는 사람이 있을 것이다."라는 말을 남겼다.

태종은 분위기를 성숙시키고 준비를 마친 뒤 5년 8월 8일에 한양에 분관청을 설치하고, 동월 20일까지 서로 교대하여 관청 건물과 주택을 지으라고 서둘렀다.

1405년(태종5) 10월 9일에 별궁이 준공되어 동년 10월 15일에 별궁을 창덕궁이라 불렀다. 동년 11월 8일 임금이 태상왕을 모시고 한양으로 돌아와 일단 창덕궁에 들었는데, 얼마 되지 않아 경복궁으로 옮겨갔다.

해 태
선악을 구별하는 영물

　경복궁 정문인 광화문 앞에 돌로 조각한 해태 상이 동서 양쪽에 배치되어있다. 해태는 시비나 선악을 판별한다는 상상의 동물로 사자와 비슷하나 머리 가운데 뿔이 달려있다. 한자로는 해치(獬豸)라고 한다.

　해태상의 설립 배경을 두고 두 가지 설이 있다. 하나는 관악산의 화기를 막기 위한 비방으로 세웠다는 설이다. 조선 태조가 서울에 도읍을 정하고 경복궁을 지은 후로 화재가 자주 일어났는데, 이는 안산인 관악산이 화산(火山)이기 때문이라고 했다. 그래서 시대는 알 수 없으나 관악산에 우물을 파고 구리로 만든 용을 우물 속에 집어넣고 광화문 양쪽에 해태 한 쌍을 배치하여 관악산의 화기를 막도록 하였다는 것이다. 그래서 해태는 눈을 부릅뜨고 관악산을 노려보고 있다 한다.

다른 한 가지는 해태는 선악을 분별할 수 있는 지혜를 가진 영물로 이 왕궁에 출입하는 관리들은 올바른 사람만 출입할 수 있도록 삼가고 경계하는 의미로 눈을 부릅뜬 해태상을 세웠다는 설이다.

요순시대에 왕을 보필하는 대신 중에 고요(皐陶: 또는 고도)라는 사람이 있었다. 고요는 법을 공정하게 집행하는 법관이었다. 고요는 그의 형상이 기이하여 못생겼지만, 법을 다스릴 때만큼은 공평하고 냉엄하여 아무리 복잡하고 어려운 사건도 명확하게 판별해냈다.

고요가 이처럼 훌륭한 재능을 발휘할 수 있었던 것은 그의 판단에 도움을 준 영물이 있었기 때문이다. 고요는 '해치'라는 외뿔 달린 신양(神羊)을 기르고 있었다. 길고 푸른 털이 나있는 이 신양은 체구가 크고 생김새는 곰과 비슷한데 여름에는 물가에 살고, 겨울이 되면 소나무 숲에서 살았다. 성격이 아주 충성스러워 사람들이 다투고 있으면 잘못이 있는 자를 뿔로 들이받음으로써 쉽게 판별할 수 있었다 한다.

『경국대전』의 규정에 의하면 조복 사량관 앞에 해태를 새겨 붙인다고 되어있다. 이 규정에 의하여 홍문관, 예문관의 관복 앞에 해태상을 붙여 법관(法官)으로 인식하도록 하였으며, 암행어사가 공식 출두할 때에도 해태관을 썼는데 이를 어사관이라고도 한다.

우리나라에서는 그 외에 대사헌의 흉배에 수놓아 달기도 하였다.

이 흉배에 새겨진 해태의 모습을 보면 사슴뿔 같은 뿔이 달린 머리에 갈기가 돋았고, 입을 크게 벌리고 포효하는 듯한 시원스러운 몸집과 꼬리 끝에 긴 털이 돋아있으며 몸에는 비늘이 있다. 이 해태상은 경복궁 근정전의 처마 밑에도 놓여있는데, 임금이 정사를 볼 때에 공평무사하게 처리할 수 있도록 바라는 마음에서 해태상을 놓은 것으로 보인다.

  망자에게 극락과 지옥을 결정해주는 염라대왕이 이 해태관을 쓰고 있다는 속설이 있다. 고대 중국의 초나라에서는 해태를 사법(司法)의 상징으로 삼았고, 초나라 임금은 금관 대신 해태관을 쓰고 국사를 다스렸다 한다.

  궁이나 관서 앞에 해태 상을 만들어놓게 된 것은 한나라 때부터이었다. 드나드는 사람들이나 관료들이 부정한 마음을 버리고 정의롭고 청빈한 마음을 가지라는 묵시적 경고의 상징물로 이 해태상을 만들어놓은 것이다

  광화문 양쪽에 서있는 해태상이 언제 만들어졌는지는 나타난 기록이 없다. 경복궁의 축과 육조거리의 축이 약간 틀어져 있다. 이것은 해태가 관악산을 바라보기 위함이라 하는데, 이 논리대로라면 화기를 막기 위해 해태상을 세웠다는 주장도 일리가 있다. 그러나 해태의 전설이나 역사적인 경위로 보아 화재를 예방하기 위한 주술적 방편으로 보기는 어렵다. 그래서 광화문 앞에 있는 해태 한 쌍은 선량하고 충직한 관리와 탐관오리를 식별하는 눈을 가

진 해태상을 관료들이 출입하는 정문에 놓아둠으로써 늘 경계하는 상징적 조형물로 보인다.

개화령
원시적인 방법으로 불을 지핀 궁중 행사

　개화(改火)라는 말은 찬수개화(鑽燧改火)의 준말로 나무를 문질러 불을 만드는 원시적인 점화방식을 말한다. 느릅나무와 버드나무는 푸르기 때문에 봄에 불을 취하고, 살구나무와 대추나무는 붉기 때문에 여름에 불을 취하며, 박달나무는 검어서 겨울에 불을 취하고, 조롱나무와 줄 참나무는 하얗기 때문에 가을에 불을 취한다. 6월에는 땅의 기운이 왕성하므로 노란 색깔의 뽕나무와 산뽕나무에서 불을 취하는 행사를 했다. 행사일이 정해져 있었던 것은 아니다. 철 따라 적정한 날을 받아 행사를 하였으며, 내병조에서 이 행사를 준비하였다.

　개화령(改火令)이 내려진 것은 1401년(태종 1년) 3월이다. 태종 6년 3월 24일자 실록을 보면 불씨를 갈아 쓰는 것에 관한 지시를 내렸는데 예조에서 다음과 같은 글을 올렸다.

『주례』의 하관을 보면 사훼란 벼슬이 불을 사용하는 것과 관련한 정사를 맡고 있어 사철이 바뀌는 대로 나라의 불씨를 바꿈으로써 철을 따라 유행하는 질병을 예방한다고 하였습니다.

옛 선비들은 해석하기를 불씨가 오래된 것을 바꾸어 쓰지 않으면 불꽃이 너무 성해져서 양편의 기운이 지나치게 올라가는 동시에 전염병을 발생시키는 관계로 철 따라 불씨를 바꿔 써야 하며 불씨를 바꾸는 법은 나무를 맞부벼서 불을 일으키는 것인데, 느릅나무와 버드나무는 푸르기 때문에 봄철에 쓰고, 살구나무와 대추나무는 붉기 때문에 여름철에 쓰며, 6월에 이르러서는 흙 기운이 왕성해짐에 따라 뽕나무와 같은 누른 빛깔의 나무를 쓰고, 떡갈나무와 상수리나무는 흰 데 비하여 괴화나무와 박달나무는 검기 때문에 각각 그 철에 해당한 빛을 따라 가을과 겨울에 쓴다고 하였습니다. 대체로 불이란 물건은 사람들의 일상생활에서 사용되는 것으로써 그 성질을 이용하지 않을 수 없기 때문입니다.

세월이 오래면 법도 폐지되기 마련이니 불씨를 바꾸던 제도도 오랫동안 실시되지 못하였습니다. 그와 함께 음양을 고르게 하는 데서도 일정한 결함을 면치 못합니다. 바라건대, 사철을 따라 불씨를 바꾸어 사용하도록 지시를 내리고 서울 안은 병조에서, 지방은 고을 원들이 매해의 입춘일, 입하일, 입추일, 입동일과 6월의 토왕일마다 각기 그 철에 해당한 나무를 맞부벼서 그 철에 맞는 불씨로 음식을 만들어 먹게 한다면 음과 양의 기운이 순하게 되고, 전염되는 질병도 없어져 음양을 고르게 하는 데서도 아무런 결함이 없게 됩니다.

『주례』는 유교 경전의 하나로 주 왕실의 관직 제도와 전국시대 각국의 제도를 기록한 책자이다. 이 책이 우리나라에 들어온 것은 명확하지 않으나 백제 고이왕 때 중국의 제도를 본떠 대신(大臣)으로 육좌평(六佐平)을 두었다고 하는 기록이 있다. 이 기록으로 보아 삼국시대에 이미 그 영향이 미쳤던 것으로 보인다. 이후 중국과 우리나라에서 『주례』는 관직 제도의 기준이 되었다.

  개화령이 실시된 배경은 권중화가 이천 백(伯)으로 있을 때 임금에게 상주하기를, 옛날의 제도대로 따르지 않기 때문에 화재가 나는 것이라고 한데서 이 제도가 부활되었다. 왕명에 따라 의정부에서 협의하여 실시한 이 행사는 고종 때까지 이어졌다.

광화문이 있기까지
광화문 보존에 한 일본인의 노력이 있었다

✤ 경복궁의 정문

광화문은 경복궁의 정문이다. 1395년 경복궁을 창건할 때 정전인 근정전과 편전인 사정전 그리고 침전 등을 다 짓고 난 다음, 1399년에 담을 쌓은 뒤 동쪽에는 건춘문(建春門), 서쪽에는 영추문(迎秋門), 남쪽 정문을 광화문이라 하였다. 창건 당시에는 오문(午門) 또는 정문(正門)이라 하였다가 세종 8년(1426) 10월 1일 광화문이라 지어 불렀다. 이 문은 '임진왜란' 때 문루가 불탔는데, 1865년 흥선 대원군이 경복궁을 중건하면서 원래 있던 자리에 다시 지었다.

1927년 일제강점기에 일본이 조선총독부를 짓기 위하여 동쪽 문인 건춘문 북쪽으로 옮겨 놓았으나 '6·25 동란' 때 폭격으로 문루가 또다시 불타버렸다. 그동안 그대로 방치해오다가 1968년에야 월 단을 남쪽으로 옮기고 문루는 목조가 아닌 철근콘크리트로 모형을 만들어놓았다. 그러나 위치도 원래 있던 자리에서 북쪽으로 상당히 물러나 있고, 좌향도 원래 축선과 일치하지 않았다. 다행히 2007년 9월 이것을 다시 헐고 원래 위치를 찾아 복원을 시작하여 2011년 8월 15일에 완공되었다. 그래도 기단 축대는 조선 초기 때의 구조 그대로이다. 기단부라도 본래의 것이 그대로 남아있게 된 데는 사연이 있다.

광화문이 일본인에 의해 지켜졌다는 사실을 아는 사람은 많지 않다. 오늘의 광화문이 그 석축 부분만이라도 원래의 모습을 간직할 수 있었던 것은 일본인 야나기 무네요시(柳宗悅)라는 사람 덕분이다.

일제는 당시에 하고많은 터를 놔두고 구태여 우리의 귀중한 문화유산인 경복궁 정문 쪽에 조선총독부 청사를 짓는 심술을 부렸다. 그러기 위해서는 광화문에서부터 근정문 앞 사이에 있는 모든 전각과 시설물들을 헐어내야만 했다. 당연히 광화문도 헐어내어 없애버릴 계획도 포함되어있었다.

당시 조선을 두어 번 방문할 기회를 가졌던 야나기는 한국의 건축물과 예술품에 매료되어 심취해있었다. 비록 자기 나라의 것은 아니지만, 조선의 귀중한 문화유산이 사라지는 것을 안타깝게 여겨, 1922년 9월 시사잡지 『개조 改造』라는 책에 「사라지려는 조선을 위하여」라는 제목으로 호소문을 실어 광화문 보존을 주장하는 공개적인 탄원서를 내었다. 이 글을 통하여 광화문의 아름다움을 찬양하고 인간의 힘으로 만들 수 있는 최상의 예술품임을 내세우면서 광화문의 보존을 강력히 주장하고 나선 것이다.

"정치는 예술에 대해서까지 무분별해서는 안 된다. 예술을 옹호하는 것이 위대한 정치가가 할 일이 아닌가? 우방을 위해, 예술을 위해, 역사를 위해, 도시를 위해, 무엇보다도 민족을 위해서 그 경복궁을 구제하시오. 그것이 우리들이 우리가 행할 정당한 행위가 아닐까요?"

이같은 취지의 내용을 한글과 영어로 번역하여 국내에 들어와 있는 외교관을 통하여 여러 나라에 강력히 호소하였다. 그 결과 동쪽 건춘문 북쪽으로 광화문을 옮겨 그 모습을 보존하게 되었는데, 안타깝게도 '6·25 동란' 때 문루는 폭격으로 사라지고 석축 부분만 원래 모습을 보존하게 되었다.

야나기 무네요시는 일본 도쿄에서 해군 소장의 아들로 태어나 (1889) 동경 제국대학 문학부를 졸업하고 잡지 『공예(工芸)』를 창간하였으며, 도쿄에 '일본 민예관'을 개설하는 등 예술, 특히 고전 미술에 심취한 사람이다.

그가 조선 문화를 접하게 되면서 우리 문화의 우수성과 예술성을 높이 평가하게 되었는데, 특히 한국 도자기에 대해서 남다른 애착을 가지고 있었다. 그런 데다 성과 이름이 한국 사람들과 유사하여 일본 정부로부터 많은 핍박을 당한 것으로 전해진다.

광화문이 철거될 당시 서슬 퍼런 일제의 통치하에 있는 조선을 위하여 "조선은 일본의 노예가 될 수 없다."라고 외치면서 일본의 식민지 정책을 강력하게 비판하였으니 일본 정부로부터 받은 그의 고초는 짐작하고도 남음이 있겠다.

그의 저서 『조선과 예술』이란 책에 「사라지려는 조선 건축을 위하여」라는 제목으로 실린 서사시를 옮긴다. 이 글은 박재삼이 번역하고 범우사에서 발행한 『조선과 예술』이라는 책 내용 중 「오! 광화문이여」라는 제하의 서사시 전문이다.

광화문이여. 광화문이여!
너의 목숨이 이제 경각에 달려있다. 네가 지난날 이 세상에 있었다는 기억이 차가운 망각 속에 파묻혀 버리려 하고 있다. 어쩌면 좋으냐? 나의 생각은 헛갈린다. 비정한 끌과 매정스러운 망치가 너의 몸을 조금씩 파괴하기 시작할 날이 가까워져 오고 있다. 이것을 생각하며 가슴 아파하는 사람은 수없이 많을 것이다. 하지만 아무도 너를 구해낼 수는 없다. 불행히도 살려낼 수 있는 사람은 너를 슬퍼하고 있는 사람들이 아니다.

세상은 모순덩어리다. 네 앞에 멈춰 서서 너를 우러르면서, 그

훌륭한 아름다움을 부정할 자는 없을 것이다. 그러나 너를 죽음에서 구해내려는 자가 있다면 정부는 반드시 그에게 반역죄를 언도할 것이다. 너를 잘 아는 자는 이렇게 발언의 자유를 잃고 있다. 따라서 너를 낳은 민족 가운데서 불행을 각오하지 않고 발언할 수 있는 자는 아무도 없다고 해도 과언이 아니다. 그래서 지금 많은 사람이 암흑 속에서 나날을 보내고 있다. 그 사람들은 뼈에 사무치도록 너를 사랑한다. 앞으로도 날이 가면 갈수록 그 애모(愛慕)의 정이 더욱 높아지리라는 것을 나는 잘 알고 있다. 그러나 세상은 그러한 사랑마저도 자유롭게 나타낼 수 없다. 아니, 그런 사랑을 버리라고 강요받고 있는 것이다. 괴로움이 가슴에 사무친다. 그러나 어쩔 수 없구나.

누구나 말하기를 주저한다. 그렇다고 침묵 속에 너를 그대로 장사지내버리기엔 내 가슴이 너무도 비통하다. 그래서 말하지 못하는 사람들을 대신해 너의 죽음에 즈음하여 한 번 더 너의 존재를 이 세상에 알리고자 나는 이 한 편의 글을 써 내려가고 있는 것이다.

그러나 네가 있는 곳에서 멀고도 멀리 수천 리나 떨어진 데서 내가 혼자 침묵을 깨뜨리고 소리를 질렀다 해서 어두운 힘으로부터 강한 세력으로부터 너를 건져낸다는 일은 아마 불가능하리라. 그렇다고 나의 이 같은 말들이 뜻 없는 것이라 생각지는 말아다오.

이것을 쓰는 일 자체가 나에게는 하나의 사명으로 생각된다. 지금 너의 운명을 돌이킬 수 있다고 보증할 자는 없다. 그러나 너에 대한 존경이나 애정이 이 세상엔 이미 없다고는 생각지 말아다오. 너의 아름다움이나 힘이나 운명을 이해하는 자는 아직도 적지 않다. 설사 조금뿐이라 해도 너는 그들의 애정을 받아주겠지? 적어도 홀로 너의 죽음을 생각하며 눈물짓는 자가 있다는 것을 알아다오. 나는 이승에서 스러져 버리려는 너의 단명(短命)을 막을 만한 힘을 허용받고 있지 않다. 그렇지만 나는 영(靈)의 세계에서 너를 불멸의 것으로 만들고 말리라. 실제로 너를 죽음에서 건져낼 자유가 나에게는 주어지지 않았다. 그러나 이 글 가운데에서 너를 불멸의 것으로 만드는 자유만은 나에게 주어졌다. 오오! 나는 여기에 네 이름과 모습을 결코 사그라지지 않을 정도로 깊이 새기리라. 마치 너를 낳은 민족이 기쁘게 저 굳은 화강암에 끌을 깊이 박아서 기념할 만한 영원의 조각을 새긴 것처럼.

광화문이여! 너의 존재는 머잖아 빼앗기고 만다. 그러나 빼앗겨서는 안 될 존재를 위해서 나는 이 글을 쓴다. 그리고 나는 특히 짙고 선명한 먹으로써 쓰는 것을 게을리하지 않으리라. 시야에서 너의 모습이 없어져도 나의 이 글만은 적어도 지상의 어딘가에 뿌려지리라. 나는 끈질기게 너를 기념하기 위해 이 추도의 글을 공중(公衆) 앞에 내보인다.

광화문이여! 사랑하는 벗이여!

길(道) 아닌 죽음에 몰리는 것이 참으로 통분하겠구나. 나는 네가 당해야 할 괴로움과 슬픔을 생각한다. 오오, 그대의 영이여! 갈 곳이 없거든 내게로 오라. 그리고 내가 죽거든 이 글 속에서 살아 다오. 누군가가 반드시 이것을 읽을 것이다. 그리하여 너의 존재가 한 번 더 그들 독자의 따뜻한 의식 가운데 그리움으로 기억될 날이 오겠지.

오오! 많은 사람이 너에 대해서 침묵을 지키도록 강요받고 있다. 그래서 내가 그들을 대신하여 너를 위해 말하려는 것이다.

오오, 광화문이여! 광화문이여! 웅대하여라. 너의 모습. 지금으로부터 50여 년 전. 네 왕국의 강력한 섭정대원군(攝政大院君)이 불굴의 의지로써 왕국을 지키고자 남면(南面)의 명당에 너의 주춧돌을 굳게 다졌다. 여기에 조선이 있다고 자랑하듯이 여러 건축이 전면 좌우에 닿았고, 광대한 큰길을 직선으로 하여 한성을 지키는 숭례문과 멀리 호응하고 북은 백악(白堊)으로 둘리고 남은 남산에 맞서 황문(皇門)은 그 위엄 있는 위치를 태연히 차지하였다. 그리하여 세 개의 궐문(闕門)을 안에 뚫고 거대하고 견고한 화강암을 높이 쌓아 그 위에 전통을 따른 여러 층의 건물을 세웠다. 말할 것 없이 문 좌우로 가지런한 고벽(高壁)을 뻗치고 끝나는 곳에 각루(角樓)가 아름다운 모습을 지키며 섰다. 우러러보는 자는 누구나 그 자약(自若)한 위엄의 미에 찬탄을 보냈다. 그것은 일국 최대의 왕궁을 지키기에 족한 정문의 모습이다.

독자여, 그것을 이조 말기의 작품에 지나지 않는다고 얕보지 말라. 또한, 그곳에 완려(婉麗)하고 우아하고 정교한 미가 없다고 냉대하지 말라. 아니, 말기에조차 능히 이 같은 것을 지을 수 있었다는 사실에 감탄해야 한다. 단순하고 수려한 그 모습에는 실로 의지가 표현되어있지 않은가!

불교의 고려조는 멀리 가고 지금은 유교(儒敎)의 이조다. 땅의 가르침으로 자란 것은 땅에 가로놓인 안정되고 견고한 미를 지녀야 한다. 광화문에서 우리는 이조의 미의 권화(權化)를 우러러본다. 그 얼마나 단순하고도 태연한 모습으로 땅 위에 서있는 것일까? 문을 지나는 자는 모두 그 권위에 숙연해진다. 실로 한 왕조의 위엄을 나타내려고 세운 좋은 기념비다.

사람들은 지난날 그 문전의 광장에 빈틈없이 쌓여있던 무수의 거대한 목재가 화염에 싸임으로 경복궁 재건의 기도(企圖)가 허물어질 뻔한 사실을 기억하리라. 비상한 각오와 막대한 비용이 보람도 없이 잿더미로 화하고 연이은 재앙으로 백성의 뜻이 꺾였을 때 그 같은 사건들에 전혀 개의치 않고 즉석에서 그 수행을 호령한 대원군의 의지를 기억하리라.

실로 오늘의 광화문은 그 불굴의 정신을 담대히 피력한 것이다.

그는 자신의 의지로 지은 이 견고한 문이 그의 사후 겨우 20년 남짓해서 벌써 와해되리라고는 꿈에도 상상치 못했으리라. 나도 또한 예술적 의식이 있는 우리 동포들 손으로 이 일이 대낮에 감행되리라 생각하고 싶지는 않다. 그러나 시간은 곧 나에게 무서운 광경을 보이려 든다. 이 어두운 세력을 멎게 할 힘은 이제 아무 데도 없는 것일까?

동포여! 동양의 이 순수한 건축을 경애하라. 그것에 견줄만한 것을 지금의 우리는 세울 수 없지 않은가? 오늘의 생활에 쓸모가 없다고 아까워하는 마음 없이 버려서는 안 된다. 예술은 공리(功利)의 관계를 초월한다. 아름다움을 지닌 것을 사랑하며 보존하라. 특히 순 동양의 것은 우리의 영예를 위해서 열애하라. 모든 사정을 넘어 그것들을 지키는 것은 조상에 대한 추모요 예술에 대한 이해라고 굳게 믿으라.

저 광화문은 비록 근대에 지은 것이라 할지라도 동양에서 그리 많지 않은 건축 중의 하나다. 조선에서 다섯 개의 우수한 문을 고른다면 반드시 그 가운데 들 작품이다. 작품의 양과 수가 적은 조선에서는 더욱 귀중한 건축이 아닌가?

더군다나 저 문이 한성의 미를 장식하는 없어서는 안 될 요소임을 누구나가 알고 있지 않은가? 그 정문이 없어지면 경복궁에서 무슨 위엄이 나올 것인가? 경복궁을 잃으면 경성의 중심을 잃은 것과 마찬가지다. 저 왕궁보다 더 정확한 형식과 위대한 규모를 가진 것을 조선의 어디에서 찾을 수 있겠는가? 그것은 조선 건축의 대표이며 모범이며 정신이 아니겠는가!

정치는 예술에 대해 무분별해서는 안 된다. 예술을 침해하는 따위의 힘을 삼가라. 도리어 예술을 옹호하는 것이 위대한 정치가 할 바 아닌가. 우방을 위해서 예술을 위해서, 역사를 위해서, 도시를 위해서 특히 그 민족을 위해서 저 경복궁을 내버려두라. 그것이야말로 우리들이, 우리가 할 수 있는 정당한 행위가 아니고 무엇이랴. 특히 조선을 상기시키는 여러 관아(官衙)를 좌우에 거느리고 우뚝 솟은 북한산을 배경으로 멀리 대로를 향한 광화문을 우러러보는 광경이야말로 잊을 수 없는 것이 아닌가? 자연과의 배치를 깊이 고려하여 계획된 그 건축에는 이중의 아름다움이 있다. 자연은 건축을 지키고, 건축은 자연을 장식하지 않는가? 우리는 이 사이에 있는 유기적 관계를 외람되게 깨뜨려서는 안 된다. 그런데 어찌 된 일인가? 이제 천연과 인공의 멋진 조화가 몰이해한 자들 때문에 파괴되려 한다. 꿈에 지나지 않는다면 다행이겠으나 그것이 무서운 현실임을 어쩌랴.

시험 삼아 10여 년 전을 상기하라. 위대한 광경에 마음이 끌려 광화문에 다가설 때, 사람들은 뜻하지 않게도 그 장엄한 미를 우러르며 마음을 빼앗긴다. 그리하여 중문(中門)을 지나 금천교를 건너면 앞에 장대한 근정전이 솟고 뒤에는 강녕전과 경회루의 기와가 파도치듯 겹친다. 비원 깊숙이 들어가면 혹은 푸르고 혹은 붉게 단장한 10여 개 건물들이 더러는 연꽃을 아래 띄우고, 더러는 소나무 정수리 높은 사이에 각기 아름다운 장소를 골라 서있다. 동에는 건춘문, 서에는 영추문, 북에는 신무문 그리고 남면의 정문을 사람들은 이름하여 광화문이라 했다. 그러나 이 정연히 짜인 광경은 이제 두 번 다시 이 세상에서는 볼 수 없게 된다. 이조의 대표적 건축인 강녕전과 교태전은 벌써 딴 곳에 이전, 변형되어 단지 은돌의 굴뚝만이 언덕의 선을 따라 쓸쓸히 서있다. 주요 건물이며, 최대의 건축인 근정전을 광화문을 통해 우러러볼 날은 두 번 다시 오지 않는다. 바로 그 앞에 이들 동양의 건축과는 아무 관련 없는 방대한 양식의 건축, 즉 장차의 총독부 건물이 준공을 서두르고 있다.

아아, 자연의 배경을 고찰하고, 건물의 배치를 숙고하고, 모든 것에 균등의 미를 지니게 함으로써 순동양의 예술을 간직하려던 예전의 노력은 이제 송두리째 파괴되고, 버려지고, 무시되고 이를 대신하여 아무런 창조적 미도 갖지 않는 양식의 건축이 느닷없이 이 신성한 땅을 범했다. 때문에 광화문에 이은 홍례문은 벌써 자취조차 없다. 저 아름다웠던 금천교와 흐름을 굽어보던 저 놀라운 석조(石彫)건물은 이제 무참히 제거되어 길섶에 버려져 있을 뿐이다. 저 위대한 경회루는 금후에도 남겠지만, 그것은 겨우 연회장 소로밖에 쓸 수 없다.

그리하여 남은 광화문은 그 위치에 설 만한 의의를 참혹하게 빼앗겨왔다. 전에 광화문은 없어서는 안 될 위치에 세워졌다. 그리고 지금은 거주하는 자가 다르기 때문에 있어서는 안 될 것으로 생각된다. 저 양식의 건축이 광화문의 존재를 무시하여 설계된 사실을 누가 부정할 수 있겠는가?

현대의 동양, 특히 주마등같이 모든 것이 격변해가는 현대의 조선에서 광화문은 진정 귀중한 유적이 아닌가. 그것의 파괴는 무익할 뿐만 아니라 우리의 무지를 드러내는 증거에 불과하다. 게다가 다른 것이 나타나려는 사실은 한층 기괴하지 않은가? 저 문이 철거되고 대신에 무엇이 세워질 것인가? 우리는 위대한 것을 무익한 노력으로 파괴하고 왜소한 문으로 대치될 날을 기다리고 있다. 사람들은 미친 것일까? 그 어떤 기술이 광화문보다 더 장엄하고, 더 거대하고, 더 아름다운 문을 대신할 수 있겠는가. 두 개의 문을 마음속에 상기하라. 어느 쪽이 훌륭한가를 선택하는 데 일순의 시간도 필요치 않으리라.

그러면서도 지금은 있을 수 없는 일이 겁 없이 행해지려 한다. 결코, 사라지지 않을 기억을 잊도록 사람들에게 강요받을 날이 시시각각으로 다가온다. 그러나 이로써 사라지지 않는 기억이 더욱 더 북돋워지는 것을 모르고 있다.

어찌하여 광화문을 파괴하려는 생각에까지 우리를 몰고 가야 했을까? 오오, 어찌하여 그것을 제거하지 않을 수 없는 구렁으로 스스로를 떨어뜨렸을까? 우리에게 이 조치를 바꿀 만한 변증(辨證)이 있을까? 우의(友誼)로 볼 때 이 같은 짓을 해도 좋을 것인가? 또한, 이것이 건축에 대한 바른 이해일 수 있을까? 우리는 그 파괴를 시인할 만한 적극적인 이유를 어디서 찾아내야 하는가?

오오, 우리는 대답할 수 없는 대답을 바라서는 안 된다. 그러나 세상은 대답을 필요조차 하지 않으면서 그 행할 바를 행한다. 시간은 주저함 없이 광화문의 임종을 우리에게 들이대고 있다. 문은 재건된 지 겨우 50여 년의 세월이 지났을 뿐이다. 그것이 왜 만들어졌고, 누가 만들었고, 어떻게 완성을 보게 되었는가가 우리들의 기억에 아직 생생히 남아있지 않은가. 그와 같은 것들을 친히 목격한 사람들의 눈앞에서 누가 이것을 파괴하는가의 기억을 하나 더 추가하는 것은 너무나도 무모한, 너무나도 무정한 행위가 아닌가?

나는 이전에 이러한 일들에 대해 약간의 관심을 기울인 자에게서 파괴를 피하고 이전(移轉)을 시도한다는 말을 전하여 들었다. 아아, 그러나 이 자비인 듯한 조치로써 광화문은 어떤 운명을 맞게 될 것인가? 다행히 죽음만은 이로써 면할지 모르나 광화문이 갖는 존재 의의는 이미 반이나 죽은 것이나 마찬가지다. 광화문은 경복궁의 문이지 어디 다른 데의 문은 아니다. 그 위치와 그 배경과 그 좌우의 벽을 없애버리면 그 문에 얼마만 한 생명이 있겠는가? 형체는 남아도 그것은 추상(抽象)된 생명 없는 송장에 불과하다. 특히 자연과 건축의 조화에 마음을 쓴 옛사람들의 뜻을 무시하고 그것이 무슨 의의를 지니겠는가. 이제 그를 죽음에서 건질 수는 없으리라. 그의 존재 가치를 시인하고 보호하려는 사람은 없을까? 그는 아직 젊다. 육체는 완전히 건강하고 정신은 의연히 튼

틈하다. 때아닌 죽음을 그에게 강요하는 죄는 대체 누가 져야 한 단 말인가.

오오, 광화문이여! 너는 얼마나 서글프게 네 운명을 저주하겠는 가. 너의 많은 친구는 너보다 앞서 죽임을 당했다. 서울 서쪽을 장식했던 돈의문, 소의문은 이제 시민의 눈에 띄지 않는다. 전년에 나는 혜화문을 찾았는데 돌보는 자가 없어 그 가련한 모습은 이제 비바람에 지탱하기조차 힘들어보였다. 너의 귀중한 형제인 숭례문은 성벽에서 고립되어 언저리가 없는 울타리로 근근이 가꿔져 있다. 사랑해주는 주인 없는 너희들은 얼마나 그 짧은 운명을 서글퍼 하겠는가. 죽지 않아도 되었을 너희들이 죽어야 하는 이 세상을 나는 부자연스럽게 느낄 것이다.

아아, 문전에 안치된 두 개의 큰 해태여! 너희들은 오랫동안 왕궁의 정문을 지켜주었다. 추운 때나 더운 때나 모습을 흐트러뜨리지 않고. 다가드는 자의 마음에 권위로써 임했다. 그리고 문에 걸맞은 위엄과 확실성으로 궁전에 더욱 강한 아름다움을 보태주었다.

너희들은 지금도 묵묵히 앞을 응시하고 있지만, 너희 주인의 신상에 덮친 운명을 알고나 있는가? 너희는 모르겠지만 이미 그는 임종의 자리에 누워있다. 오오, 너희들마저도 떠나지 않으려는 그 장소에서 옮겨질 날이 얼마 남지 않았음을 알고 있는가? 너희들은 어디론가 철거될 것이다. 나도 그것을 모른다. 아니, 철거하는 사람들조차 어디로 가져가는지 그날까지는 모를 것이다. 용서해다오. 나는 모든 죄 있는 자를 대신해서 사과하고 싶다. 나는 그 증표로 삼고자 지금 붓을 들고 있다.

한낮의 더운 때 아니면 하늘이 휘몰아치는 눈으로 올 때 또는 저녁 무렵 반달이 창백하게 누상(樓上)에 걸렸을 때 나는 얼마나 갖가지 상념에 쫓기며 광화문을 우러러보았던가. 지금도 그 거대한 모습이 선연히 눈앞에 떠오른다. 그것이 이 지상에서 사라질 날이 가깝다고 어찌 생각할 수 있겠는가. 그러나 그것은 괴로운 현실의 일이다. 누구도 그것을 파괴하는 편이 낫다고 말하지는 않을 것이다.

그러나 어떤 사정이 이와 같은 파탄에까지 너를 몰아갔을까?

나는 그리스도가 십자가에 못 박혔을 때 한 말을 상기한다. "사람들은 무엇을 하고 있는지 모르는 것이다." 만약 무엇을 하고 있는지 알고 있다면 못할 짓을 하는 그 어리석은 죄에 빠지지 않아도 되었으리라.

광화문이여! 장수했어야 할 너의 운명이 단명으로 끝나려 한다.

너는 괴롭고 쓸쓸하리라. 나는 네가 아직 건재하는 동안 한 번 더 바다를 건너 너를 만나러 가리라. 너도 나를 기다려다오. 그러나 그전에 시간을 보아 이 한 편의 글을 써두고 싶다. 너를 낳은 너의 친근한 민족은 지금 말을 조심하도록 명령받고 있다. 때문에 그들을 대신해서 너를 아끼는 자가 이 세상에 있다는 것을 생전의 너에게 알리고 싶은 것이다. 그렇게 하고픈 나머지 나는 이 말들을 적어 공중 앞에 내보낸다. 이로써 너의 존재가 한 번 더 사람들에게 깊이 인식된다면 나는 얼마나 기쁘겠는가? 그리하여 내가 적고 있는 글로 인하여 그 인식이 길이길이 영속될 수 있다면 너도 그것을 기뻐해줄 뿐만 아니라 그것이 곧 나의 기쁨이 아니고 무엇이겠는가?

「개조改造」 1928년 9월 *所載*

인정 종과 파루 종
통금 위반자는 경을 친다

　　보신각종은 원래 하루 두 번 치게 되어있었다. 통행을 금지하는 인정 종(人定鍾)은 밤 10시에 28번을 치고, 통행금지를 해제하는 파루 종(罷漏鍾)은 33번 친다.

　옛날에는 밤 시간을 저녁 7시부터 다음 날 5시까지를 5등분하여 저녁 7시부터 9시까지를 초경(初更), 밤 9시부터 11시까지를 2경, 밤 11시부터 새벽 1시까지를 3경, 새벽 1시부터 3시까지를 4경, 새벽 3시부터 5시까지를 5경으로 하였다. 그리고 각 경을 다시 5점으로 나누었는데, 인정 종을 치는 밤 10시는 2경 3점에 해당하고, 파루 종을 치는 새벽 4시는 5경 3점에 해당한다.

　인정과 파루의 종 치는 제도는 고려 말 "충혜왕 3년 정월부터 종루의 종을 쳐도 울지 않는다."라는 기록이 있기는 하나 밤에 통금시간을 알리는 종인지의 여부가 명확하지 않기 때문에 종루에서 종을 쳐 시각을 알리는 제도는 조선 시대부터 시작된 것으로 보아야 한다.

태조 4년(1395)부터 태조 이성계는 도성을 쌓기 시작하여 도성이 완성되면서 사대문과 사소문을 만들었는데, 이 문들은 종루에서 치는 종소리에 맞추어 여닫도록 하였다.

인정과 파루는 모두 불교에서 나온 것인데, 인정 종은 우주의 28수(宿)에 고하기 위하여 28번을 친다. 28수란 하늘의 적도를 따라 그 남북에 있는 별들을 28개의 구역으로 구분하여 부른 이름이다. 즉 7개씩 묶어서 4개의 사(舍)로 배치하여 네 방위를 상징하도록 했다. 그러므로 실제 자리하고 있는 별의 위치와는 상관없이 동쪽에서 뜨는 별을 가지고 네 방위로 배치한 것이다. 7사(七舍) 중 대표적인 별자리를 그 구역의 수(宿)라 한다.

동방 7사는 춘분날 초저녁 동쪽 지평선 위로 떠오르는 각수(角宿)를 필두로 항(亢), 저(氐), 방(房), 심(心), 미(尾), 기(箕) 등 7개가 차지하는 성수(星宿)를, 북방 7사는 동짓날 동쪽에서 떠오르는 두수(斗宿)를 필두로 우(牛), 여(女), 허(虛), 위(危), 실(室), 벽(壁) 등 일곱 개가 차지하는 성수를, 서방 7사는 추분날 밤 동쪽에서 떠오르는 규수(奎宿)를 필두로 루(婁), 위(胃), 묘(昴), 필(畢), 자(觜), 삼(參) 등 일곱 개가 차지하는 성수를, 남방 7사는 하짓날 동쪽에서 떠오르는 정수(井宿)를 필두로 귀(鬼), 유(柳), 성(星), 장(張), 익(翼),

진(軫) 등 일곱 개의 수가 차지하는 성수를 말한다. 구태여 28수를 택한 이유는 명확하지 않으나 모두 밤이 시작되는 때에 떠오르는 별이어서 저녁을 여는 의미로 볼 수 있지만, 달의 운동과 관계있는 것으로 추측된다.

달이 백도(白道)를 따라 일주하는 데 27, 32일의 항성주기를 가지고 있어 28에 가깝고, 달은 밤을 상징하기 때문에 달이 머무는 하늘이 그 수(宿)에 해당한다고 할 수 있다.

파루 종은 33번을 치는데 이것은 도리천(忉利天)과 관련이 있다. 불가에서는 삼계가 있는데 욕계(欲界), 색계(色界), 무색계(無色界)이다. 욕계에는 육천(六天)이 있는데 사왕천(四王天), 도리천(忉利天), 야마천(夜摩天), 도솔천(兜率天), 화락천(花樂天), 타화자재천(他化自在天)이다.

사왕천은 수미산 중턱에서 동서남북 네 곳을 관장하는 수문장이고, 여기를 통과하여 수미산을 오르면 금강문에 이른다. 이 금강문을 열고 들어가면 도리천이 있다. 사왕천과 도리천은 수미산에 있으므로 지거천(地居天)이라 하고, 야마천 이상은 공중에 있으므로 공거천(空居天)이라 한다. 도리천에는 다시 방위마다 8천(八天)이 있는데, 가운데에는 제석(帝釋)이 거처하는 선경궁(善見宮)이 있어 33천이다. 땅 위의 가장 높은 곳에서 하늘을 여는 33천을 상징하는 의미에서 33번의 타종을 하는 것이다. 이때 시각을 알리는 것은 물시계이다. 기록을 보면 인정과 파루 시간에 반드시 종을 친 것이 아니며, 하루에 두 번 이상 친 적도 있었다.

세종 9년(1427) 6월 23일 홍수 피해가 너무 커 숭례문을 열고 북쪽 숙정문을 닫아 기청제(祈請祭)를 지냈는데 이날부터 인정 시간과 파루 시간에 북을 쳤다고 한다. 같은 해 7월 4일부터는 정오 시간에도 추가하여 종을 치도록 하였다.

『경국대전』에 의하면 이 종루는 비단 인정과 파루뿐만 아니라 금화사(禁火司: 소방서)의 관원이 늘 누에 올라가 도성 안의 화재를 감시하고 관청이나 민가에 화재가 나면 이 종을 쳐서 알렸다. 인정 종을 친 뒤에 통행하다 적발되면 경수소(警守所)에 구금한 뒤 날이 새면 어긴 시간에 따라 10대에서 30대까지 곤장을 때렸다.

통금시간 중간마다 11시, 새벽 1시, 새벽 3시에는 경을 알리는 북을 쳤는데, 이 북은 통금 위반으로 붙들려온 사람이 쳤으므로 '경을 칠 놈'이란 말이 여기서 나온 말이다.

지금 있는 보신각은 고종 32년(1895)에 다시 지어 보신각이라 이름한 것을 1979년 8월 15일 원위치에서 다시 북동쪽으로 10여 미터 옮겨 지으면서 대지 2,810㎡에 정면 5칸, 측면 4칸, 연면적 476㎡의 2층 누각으로 만들었다. 1985년 당시 전두환 대통령이 새 종을 만들어 달고 원래 있던 종은 국립박물관에 보관 중이다.

타종법도 바꾸어 1895년 9월부터 정오와 자정에 종을 치도록 하였지만, 제야의 종으로 치기 시작한 것은 1953년부터이다. 각(閣)이 누(樓)로 바뀌었으면 보신루 또는 종루로 바꾸어 부르는 것이 옳고, 아니면 고종 때 만들었던 보신각을 제자리에 복원해놓아야 '보신각'이라 부르는 이치에 합당할 것이다.

성종과 폐비 윤씨
비상으로 남을 해하려다 자신이 비상을 마시고

❖ 세자 융을 낳다

　　　　　　폐비 윤씨는 판봉상시사(判奉常寺事) 윤기묘(尹起畝)의 딸로 성종 4년에 후궁으로 간택되어 숙의에 봉해졌다. 숙의는 내명부 종2품에 해당한다. 성종의 첫 번째 부인은 세조 때의 책사 한명회의 딸로 성종 5년(1474) 4월 15일 열아홉 살의 나이로 후사 없이 승하하자 2년이 지난 성종 7년(1476) 8월 9일 숙의 윤씨가 중전에 올랐다.

　숙의 윤씨가 중전에 오르는 데는 다소 어려움이 있었다. 성종의 어머니인 인수 대비가 정소용을 더 총애하였고, 정소용 곁에는 같은 후궁인 엄소용이 힘을 보태고 있었다. 중전 자리를 놓고 두 여인의 보이지 않는 은밀한 암투는 치열했다.

그러나 당사자인 성종 임금이 숙의 윤씨에 대한 총애가 각별했고, 인수 대비 역시 숙의 윤씨를 싫어하는 정도는 아니었기 때문에 숙의 윤씨가 중전에 오르는 데는 별 무리가 없었다. 중전 간택을 진행하고 있을 무렵 윤 숙의에게서 회임 소식을 전해왔다. 성종은 그때까지도 후사가 없었는지라 윤 숙의의 회임은 왕실에 큰 경사였다. 중전에 오르는 데 이 이상 합당한 명분이 어디 있겠는가? 중전에 오른 해 11월 7일 중전 윤씨는 세자 융(㦕)을 낳았다. 오랜만에 얻은 왕자라 궐 안은 온통 벅찬 기쁨으로 들떠 있었다. 이것도 잠시 백일잔치를 치르고 나서 원자가 갑자기 신열이 올라 몸이 불덩이 같았다. 대궐이 발칵 뒤집혔다. 전의들의 진단으로 원자가 창진(瘡疹)에 걸린 것으로 판명되었다. 며칠이 지나도 차도가 없자 궐 안은 숨소리조차 제대로 낼 수 없는 무섭고 두려운 침묵 속에 전전긍긍했다.

  중신들과 신중한 논의 끝에 피접을 내 보내는 것으로 조심스러운 결론을 내렸다. 숭례문 밖에는 이조판서 강희맹(姜希孟)의 집을 피병처로 정하고 원자를 그리로 옮겼다. 자신의 집을 원자의 피병처로 정한 강희맹으로서는 더할 수 없는 광영이었으나 한편으로는 큰 부담이 아닐 수 없었다. 다행히 원자가 완쾌되어 대궐로 돌아간다면 자신은 물론 가문이 영화를 누릴 수 있으나 만약 잘못된다면 큰 화를 입을 수도 있기 때문이었다. 그렇다고 이미 내려진 어명을 거역할 수도 없는 일이 아니던가.

강희맹의 부인 안씨는 감사 안종효(安宗孝)의 딸로 어려서부터 부덕을 쌓은 명문가의 자손인지라 원자의 피접지로는 아주 적합한 곳이었다. 대궐에서는 세 대비(정희 왕후, 안순 왕후, 소혜 왕후)가 원자의 쾌유를 빌기 위해 궐에서 가까운 사찰을 찾아 불공을 드렸다. 전의들은 그들대로 강희맹의 집을 부리나케 들락거렸고 원자를 돌보고 있는 안씨 부인의 정성도 대단했다. 이러한 정성이 하늘에 닿았음인지 원자는 차츰 차도를 보이기 시작했다. 원자가 쾌차해지자 원자의 환궁을 서두른 사람은 중전이었다. 그러나 인수 대비(소혜 왕후)의 생각은 달랐다. 원자가 피접 나가 완쾌되었으니 서두를 일이 아니라 좀 더 건강해질 때까지 기다리자는 것이었다. 이렇게 되자 원자의 환궁이 늦어지고, 원자는 안씨를 친어머니로 알고 자랐다.

성종은 중전이 잉태하여 출산 후까지 한동안 중전을 가까이할 수 없는 입장이라 그 공백을 정소용 처소에서 보냈다. 그 덕에 정소용도 수태를 했다. 대비전이 함박웃음을 띠었고, 또다시 궐 안은 기쁨으로 충만했다.

이 소식을 들은 중전 윤씨는 마음이 초조하고 괜히 조바심을 내었다. 중전의 자리에 올랐으면 조신하게 처신하면서 체통만 지키면 그만인 것을 그 못된 성정을 버리지 못하고 투기의 날을 곤두세운 것이다. 정소용, 엄소용이 건재하고서는 언제 자신에게 재앙이 닥칠지 모른다는 생각에 마음이 초조했던 것이다. 이대로 앉아있을 수만은 없다는 생각이 들었다. 친잠례가 있던 날 중전 윤씨는 부리는 궁녀 삼월이를 시켜 사가에 있는 어미한테 가서 비상과 『방양(方禳)』을 구해 오도록 했다. 『방양』은 굿하는 방법이 적힌 책이다. 일차 푸닥거리로 정소용, 엄소용을 저주해보고 여의치 않으면 극단적인 방법을 쓸 요량이었다. 비상과 『방양』을 구해오면서 머리가 잘 돌아가는 삼월이는 나름대로 다른 계책 하나를 세워놓고 궁궐로 돌아왔다.

어느 날 덕종의 후궁이었던 숙의 권씨의 오라비 집에 언문 투서 한 장이 날아들었다. 덕종은 보위에 오르지 못하고 승하한 성종의 친아버지이다. "정소용과 엄소용이 은밀히 교통하여 중전마마와 원자 아기씨를 해하려 하고 있으니 서둘러 고변해주시기 바랍니다."라는 내용이었다. 이 투서는 숙의 권씨의 오라비가 주워 자수궁에 거처하는 권 숙의에게 전달되고, 권 숙의는 대전 내관을 통하여 성종 임금에게 전했다.

왕은 정소용의 소행이 아닌가 싶어 의심하였으나 임신 중이었기 때문에 해산이나 한 뒤에 신문하리라 마음먹고 있으면서도 중전의 소행일지도 모른다는 의심의 끈을 놓지 않고 있었다.

어느 날 임금이 왕비가 종이로 쥐구멍을 막는 것을 보았는데 쥐가 나오자 종이가 드러났다. 그때 왕비의 침방에 작은 상자 하나가 있어 임금이 의심이 나서 왕비가 세수하는 사이에 그 상자를 열어

보니 상자 안에는 작은 주머니와 책 한 권이 있었다. 작은 주머니 안에는 비상이 들어 있었고 비상을 바른 곶감이 2개가 있었다. 책은 푸닥거리하는 절차를 적은 『방양』이었다. 쥐구멍을 막았던 종이를 주워 맞추어보았더니 그 책을 뜯은 것이 분명했다. 국모가 거처하는 중궁전에서 비상과 비상 묻은 곶감, 그리고 『방양』서를 본 성종은 크게 진노하여 인수 대비전으로 달려가 중전 폐출을 입에 담았다. 중전의 거처에서 이런 흉측한 물건이 나온 것은 왕실의 체통에 도저히 용납될 수 없다는 것이었다.

그러나 원자를 가진 중전인지라 사안의 중대함으로 세 대비의 입장은 신중했다. 대소신료들의 조심스러운 우려가 더하여 중전은 일단 폐출은 면하고, 빈(嬪)으로 강등하여 수빈(壽嬪)이라 하고 자수궁에 거처하라는 명을 내렸다. 성종 8년(1477) 3월 29일이었다.

좌승지 이극기, 우승지 임사홍, 동부승지 홍귀달 등 많은 승지가 또다시 나서서 "강봉하여 빈으로 할 때는 마땅히 종묘에 고해야 할 터인데 지금 고하지도 않았고, 고명을 받은 명나라에 알리지도 않았으니 절차상의 문제가 있고 약물이 있었다 하나 그 비상으로 해를 입은 바가 없으니 강봉은 불가하다."라는 간곡한 주청이 이어졌다. 뒤이어 허종, 심회 그리고 원손의 피접을 맡고 있는 강희맹과 노 사신의 간곡한 주청으로까지 이어져 결국 왕은 마음을 돌렸다.

폐출을 명한 다음 날 성종은 대비 전에 고하고 중전 폐위의 명은 없었던 일로 했다. 여러 가지 정황으로 보아 성종도 중전을 꼭 폐출시킬 의향은 없었던 것으로 보인다. 이 사건은 다만 강한 경고의 메시지를 담고 있었다. 결국, 삼월이를 처형하고 중전의 어미 신씨의 작첩을 거두면서 중전 아우들의 직첩도 회수하는 것으로 이 사건을 매듭지었다.

그 후로 성종은 중전을 찾지 않았다. 그해 6월 1일 중전 윤씨의 생일에 대소신료들의 하례마저 중지시켰다. 중전 윤씨는 원한에 사무쳤다. 자신이 자초하여 벌어진 일임에도 정소용, 엄소용에 대한 원한으로 복수의 날을 세웠다.

✥ 폐출의 위기를 넘겼으나

원자는 이제 네 살이 되었지만, 여전히 강희맹의 집에서 부인 안씨를 친어머니로 알고 자라고 있었다. 연산군의 어린 시절은 이렇게 흘러가고 있었다.

폐비의 소동이 있고 난 다음부터 중전은 성종을 부드러운 얼굴로 대해본 적이 없었다. 어느 때는 편지를 써서 본가에 부치기를 "임금이 나의 뺨을 때리고 있으니 나는 두 아들을 데리고 집에 나가 살면서 나의 생애를 편안하게 보내겠다."라는 등의 어긋장 나는 행동도 서슴없이 하였다.

성종은 "허물을 고쳐야 만나겠다."라고 하니 한때는 윤씨가 허물을 뉘우쳤다며 말하기를 "나를 거제도나 요동, 강계에서 살게 하여도 달게 받겠습니다. 바라건대, 『남방기』에 있는 대로 잘못을 저지르면 무량수 부처 앞에서 팔을 불태우면서 맹세하겠습니다."라고 눈물로 호소하여 성종은 그 말을 믿고 잠시 화를 푼 적도 있었는데 그것은 진심이 아니었다.

　평일 아침 조회를 받는 날에는 왕비가 마땅히 왕보다 먼저 일어나야 하는데 왕이 조회를 받고 내전으로 돌아온 뒤에야 일어났고, 임금이 가끔 편치 않을 때에도 전혀 개의치 않고 꽃밭을 거닐며 새를 가지고 놀았다. 왕비가 불편한 심사가 일어나면 "내가 죽지 않고 살아서 일을 보게 되기를 원한다." 하니 성종은 음식에 독약이라도 넣을까 두려워하여 왕비가 범접하는 곳에는 임금이 먹는 음식을 두지 못하게 하였다. 평상시에 시중드는 여종이 잘못을 저지르면 어김없이 말하기를 "지금은 너에게 죄를 주지 못하지만, 앞으로는 너의 족속을 없애버리겠다."하고 왕자에게 말하기를 "임금은 변변치 못한 사람이다."라고까지 하니 중전의 패덕이 극에 이르고 있었다. 의롭지 못한 행동이 있어 대비 전에서 추궁하면 "전하가 가르쳐주었다." 하고 전하가 보고 책망하면 "대비가 가르쳐 주었다." 하여 믿기 어려운 거짓말도 서슴없이 했다. 왕비는 그동안 조금도 임금을 받들지 않았던 것이다.

　성종 10년 6월 1일 폐출 사건이 있은 후 중전은 두 번째 생일을 맞았다. 축하 의식은 중지하고 안팎옷감만 들였다. 대소 신료들도

옷감을 올렸다. 안팎옷감이란 안감과 겉감으로 옷 한 벌을 뜻한다. 중전에게는 이런 것들이 아무 의미도 없었다. 중전은 시큰둥하니 토라져 있었다. 폐출 사건 이후 주상과 한때 좋아지려 했던 사이가 중전의 뒤틀린 심사로 다시 멀어진 것이다.

중전의 생일날에도 성종은 경연에 참석하여 『상서』의 「우서편」에 있는 공경의 뜻을 강론하고 밤 접견까지 마친 뒤에 침전에 들었다.

폐비 윤씨는 오늘이 생일인데 행여 오늘 하루만이라도 주상이 찾아주리라 기대했다. 그러나 주상은 끝내 나타나지 않았다. 나인을 시켜 주상의 행방을 알아낸 폐비 윤씨는 눈에서 불꽃이 튀었다. 주상은 침소에 딸린 내간(內間) 시첩(侍妾)의 방에서 취침을 하고 있었다. 나인을 앞세우고 달려간 폐비 윤씨는 주상의 침소에 무단으로 뛰어들어 주상의 품에 있는 시첩에게 욕설과 폭행을 가했다. 독을 품은 앙탈이라 중전의 손목에 힘이 들어갔고 날 선 손톱이 이를 말리는 주상의 용안에 상처를 내고 말았다. 고의는 아니었다 해도 이것은 묵과할 수 없는 엄청난 사건이었다. 임금이 침수든 방을 무단으로 범한 것만으로도 중벌을 면하기 어려운데 용안에 상처까지 내었으니 이것은 대역죄에 버금가는 중죄를 범한 것이다.

성종은 이제 폐비를 결심했다. 지난번에 폐비했더라면 하는 후회도 했다. 이튿날 이른 아침 성종은 재상들을 선정전으로 불렀다. 영의정 정창손, 상당부원군 한명회, 청송부원군 심회, 광산부원군 김국광, 우의정 윤필상이 들어오고 승지, 주서, 사관이 들어왔다.

중전 폐출을 거론하자 원자를 의식한 중신들은 또다시 신중론을 폈다. 다만 이번에는 지난 정유년 때와는 달리 폐비를 반대하는 것이 아니라 원자를 낳은 어머니이니 여염집 아낙과는 다른 처우를 해야 한다는 것이 대신들의 주장이었다. 별궁을 지어 거처하게 하고 의식주는 관에서 지원해주어야 한다는 것이었다. 화가 난 성종은 대왕대비전에 달려가 사건의 전말을 고했다. 침전을 무단 침입한 것도 과한데 용안에 상처까지 냈으니 세 대비도 어쩔 수 없었다.

성종 10년(1479) 6월 2일 중전의 생일 다음 날 폐비의 교서가 반포됨에 따라 중전 윤씨를 폐하여 서인으로 삼고 사제(私第)로 내쳤다. 그리고 종묘에 고했다. 궁에 든 지 6년, 중전에 오른 지 4년인데, 성종의 보령 23세였다. 사가에는 친정어머니 신씨만 출입이 허용되었다. 이와 같은 엄청난 일이 일어났는데도 원자는 아무것도 모른 채 강희맹의 집에 있었다.

❖ 새 중전을 들이고

성종 11년(1480) 11월 8일 인정전에서 새 중전의 책봉 의식이 있었다. 중전 윤 씨는 윤호의 딸로 성종 4년(1473)에 후궁에 간택되어 숙의에 올랐고, 이제 세 번째 성종비가 되었으니 이번에도 후궁 중에서 중전을 뽑아올린 것이다. 또다시 윤문(尹門)에서 중전을 맞았다. 이때부터 중전 윤씨는 원자의 친모 행세를 해야 했다.

중전 윤씨는 유순하고 부덕을 잘 쌓은 여인이어서 중전으로서의 소임을 잘 해내었다. 이 무렵 엄소용도 회임하여 귀인에 올랐다.

폐비 윤씨는 이제 절망에 빠져버렸다. 새 중전이 들어섰으니 이제 복위는 꿈도 꾸지 못할 일이었다. 폐비의 희망은 원자가 자라서 보위에 오르기를 기다리는 것뿐이었다. 복위의 희망이 무너진 폐비는 스스로 제약과 굴레를 벗어버렸다. 이제는 죄인처럼 살 필요가 없다는 생각이 들었다. 중전이었고, 원자의 어머니인 나에게 이 이상의 가혹 한 처벌을 하겠느냐는 생각이 미치자 몸을 치장하고 문밖출입까지 서슴지 않았다. 출입이 허용된 사람 이외의 자도 출입하였다. 이 소문은 궐내로 계속 흘러들어갔다. 궁궐에서는 그동안 대비와 주상으로부터 여러 차례 삼가고 근신하라는 언문 교지가 내려온 바 있었다. 그런데도 궐내에 나도는 소문은 가라앉지 않았다. 이 무렵 중신들이 또다시 폐비의 사는 모습이 원자의 어머니로서 너무 참혹하니 복위는 어렵다 하더라도 처우만큼은 개선해달라는 상소가 이어졌다. 이에 고무된 폐비는 더욱 조심성이 없어졌다. 그만큼 소문도 무성했다. 성종도 궐내에 나도는 소문을 어느 정도 감지하고 있었고, 뒤에서 누군가가 집요하게 움직이고 있음도 감지했다. 엄 귀인도 이제 왕자를 낳았기 때문에 폐비가 사사되면 원자의 지위가 위태로워지고, 그리되면 자신이 낳은 왕자도 보위를 넘볼 수 있는 일이어서 소문을 키워가는데 한몫을 하고 있었다. 그동안 세 대비는 물론이고, 성종 자신도 폐비 윤씨의 처리 문제를 놓고 많은 생각을 해왔다. 그런데도 들리는 소문마다 자중하는 모습은 없고 불미스런 말들만 대궐에 흘러다니니 안타깝기만 했다. 여러 차례 자중하도록 언문 교지를 내린 것은 원자의 어미인지라 행여 정상을 참작할만한 실마리를 찾고자 함이었는데 그마저 뜻대로 되지 않았다. 폐비를 이대로 살려둔다면 원자가 보위에 올랐을 경우 폐비의 원한과 포악한 성정으로 피바람을 일으킬 것이 불을 보듯 훤한 일인데 그대로 두고 볼 수만은 없었다. 반면 폐비에게 죽음을 내릴 경우 아무리 입단속을 한다 해도 원자가 보위에 오르면 이 사실을 알게 될 것인데 이 또한 참혹한 옥사가 일어날 것도 분명한 일인지라 어느 쪽이 사직을 위해 좋은 것인지 판단하기도 어려웠다. 그러나 궐 안에 소문이 무성하다 보니 그냥 지나치기에는 상황이 너무 심각했다. 마침내 폐비의 동생을 잡아들이라는 어명이 내려졌다. 폐비의 사가를 어미와 폐비의 동생들만 출입하라 했는데 중신들의 입에서 폐비의 사는 모습이 비참하다느니, 참혹하다느니 하는 것은 드나드는 사람이 있어 그 실정이 밖으로 새어 나온 것이 아니겠는가 하는 것이 이유였다. 어명을 받든 이세좌는 내관 조진을 대동하고 윤구, 윤우, 윤후 삼 형제를 잡아다 옥에 가두었다. 그리고 폐비 윤씨의 이웃도 잡아들여 그간에 있었던 소문이 사실임을 확인했다.

❖ 사약을 내리다

　　　　　　성종은 결단을 내렸다. 더 이상의 관용은 더 큰 재앙을 키우고 있는 것으로 판단하여 폐비 윤씨에게 죽음을 내렸다. 성종 13년(1482) 임인년 8월 16일 성종은 좌승지 이세좌를 시켜 폐비에게 사약을 가져가게 하고, 우승지 성준에게 이 뜻을 대비에게 고하라 하였다.

　이세좌가 제의하기를 신은 안면이 없으니 내시와 함께 가게 해달라 청했다. 대궐이 발칵 뒤집혔다. 원자의 어미요, 중전이었던 사람에게 사약이 내려지리라고 생각한 사람은 거의 없었다. 모두가 넋을 잃고 있었다. 제정신으로 움직이는 사람은 거의 없었다. 이세좌가 어전을 물러 나와 궁 안의 의원 송흠에게 묻기를 "무슨 약이면 사람을 즉일 수 있는가?"라고 하니 "비상만 한 것이 없습니다."라고 하였다. 이세좌는 주서 권주를 전의감에게 보내어 비상을 준비하라 하여 그것을 가지고 폐비에게 갔다. 사약에는 부자를 넣는 것이 상식인데 이렇게 하여 이때에는 비상을 넣은 것이다. 폐비 윤씨는 사약을 받고 피를 토하며 어미 신씨의 품에서 숨을 거두었다. 그 피는 입고 있던 적삼에 흥건히 젖었다. 폐비는 울화증이 심하여 피를 많이 토한 것 같다. 폐비 윤씨는 비상이 화근이 되어 결국 비상을 마시고 죽었다.

　사약을 들고 간 이세좌가 마지막 유언을 물었다. 폐비는 시신을 건원릉 가는 길에 묻어달라는 말을 남겼다. 건원릉은 태조 이성계가 묻혀있는 능으로 임금이 건원능 오가는 길에 볼 수 있도록 해달라는 마지막 소원이었다. 투기 때문에 폐출된 지 3년여 만에 폐비 윤씨는 이렇게 참담한 최후를 마치고 건원능 가는 길목에 묻혔다.

생각해보면 이때 폐비의 죽음은 억울했다. 몸단장을 하고 채색옷을 입고 문밖 나들이 몇 번 하는 것쯤으로 원자의 생모에게 사약을 내린 것은 지나친 형벌이라고 볼 수도 있었다. 도리어 폐출될 당시에는 왕의 침소를 무단으로 범한다든지 용안에 손톱자국을 냈을 때야말로 죽음을 내릴 수 있는 중벌이었다. 그뿐 아니라 "나는 오래 살 터이니 어디 두고 보자."라든가 임금이 살아있는데도 흰옷을 입고 "상중에 있다."라느니, 임금의 장막을 가리켜 '송장 칸'이라 하였으며, "발자취까지 없애버리겠다."라든가 "팔을 잘라버리겠다." 하는 등의 악담을 서슴지 않았었다. 어느 것 하나 죽음을 면하기 어려운 언행이 아닌 것이 없었다.

이때 폐비 윤씨에게 내린 사약은 죄가 중해서가 아니라 장차 큰 후환을 없앤 것이라고 판단할 수밖에 없었다. 폐비의 아우 윤구는 어미와 함께 장흥에 부처하고 윤우는 거제에, 윤후는 제주에 부처하는 것으로 폐비 윤씨 사건은 매듭지어졌다.

잡상
지나침은 부족함만 못하다

당나라 태종은 밤마다 꿈속에서 귀신에게 시달리고 있었다. 귀신이 지붕 위에서 기와를 던지며 괴롭히는지라 잠자리가 여간 불편한 것이 아니었다. 전각의 문마다 문·무 관료들을 배치하여 엄중하게 지켜도 크게 도움이 되지는 못했다. 독실한 불교 신자인 당 태종은 정관(貞觀)년간에 승려인 삼장법사를 시켜 서천 인도에 가서 불경을 가져오도록 했다.

삼장법사의 원래 이름은 진현장(陳玄奬)이었는데, 불경을 가지러 인도로 떠나보내면서 많은 보물을 하사하고 당삼장(唐三藏)이라는 이름을 내렸다. 삼장법사가 인도에 다녀온 여행담은 점차 신화적인 요소가 가미되더니 남송 대에 와서는 소설로 정리되었다. 그 후 원(元) 말, 명(明) 초에 『서유기(西遊記)』라는 이름으로 무대에 올려지면서 신비적인 요소가 가미되었다. 당 태종의 악몽으로 인하여 숱한 역경을 극복하고 서천에서 불경을 가져온 삼장법사 일행의 신출귀몰한 행적에서 살풀이의 처방으로 고안된 것이 잡상(雜像)의 근원이다.

팔작지붕의 추녀마루에 놓인 토우(土偶)들을 잡상이라 하는데, 본래는 『서유기』에 나오는 네 주역과 토신(土神)을 형상화하여 살(煞)을 막는 우상으로 만들어놓았으나 그 후 궁궐 건축에는 장식 기와로써 상례가 되어버렸다. 『어우야담』에 보면 신임관이 부임하여 선임관에게 첫인사를 할 때 반드시 대궐 문루 위의 이 10 신상 이름을 10번 외워야 통과된다고 하였다. 대표적인 10 신상은 삼장법사, 손오공, 저팔계, 사오정, 삼살보살, 마화상, 이구룡, 천산갑, 이귀박, 나토두(羅土頭)이다. 『서유기』에 나오는 네 주역 이외에는 모두 중국 토신의 이름이다. 이러한 유래에서 볼 때 살을 막기 위한 이 잡상의 제도는 당나라 이후에 생긴 것으로 보이며, 이것이 우리나라에 들어오면서 상당한 변화를 가져왔다.

가장 앞에 있는 도인상(道人像)을 선인상(仙人像)이라 하고, 뒤에 나열된 그 밖의 상들을 주수(走獸) 또는 평수(平獸)라 하는데 주수상에도 10상이 있다. 용, 봉, 사자, 기린, 천마(天馬), 해마(海馬), 고기, 해치, 후(吼), 원숭이 등인데 선인상과 합하면 모두 11개가 된다. 주수의 상도 세월이 가면서 무슨 상인지 분별이 안 될 정도로 다양한데 아마도 토우를 만드는 잡상장(雜象匠)들의 상상력이 미치는 데까지 험하고 무서운 모양을 형상화한 것으로 보인다.

이 잡상은 일본에는 없고 중국과 우리나라에만 있다. 중국에 있는 잡상은 그 크기도 작을 뿐 아니라 놓은 수도 적어 서너 개 정도에 불과하다. 놓는 위치도 우리나라처럼 추녀마루에 한정되지 않고, 심지어 용마루에까지 얹어놓는다. 잡상의 종류도 주로 서유기의 네 주역이 많으며, 궁궐뿐 아니라 사찰이나 개인 집에도 규모가 큰 집에는 잡상을 놓는 경우가 많다.

우리나라에서는 궁궐이나 사대문에 한하여 잡상을 놓고 사찰이나 그 외의 모든 건축물에 잡상을 놓지 않는다. 크기도 중국의 것보다 크고 주수의 수도 많다. 외침에 시달려온 열약한 민족의식이 잡상의 크기나 수로 열세를 극복해보려는 시도의 한 단면이 아닌가 싶다.

궁궐『영건도감의궤 (營建都監儀軌)』에 의하면 경희궁에 112개, 창경궁에 168개, 창덕궁에 148개이며, 경회루에는 11개로 단위 건물로는 가장 많은 잡상을 놓았다 한다.

창덕궁 흠경각 지붕에 올려놓은 잡상은 좀 특이했던 것 같다.『궁궐지』에 따르면 "흠경각의 잡상은 매우 정교하였는데, 농잠에 애쓰는 모양을 만들어놓고 보고 느끼는 자료로 삼은 것은 그 뜻이 우연함이 아닌데 논자(論者)들은 노리개에 가깝다고 말하고 있으며, 그 중에서도 비뚤어진 그릇의 제작이 가장 기묘하다."라고 하였다. 아마 양잠 과정을 연출해놓았던 것으로 보이나 실체가 소실되어 볼 수가 없다. 비뚤어진 그릇은 노나라 환공이 좌석 오른쪽에 놓았던 그릇으로, 가득 차면 넘어지는 것이어서 지나침을 경계하는 교훈의 징표로 삼았다.

연산군
포악한 임금으로 초로인생을 살다

❖ 원자의 피접과 친모의 사약

　　　　　　연산군은 성종 7년(1476) 11월 7일 폐비 윤씨와의 사이에서 태어났다. 숙의 윤씨였던 폐비가 중전에 오른 후에 왕자 융(㦕)을 얻었으니 명실상부한 원자로서 하자가 없었다.

　그런데 원자는 태어난 지 백일이 지나 창진(瘡疹)을 앓게 되었다. 좀처럼 차도가 없자 결국 이조판서 강희맹의 집으로 피접을 나갔다. 다행히 피접 나간 원자는 차츰 차도를 보이기 시작했다. 원자가 쾌차해지자 중전이 원자의 환궁을 서둘렀으나 인수 대비(세조의 아들 덕종 비 소혜 왕후)가 반대했다. 원자가 피접 나가 완쾌되었으니 서두를 일이 아니라 좀 더 건강해질 때까지 기다리자는 것이었다. 효성이 지극한 성종인지라 어머니 인수 대비의 의사가 그러하니 도리가 없었다. 이렇게 되자 원자는 환궁하지 못했고, 강희맹의 부인 안씨를 친어머니로 알고 자랐다. 그러는 사이 중전 윤씨는 심한 투기로 폐위되어 사가로 나갔다.

이제 원자를 환궁시켜야 하는데 폐비 윤씨의 일이 걱정이 아닐 수 없었다. 인수 대비는 먼저 비어있는 새 중전의 간택부터 서둘렀다. 중전이 간택되어 들어온 뒤 원자가 입궁하면 자연스럽게 친모로 행세할 수 있게 하기 위해서였다. 그러나 주상은 원자의 환궁부터 서둘렀다. 폐비가 궐 밖으로 나가 있으니 피접 나가 사는 원자에게 무슨 짓을 할지 몰라 염려됨으로 서둘러 원자를 환궁시켜야 한다는 것이 그 이유였다. 이유가 그러하니 인수 대비로서도 더 만류할 명분이 없었다. 세자가 환궁하자 인수 대비는 내관들과 상궁 나인들을 모두 모아놓고 철저하게 입단속을 시켰다.

성종 11년(1480) 11월 8일 우의정 윤호(尹壕)의 딸이 새 중전으로 들어왔다. 또다시 윤문에서 중전을 맞아들인 것이다. 그리고 중전 윤씨는 성종 4년에 궁에 들어와 숙의에 봉해졌기 때문에 이번에도 후궁 중에서 중전이 간택된 것이다. 원자는 다섯 살이다. 이제 말도 하고 주변의 눈치도 제법 알아차릴 만한 나이가 되었다. 인수 대비는 새로 들어온 중전을 원자에게 친어머니로 인식시켰다. 강희맹의 처 안씨를 어머니로 알고 자란 원자는 처음에는 어리둥절했으나 어린 나이에는 적응력이 빠른 탓인지 새 중전을 친어머니로 차츰 받아들이게 되었다.

새 중전이 들어온 지 2년만에 폐비 윤씨는 사약을 받았다. 이와 같은 엄청난 사건이 벌어졌는데도 원자는 아무것도 모른 채 천진난만하게 뛰어놀고 있었다.

원자가 세자에 책봉된 것은 성종 14년(1483) 2월 6일이었다. 원자를 중전의 친자식으로 키우고 있는 마당에 대놓고 새 중전의 회임을 기다리자 할 수도 없거니와 원자는 늦어도 8세가 되면 세자에 책봉하는 것이 그간의 관례로 되어있었다. 영의정 정창손을 세자사(世子師), 좌의정 윤필상을 세자이사(二師), 공조판서 손순효(孫舜孝)와 유지(柳輊), 김승경을 빈객으로 삼아 세자의 학문을 보살피도록 하였다. 인수 대비는 세자의 사부들을 모아놓고 다시 한 번 입단속을 시키면서 철저한 훈육을 당부했다. 그래놓고도 걱정이 되어 하루도 거르지 않고 매일 창덕궁 세자의 거처를 찾아가 보살폈다. 성격이 깐깐하고 빈틈없는 인수 대비인지라 간섭이 많아지고 훈계와 걱정이 늘어갔다. 세자는 이러는 인수 대비가 차츰 싫어지고 무서워져 할머니인데도 나중에는 마주 앉는 것조차 두려웠다.

세자는 10세가 되던 해에 중전이 생모가 아님을 어렴풋이 알게 되었으나 드러내놓고 알아볼 수도 없는 분위기여서 궁금증만 더해 갔다.

성종은 친형인 월산 대군을 두고 보위에 오른지라 형에 대한 미안한 마음을 늘 가지고 있었다. 그래서 가끔씩 월산 대군 집에서 연회를 베풀어 형을 위로했는데, 그때마다 성종은 세자와 동행했다. 세자는 월산 대군의 처 박씨가 절세미인인지라 어린 나이에도 마음속에 흠모의 정이 자신도 모르게 자라나고 있었다.

성종 19년(1488) 3월 1일 세자는 병조판서 신승선(愼承善)의 딸을 세자빈으로 맞이했다. 세자빈 신씨는 13세로 세자와 동갑이었다. 세자는 빈궁을 맞이한 후에도 궁인들의 알 듯 말 듯 한 친모에 관한 이야기에 신경이 곤두섰다. 사춘기에 접어들어 가는 세자에게는 황량하고 쓸쓸한 밤만 계속되었다. 경연도 소홀해지고 울적할 때마다 사냥을 하고 싶은 충동이 문득문득 일어났다. 일찍이 성종이 사향사슴 한 마리를 길렀는데, 길이 잘 들어서 항상 사람 곁을 떠나지 않았다. 어느 날 세자가 성종과 함께 거니는데 그 사슴이 세자 곁에 와 핥았다. 세자가 사슴에게 매몰차게 발길질을 하니 성종이 노하여 "짐승이 사람을 따르는데 어찌 그리 잔인하냐?"라고 꾸짖은 일이 있었다. 연산군의 포악성이 언뜻 드러난 일면이었다.

성종이 인정전에서 술자리를 마련했는데 우찬성 손순효가 성종의 어탑을 만지면서 "이 자리가 아깝습니다." 하니 성종은 "나도 또한 그것을 알지만은 차마 폐할 수 없다." 하였다. 세자가 보위에 오르는 것을 걱정한 것이다. 입시한 신하들이 순효의 불경과 무례함을 탄핵하였으나 성종은 "순효가 나를 사랑하여 여색을 좋아함을 경계하고 술 끊기를 경계하였으니 무슨 죄 될 일이 있겠느냐."라고 대답하여 무마했다.

성종은 장차 보위를 이어갈 세자가 마음에 걸려 폐비의 묘를 '윤씨의 묘'라 칭하고 속절(俗節)에 제사를 지내도록 선처하면서 이 이상은 백 년이 지나도록 추증하거나 고치지 못하도록 유지를 남겼다.

성종은 세 대비, 즉 대왕대비(세조 비 정희 왕후), 왕대비(예종 비 안순 대비), 인수 대비(친모인 소혜 왕후)를 모시고 있었다. 효성이 지극한 성종은 세 대비를 위하여 자주 연회를 베풀어 위로하고 월산 대군, 제안 대군에게도 소홀함이 없다 보니 미행과 유가(遊街)가 잦았다. 그때마다 세자가 동석하였는데 한창 사춘기에 접어든 세자는 무언가 마음 한구석에 허전한 상념들을 미희들의 화무 속에서 지워내곤 했었다.

❖ 19세 보위에 오르다

성종 25년(1494) 12월 24일 묘시 성종은 보령 38세로 승하하고 국상이 난지 5일 만에 연산군이 19세로 보위에 올랐다. 보위에 올라 처음 시도한 행사가 상중에 성종의 명복을 비는 수륙제를 지내는 것이었다. 여기서 연산군은 미처 생각지도 않은 난관에 부딪혔다. 억불숭유 정책에 따라 불교 의식인 수륙제는 불가하다는 것이다. 삼사는 물론 성균관 유생들까지 들고일어나 상소가 봇물 터지듯 쏟아졌다.

연산군은 물러서지 않았다. 억불숭유라 하나 태조 때부터 왕실에서 불교를 섬겨온 것이 사실이 아니던가! 연산군은 여기서 물러서면 왕권이 흔들린다는 쪽으로 생각이 미치자 이들을 모두 하옥시켜버렸다. 결국, 인수 대비의 의지(懿旨: 왕비나 대비가 내린 글)와 노사신의 협조로 수륙제는 무사히 지낼 수 있었다. 그러고 나서 정희량은 해주로, 이목은 공주로, 이자화는 금산으로 귀양 보냈다. 조유형 등 21명은 정거령(停擧令: 과거 시험의 응시 자격을 일시 정지시키는 것)에 처하고 나머지는 모두 방면함으로써 이 사건은 비교적 가볍게 처리되었다.

이어서 조정을 개편하였다. 영의정에 노사신, 좌의정에 신승선, 우의정에 정괄(鄭括), 판내시부사에 김처선을 임명하였다. 판내시부사는 정2품 판서의 서열로 내시의 최고 우두머리이다. 성종의 발상 후 유생들의 유배는 모두 풀어주었는데, 정거령은 풀어주지 않았다.

어느 날 연산군은 친모에 관해서 물었다. 연산군은 이제 보위에 올랐으므로 주변의 눈치를 살필 필요가 없는 데다 성종 대왕의 묘비에 친모가 폐위된 것으로 기록되어있었기 때문에 명분도 있었다. 현 대비가 친모가 아닌 것은 알고 있었으나 친모가 폐위된 사실은 전혀 모르고 있었다. 연산군은 결국 『승정원일기』를 상고하여 폐비의 일을 세세히 고하라는 어명을 내렸다. 할 수 없이 좌의정 신승선이 모든 짐을 지고 폐비 윤씨와 그 일가의 처지를 사사된 부분만 빼고는 소상하게 고해 올렸다. 덧붙여 부왕의 유교와 인수 대비의 지엄한 분부로 입 밖에 낼 수 없는 사정까지를 모두 고했다. 의외로 연산군은 크게 반응하지 않았다. 그 무렵 전 창원부사 조지서가 진주에서 봉사(封事)를 올렸는데, 그 내용 중에 풀밭에 버려진 연산군 모후의 무덤에 관한 내용이 들어있었다. 연산군은 처남 신수근에게 『승정원일기』를 다시 상고하도록 명을 내렸다. 신수근은 아버지 신승선과 의논하고 나서 뒤탈이 염려되어 폐비가 사사된 것까지를 고해 올렸다. 연산군은 놀라고 울화가 치밀었다. 더욱 이해가 가지 않은 것은 아버지를 위해 수륙제를 지내는데 그처럼 거세게 반발했던 유생들이 중전이 폐위되어 사사될 때까지 왜 지켜보고만 있었느냐는 생각이 미치자 더욱 참을 수가 없었다. 갑자기 일어나 활을 들고 나가더니 가정당 뜰에서 풀을 뜯고 있는 부왕이 아끼던 사슴을 쏘아 죽였다. 이 소식을 들은 대왕대비와 대비가 나서서 연산군의 마음을 가까스로 다독여주었다. 생각보다 쉽게 마음을 다잡은 연산군은 조강, 주강, 석강까지도 참석하는 등 심기일전하여 정사에 의욕을 보였다.

이때 대간들의 상소가 또 올라왔다. 대비 윤씨의 아우 윤탕노(尹湯老)가 국상 중에 기방을 출입하였으니 국문하여 처벌해야 한다는 내용이었다. 연산군은 가납하지 않았다. 당연한 직무로 그러는데도 대간들의 상소에는 거부감을 느꼈다. 더구나 대비 윤씨는 연산군이 세자 시절 친어머니로 알고 모신 성종의 계비이다. 상소를 가납하지 않자 대간들은 사직하고 물러났다. 복직을 명했으나 윤탕노를 국문하지 않고는 복직할 수 없다고 버티었다. 이에 굴하면 왕권이 무너진다고 생각하는 연산군인지라 이들을 모두 파직하고 하옥시켰다.

왕이라는 자리가 생각보다 무척 괴롭고 짜증스러웠다. 마음이 심란할 때 연산군은 후원으로 나왔다. 연산군은 성종 때에 사슴을 기르던 후원에 말을 길렀다. 말들이 발정기에 교접하는 일들이 자주 있었는데 연산군은 이것에 무척 호기심을 가졌다. 옆에 있던 내관 김순손(金舜孫)이 연산군을 막아서며 임금으로서의 본분을 지켜야 한다고 충언하다가 하옥되었으나 판내시부사 김처선의 지혜로 가까스로 목숨을 건졌다.

그래도 연산군 즉위 초에는 국정 운영에 상당한 의욕을 보였다.

원년 6월 10일 홍문관의 건의에 의하여 각도에 암행어사를 파견하여 민생을 살피는가 하면 동년 10월에는 팔도 관찰사에 유시하여 "예로부터 정치를 잘한 임금은 모두 어진 이를 찾기에 힘쓰고 인재를 얻기에 즐겨 하지 않은 이가 없었지만, 세상의 어진 선비가 혹 임금을 만나지 못하고 산야에 버려지지 않은 적이 없다. … 아무리 애타게 찾는 마음이 있다 하더라도 어찌 숨어있는 선비를 다 알아서 등용할 수 있으랴. … 어질고 유능한 자가 큰 뜻을 가지고 스스로 알리지 못하는 자나 필부(匹夫), 필부(匹婦)로서 원통함을 품고서 스스로 다 말할 수 없는 자가 있거든 멀리 찾아서 아뢰라." 하는 등 치세에 상당한 의욕을 보였다.

연산군 2년(1496) 윤 3월 13일 폐비 묘를 고치라는 어명에 따라 본래 있던 자리에서 옆으로 이장하고 신주와 사당이 세워졌는데 사당은 효사묘(孝思廟)라 하고, 묘호(廟號)는 회묘(懷廟)라 했다. 폐비 윤씨 묘를 손보고 있는 동안 연산군은 선왕의 유지를 무시하고 폐비의 어미 신씨와 식솔들을 모두 사면하여 같이 살게 하였다. 그리고 폐비는 모후이니 일단 사면된 이상 법도 상 모후로 되어있는 대비 정현 왕후와 똑같은 입장이므로 외할머니인 신씨에게도 쌀 30석과 황두 20석을 내시 김자원을 통하여 보내도록 명했다. 외숙 구는 사복시 첨정, 우는 사섬시주부, 후는 예민시 직장(直長)으로 제수했다. 이런 것들이 모두 풍원위 임숭재의 주청으로 이루어졌는데, 풍원위를 일깨운 것이 그의 아비 임사홍이라 하여 그를 행부호군(行副護軍)에서 정4품 호군으로 올렸다.

임 사홍(任士洪)은 효령대군 아들인 보성군의 사위로 세조 12년(1466) 춘시 문과에 3등으로 급제하여 이조판서까지 올랐으나 그의 간교함이 드러나 의주로 유배된 일이 있고, 유배에서 풀려난 뒤에도 성종 조에서는 큰 활약을 못 하고 정권에서 소외되어있었다.

그에게는 아들이 넷 있었다. 큰아들 임광재는 예종의 딸 현숙 공주와 결혼하여 풍천위(豊川尉)가 되었는데 성종이 승하하여 발상한 뒤 며칠 후에 죽었고, 둘째 희재는 김종직의 제자답게 올곧은 선비로 살다가 '갑자사화' 때 처형되었으며, 셋째 문재는 『실록』에 단 한 번 나오는데 연산군 10년 10월 26일 "임사홍, 숭재, 문재 등은 내보내지 말라." 한 것으로 보아 임사홍과 한집에 살면서 부자간에 거의 비슷한 삶을 살지 않았는가 싶다. 넷째 임숭재는 연산군 10년 2월 28일자 『실록』에 "사홍의 아들인데 그 음험하고 간교함이 그 아비보다 더하여 평생 동안 은혜와 원수를 갚되 눈금도 남김이 없으므로 사람들이 흘겨보았다."라는 기록처럼 연산군이 보위에 오른 후에는 아비 임사홍과 함께 발탁되어 조정을 혼조로 몰아가는 데 중추적 역할을 했다. 폐비를 추숭하는 것은 선왕의 유교를 어기는 일이기 때문에 이는 왕실의 법도를 무너뜨리는 것인 데다 삼사의 반대를 무릅쓰고 행한 일이라 간관들의 상소가 빗발쳤다. 난세에는 언제나 충신과 간신이 같이 존재한다. 이때 모든 대신이 하나로 뭉쳐 임금에 간했다면 상황이 달라졌을지도 모른다. 그러나 법도를 존중하는 훈구 세력과 연산군에 비위를 맞추고 아첨하는 신진 세력으로 조정의 중론이 갈라져 그 다툼이 치열했으므로 연산군의 의중에 반하는 훈구 세력이 밀릴 수밖에 없었다.

연산군 즉위 초라 성종 때부터 언로가 활짝 열려있었기 때문에 상소는 그치지 않았고 쏟아지는 상소를 가납하지 않음으로써 삼사의 간원들이 하루가 멀다 하고 사직하거나 교체되었다.

1년 동안에 대사간만 4명이 교체되었는데도 연산군은 폐비에 관한 한 어떠한 상소도 가납하지 않고 귀를 닫아버렸다.

❖ 광란의 서막 무오사화

이러한 와중에서 연산군 2년 8월 『성종실록』을 편찬하기 시작하였는데, 벽두부터 몇 가지 문제가 발생하였다. 김일손이 충청도 관찰사로 있을 때 단종의 어머니인 현덕 왕후의 능인 소능(昭陵)을 회복해야 한다는 상소를 올린 일이 있었다. 소능은 단종이 죽은 후에도 안산(安山)에 그대로 있었다. 어느 날 세조의 꿈에 현덕 왕후가 나타나 단종을 죽인 것을 꾸짖으며 침을 뱉었다 하여 세조가 물가로 이장해버린 것이다. 그래서 소능을 원래대로 회복해야 한다는 주장을 주로 영남학파에서 해왔는데, 영남학파의 우두머리인 김일손이 그것을 사초에 쓴 것이다. 그뿐 아니라 정희 왕후 세조 비가 승하한 성종 14년 3월 말경 전라 관찰사로 재직 중인 이극돈이 국상 중에 관기를 끼고 술을 마신 사실까지 사초에 써넣었다.

김일손은 김종직의 문하생으로서 학문이 높고 절개가 굳은 선비였으며, 사관(史官)의 일까지 겸하고 있었다. 당대의 세도가인 이극돈도 같은 사관으로서 실록 편찬에 관여하고 있었는데, 실록청에서 같이 일하고 있는 윤효손에게서 자신이 사초에 올라있다는 사실을 알게 되었다. 이극돈은 탐관오리로 유생들의 미움을 사고 있었을 뿐 아니라 백성들 사이에서도 평이 좋지 않았다. 실록 편찬에 각별한 관심을 가지고 있는 인물이 또 한 사람 있었다. 그자는 조선 초기에 서얼로 태어나 이번 '무오사화'를 주도한 유자광이다. 『실록』의 기록을 보자.

　자광은 경주 부윤 유규(柳規)의 서자로 어릴 때부터 건장하고 날래며 높은 곳에도 원숭이처럼 잘 타고 오르내렸다. 서출이라 일찍부터 무뢰배가 되어 장기, 바둑, 활쏘기로 내기나 하고 새벽이나 밤길에 돌아다니다가 여자를 만나면 강간하기를 일삼는 불량배로 살았다. 아비 유규는 여러 차례 매질하고 자식으로 여기지도 않았으나 어찌하다 갑사에 소속되어 경복궁 동쪽 문인 건춘문을 지키고 있었는데, 이시애가 반란을 일으키자 글을 올려 반란군 진압에 자원하여 출전하였다. 유자광은 전지에서 전과를 올림으로 인하여 세조의 사랑을 받아 일약 병조정랑에 올랐다. 그 후 무관으로서 온양별시 문과에 응시하여 장원으로 뽑힐 만큼 학문도 대단했다. 예종 초에는 남이의 모반을 고발하여 일등공신이 되어 무령군(武靈君)에 봉해졌다. 항상 자만심이 강한 유자광은 천성이 음험하여 왕의 신임이 자기보다 두터운 사람이 있으면 반드시 모함하여 제거하려 했다. 성종 조에는 임사홍, 박효원 등과 함께 현석구(玄錫究)를 배제하려 하다가 실패하여 오히려 본인이 동래로 귀양가게 되었다. 곧 풀려나기는 했지만 단지 공신봉작만 돌려주고 관직은 주지 않았다. 할 일 없이 소일하고 있던 유자광은 연산군의 처남 신수근의 추천으로 연산군 3년 1월 20일 경연에만 참석할 수 있는 특진관에 임명되었다. 특진관은 국정에는 관여할 수 없으나 매일 주상과 마주할 수 있으므로 간접적으로 영향력을 얼마든지 행사할 수 있는 막중한 자리이다.

이극돈이 김일손을 찾아가 자기와 관련된 사초의 삭제를 부탁했으나 들어주지 않자 하는 수 없이 유자광을 찾아갔다. 유자광은 당시 조정의 실세인 이극돈과도 친교를 맺고 있었다. 김일손의 사초에는 소능이나 이극돈에 관한 것뿐 아니라 김종직이 지은 「조의제문(弔義帝文)」과 세조에 관한 내용이 포함되어있었다.

세조가 단종을 몰아내고 왕위를 찬탈한 것과 세조가 아들 덕종의 후궁을 범한 내용까지도 들어 있었다. 『세조실록』 12년 5월 12일조에 보면 "병조에 전교하기를 윤소훈이 출입할 때의 의장은 한결같이 빈(嬪)의 예에 의거하라."라는 기록이 있어 일각에서는 소훈을 범한 것으로 보고 있었다. 윤소훈은 덕종의 후궁인데, 세조가 특별한 관심을 가지고 대한 것에 의심을 가진 것이다.

소능 복구에 관한 내용에도 노산군의 기록이 있는데 "노산군의 시체가 숲속에 버려졌는데 한 달이 지나도록 염하지 아니하니 까마귀와 솔개가 날아와서 쪼았는데 한 동자가 밤에 와서 시체를 짊어지고 달아났으니 물에 던져졌는지 불에 던져졌는지 알 수 없다."라는 내용까지 적혀있었다.

「조의제문」은 의제를 조문한다는 뜻인데 '의제'는 초회왕을 말하는 것으로 서초패왕(항우)이 회왕을 죽여 빈강(중국 남방에 있는 강)

에 던져버린 것을 애도하는 글이다. 이것은 바로 단종을 초회왕에 비유한 것으로 세조를 간접적으로 비난한 내용이다. 이 모든 것을 김종직의 제자인 김일손이 사초에 올려놓았다.

이극돈은 이 사실을 빠짐없이 유자광에게 털어놓았다. 무언가 기회를 노리고 있던 유자광은 더없는 좋은 기회다 싶어 팔을 걷어붙이고 나섰다. 유자광은 노사신, 윤필상, 한치형과 의논한 뒤 함께 편전으로 내달아 자비문 밖에서 도승지 신수근을 불러내어 뜻을 전한 뒤 임금을 배알하였다.

『연산군일기』 4년 7월 1일조에는 이렇게 적고 있다.

> 파평부원군 윤필상, 신성부원군 노사신, 우의정 한치형, 무령군 유자광이 자비문에 나아가서 비사(祕事)를 아뢰기를 청하고 도승지 신수근으로 출납을 관장하게 하니 사관도 참예하지 못했다. 그러자 검열 이사공이 참예하기를 청하니 신수근이 말하기를 "참예하여 들을 필요 없다." 하였다.

이렇게 하여 이들의 이야기를 자초지종 들은 연산군은 크게 진노하여 명을 내렸다. 의금부 경력 홍사호(洪士灝), 도사 신극성(愼克成)이 명령을 받들고 경상도로 달려갔는데, 그들 외에는 누구도 무슨 영문인지를 몰랐다. 호조정랑 김일손은 그 무렵 어머니의 상을 당하여 고향으로 내려가 복상 동안 고향에서 지내다가 복을 벗자

풍질이 생겨 바로 올라오지 못하고 청도에 머물고 있었다. 연산군은 차제에 유림들의 콧대를 꺾어 놓아야겠다고 벼르고 있었다. 유자광 역시 서출이라는 신분 때문에 유림들에게서 그동안 받은 냉대와 설움이 한으로 응어리져 이 상황을 조장한지라 두 사람은 의기가 투합하였다.

유자광은 김일손의 문초를 담당하고 그 외 죄인들은 윤필상이 맡았다. 유자광은 사초에 들어있는 김종직의 「조의제문」을 들추어내어 연산군으로 하여금 알기 쉽게 주석을 달아 설명해 올렸다. 유자광은 폐주 연산군의 노여움을 이용하여 평소 자기를 무시하던 선비들을 윤필상과 힘을 합하여 남김없이 잡아들였다. 추국장은 수문당(修文堂) 앞에 차려졌다. 유자광의 몽니로 벌어진 일이라 문초는 가혹할 수밖에 없었다. 인수 대비가 이 옥사를 말리려 나섰다가 사초가 시아버지인 세조와 남편 덕종의 후궁에 관한 불미스러운 내용인지라 마음에 큰 충격을 받고 물러설 수밖에 없었다. 오히려 엄중하게 다스리라는 주문을 남기고 돌아섰다.

무오년 7월 17일 "간사한 신하가 몰래 모반할 마음을 품고 옛일을 거짓으로 문자(사초)에 표현하여 흉악한 사람들이 당을 지어 세조의 덕을 거짓 꾸며 나무라니 난역 무도한 죄악이 극도에 달하였습니다."라고 종묘에 고한 후 문초가 다 마무리된 7월 25일 어명이 내려졌다.

김종직은 부관참시하고 김일손, 권오복, 권경유는 대역죄로 다스려 능지처참하며, 이목, 허반은 참수하고, 강겸은 곤장 백 대에 가산을 적몰하여 먼 변방으로 내쫓아 관노로 만들고, 표연발, 홍한, 정여창 등은 난언죄(亂言罪)에 해당하는데 강경서, 이수공, 정희량, 정승조 등은 난언을 알고도 고하지 아니하였으므로 모두 곤장 백 대에 삼천리 밖으로 귀양을 보냈다. 이종준, 최부, 이원, 강백진, 이주, 김굉필, 박한주, 임희재, 이계맹, 강혼은 붕당을 지었으니 곤장 800대에 먼 지방으로 부처하고, 이 의무는 곤장 60대와 도역(徒役) 1년에 처했다. 그중에서 권오복과 권경유만 각각 늙은 어미가 있다 하여 죽음을 면하고 감형되어 곤장 1백 대에 종으로 삼아 고역(苦役)에 배정되었을 뿐 나머지는 모두 정해진 대로 형을 집행하였다.

　이때의 옥사를 '무오사화(戊午士禍)'라 하는데, 사초로 인하여 일어난 사화라 하여 사화(史禍)라 하기도 한다. 임희재는 임사홍의 둘째 아들임에도 아비나 동생 숭재와는 달리 김종직의 제자답게 올곧은 선비의 길을 가고 있었다.

　김종직의 시와 문집을 가지고 있는 자들은 이틀 안으로 가져오게 하여 『점필재집(佔畢齋集)』을 불태우는 것으로 '무오사화'는 매듭지어졌으나 이것은 연산군 광란의 서막이었다. 그리고 이때부터 형언할 수 없는 갖가지 혹독한 고문이 등장하였다. 주리를 트는 일이나 채찍질은 물론이고 천장(穿掌: 손바닥 뚫기), 낙신(烙訊: 단근질하기), 작흉(斲胸: 가슴 빠개기), 과골(剮骨: 뼈 바르기), 촌참(寸斬: 마디마디 자르기), 고복((刳復: 배 가르기), 쇄골표풍(碎骨飄風: 뼈 갈아 바람에 날리기) 등의 잔인한 고문 방법이 다 동원되었다.

즉위 초에는 전조(前朝)의 치평 기운이 남아있고 아직까지 인재와 법도가 존재하고 있어 어느 정도 질서가 유지되어왔으나, 재위 4년째부터는 패악한 본성이 나타나기 시작했다. 김일손은 나이 35세로 광통방에서 능지처참 되었다.

이때 왕은 모든 백관에게 나가서 김 일손의 능지처사를 보되 혹시 고개를 돌리거나 낯을 가리거나 참예하지 않는 자가 있거든 이름을 써 올리도록 지시를 내렸다. 정말 잔인함의 극치이었다.

『연려실기술』에 "성종 9년에 유자광, 임사홍 등이 유배된 '무술 옥사'는 정류(正類)가 사당(邪黨)을 다스린 것이고, 연산군의 '무오사화'는 사당이 정류를 모함한 것이다."라고 했다. '무술옥사' 때 성종은 유자광과 임 사홍은 앞으로 다시는 서용하지 말라는 유지를 남긴 바 있었다.

그럼에도 불구하고 사화가 끝나고 유공자에게 포상을 하는데 유자광을 숭록 무령군에 봉했다. 유자광은 바라던 일을 이루었으므로 의기양양하였고, 자광의 위엄이 조야에 군림하였으니 그를 독사처럼 대하여 그 뜻을 아무도 거스르지 못했다.

❖ 큰어머니 박씨를 범하다

연산군은 무엄하고 괘씸한 신료들과 유생들을 다스리고 이제는 조정이 안정되었다고 판단하여 한시름 덜었다는 생각으로 연회를 즐겼다. 연산군의 마음이나 기분을 누구보다 잘 읽는 사람이 임사홍의 넷째 아들 임숭재이었다. 임숭재는 자기 집에 수십 명의 미희를 뽑아 거느리고 있으면서 항상 연산군의 필요에 대비하고 있었다. 그 때문에 연산군은 임숭재 집에 자주 드나들면서 연회를 즐겼다.

엄격한 교육과 훈도를 받으며 자란 연산군은 늘 반항심이 내재하고 있었기 때문에 성종의 승하로 지존의 자리에 오름으로써 해방감으로 벅찼다. 그러나 긴 세월 훈도로 남아있는 양심의 여운 때문에 방종으로 치닫으려는 성정을 한동안 가까스로 누르고 있었다. 이성과 감성의 갈등 속에 아직까지는 수치라는 치부를 가려줄 장막이 필요했다. 이것은 자폐증으로 심화되어갔다.

연산군 3년(1497) 1월 4일에는 대궐 밖의 많은 민가가 후원을 내려다보고 있으므로 후원의 대궐 담을 높이라고 지시했다. 이어 17일에는 창덕궁이 내려다보이는 곳에 사람들이 왕래하지 못하게 하고, 광지문 밖의 경수소가 후원에 너무 가까워 파수 서는 군사들이 엿보는 폐단이 있기 때문에 초소를 좀 더 낮은 곳에 지어 대문만을 바라보도록 하라는 지시를 내렸다. 왕은 주로 후원에서 사냥을 즐겼는데 그것을 엿보는 것이 싫어서였다. 사냥은 연산군이 억눌린 심화를 해소하는 데 가장 좋은 운동이었다. 군사 훈련이라는 명분이 있어 더욱 좋았다. 사냥을 즐기기 위해 창덕궁 후원에 수시로 야생동물을 잡아다 풀어놓았다. 연산군 2년 12월에만도 여우 30마리를 잡아 올리라 하여 후원에 풀어놓았다. 연산군 3년 7월 1일에는 후원 동쪽에 있는 울타리를 헐어버리도록 지시를 내렸다. 임승재 집이 동쪽 담에 가까이 있어서 정문인 돈화문을 거쳐 담장을 돌아가려면 너무도 멀기 때문이었다. 연산군의 패덕이 재위 3년부터 서서히 드러나기 시작하더니, '무오사화'의 혹독한 참화를 겪고 나서는 이제 방종으로 치닫고 있었다.

연산군 5년(1499) 1월 원자가 천연두를 앓기 시작하였다. 두 돌이 갓 지난 원자는 쉽게 치유될 기미를 보이지 않자 월산 대군 저로 피접을 나갔다. 월산 대군이 일찍 세상을 떠났으므로 월산 대군 저에는 승평 부부인 박씨만 살고 있었다. 부부인 박씨는 연산군에게는 큰어머니가 되는데 미색이 출중하여 세자시절부터 마음속에 지울 수 없는 상념으로 각인되어 있었다.

연산군은 임사홍, 임승재 부자의 꼬임으로 이미 정욕의 화신으로 변해가고 있었다. 대궐 후원의 숲속에 탕춘대(湯春臺)라는 집을 지어놓고 궁녀들과 연일 연회를 베풀면서 연못 위에는 비파형의 배를 띄워 알몸의 궁녀를 싣고 황음무도한 짓까지 벌이기 시작했다.

원자를 핑계로 자주 드나들면서 부부인 박씨를 범하게 된 것은 이 무렵으로 보인다. 『연산군일기』 11월 4일자에 이에 대한 언급이 있다.

　　대사헌 김 경조 등이 아뢰기를 "듣자 온즉 월산 대군 정(婷)의 처에게 녹을 주신다는데 어느 법에 근거하심인지 모르겠습니다. 이것은 조종에 없는 일이 온대 한번 그 단서를 열어놓으면 후에 반드시 그것을 가지고 준례를 삼아 폐해를 구원하기가 어려울 것입니다." 하니 전교하기를 "전례에 없더라도 특별한 은혜에서 나온 것이니 법에 구애될 것 없다." 하였다.

이와 같이 실록에는 암시적인 표현을 하고 있지만 『대동야승(大東野乘)』의 「동각잡기(東閣雜記)」, 「해동야언(海東野言)」 등에서 박씨를 범했다는 기록이 있다. 『연려실기술』에는 부부인 박씨를 대궐에까지 끌어들여 강간하는 등 갖은 음란한 행위를 하였는데 박씨는 부끄러워 자살하였다고 했다. 그간에도 여러 번 스스로 목숨을 끊으려 했으나 동생 박원종이 잘못될까 봐 참아오다가 임신이 된 지라 더 이상 버틸 수가 없었던 것이다.

나라 꼴이 이런 데다 누님의 치욕을 바라보고 사는 박원종은 속이 새까맣게 타들어 가고 있었다. 연산군 6년 6월 11일 박원종은 한성부윤(漢城府尹)이 되었다. 박원종은 누님을 범한 패륜아 연산군에게 절치부심하고 있었지만, 그 누님 때문에 연산군의 보살핌을 받고 있는 것도 사실이었다. 연산군의 광적인 음란 행각을 보다 못한 이세인(李世人)이 「여융잠(女戎箴)」을 올렸다. 여인을 적에 비유하여 여자를 경계하라는 글이다. 이로 인해 이세인은 유배를 당했다.

「여융잠」에 이어 사헌부 지평 권세형, 사간원 정언 윤은보가 무령군 유자광을 탄핵하는 상소를 올렸다. 간신부터 쳐내자는 것이었다. 기회를 엿보던 유자광은 이를 빌미로 경연특진관, 사옹원 제조, 도총관 자리 모두를 내놓고 스스로 물러났다. 더 이상 관직에 머물러 있어서는 무슨 화를 당할지 모르겠다는 약삭빠른 판단이 선 것이다. 백모를 범한 연산군은 이제는 일말의 수치심도 없이 더욱 방탕한 생활로 빠져들어갔다.

나라는 전대미문의 흉년에다 탐관오리들이 백성들을 착취하고 있어 너무도 살기 힘든 혹독한 세상이 된 지라 전국 곳곳에 도둑이 들끓고 있었다. 선량한 백성들이 먹고살기 위해 도둑으로 변해가고 있었던 것이다. 의적 홍길동(洪吉同)이 나타난 것도 이 무렵이었다. 홍길동은 문경새재를 근거지로 하고 있었는데, 경상도 문경과 충청도 연풍의 경계에 있다. 홍길동은 당상 엄 귀손(嚴貴孫)까지 포섭할 정도로 막강한 세력을 확보하고 있었다.

벼슬을 모두 버린 유자광은 틈틈이 정보를 입수했다. 아무리 의적이라 하나 도적이 나라를 바로 잡을 수는 없는 일이라고 자광은 생각했다. 연산군 6년 10월 22일 유자광의 발 빠른 행보로 홍길동을 잡았다. 홍길동은 광통방 군기시 앞에서 능지처참 되고, 그 잔당들을 치죄하고 난 후 연산군은 신하들에게 술을 내려 연회를 베풀었다.

홍길동 일당을 소탕한 연산군은 오히려 콧대만 더 높아졌다. 이제는 경연에도 참석하지 않았다. 전국에 채홍사(採紅使)를 보내어 미녀들을 뽑아 들여 밤을 즐겼다. 말이 교접하는 흉내를 내는가 하면 바닥에 콩을 깔아놓고 위에서 짓누를 때 지르는 괴성을 들으면서 변태적 학대를 즐겼다.

✢ 폐비 윤씨의 피 적삼

어느 날 연산군은 제안 대군 집에서 연회를 베풀었다. 제안 대군 저에는 올미금이라는 노비가 있었는데 그의 처 장녹수가 미색이 출중했다. 이 자리에서 시중을 들게 되는 바람에 녹수는 연산군의 눈에 띄었다. 한눈에 반한 연산군은 그날로 같이 입궁하여 숙원에 봉했다. 연산군 8년 봄쯤으로 추측된다. 연산군 8년 9월 원자가 세자에 책봉되었다. 원자가 세자에 책봉되었으니 궁으로 돌아올 수밖에 없었다. 승평 부부인 박씨는 이제 외톨이가 되었다. 장녹수가 궁에 들어온 후로는 연산군도 부부인 박씨를 찾는 일이 뜸해졌다.

녹수가 궁에 들어온 후로 연산군은 더욱 향락에 빠져 술과 여색으로 시문을 즐겼다. 연산군도 시문에는 상당한 실력을 가지고 있었던 것으로 알려져 있다. 폭군 연산이란 말이 어울리지 않을 정도로 시를 잘 썼다. 연산군 8년 9월 5일 폐비 윤씨의 사당인 효사묘에 다녀와서 시 한 편을 썼다.

  작추사묘 배자친 昨趨思廟拜慈親
  전작난수 루만인 奠爵難收▨滿茵
  간박정회 난기극 懇迫情懷難紀極
  영령응유 고성진 英靈應有顧誠眞

  어제 사묘에 나아가 지친을 뵈었는데
  잔 드리고 나서 눈물이 자리를 가득 적셨도다.
  간결한 정회는 한이 없는데
  영령도 응당히 정성을 돌보시리라

그러나 연산군의 낭만적인 성정은 패륜만 더욱 심화시켜 갔다. 궐 안에서 자주 연회를 열어 대소신료들의 부인들을 자주 초청하였는데, 참석하는 여인들에게 명패를 차게 하여 그중에서 미색이 출중한 여인은 어김없이 연산군의 욕정을 채워주어야 했으니 전대미문의 패덕이 극에 이르고 있었다. 그래도 시상만은 흐트러짐이 없다. 연산군 8년 11월 24일에 내린 시이다.

신용헌유 성음화 臣庸獻諛成陰禍
군암견사 현시비 君暗牽邪眩是非
약사당시 주소재 若使當時周召在
당가응면 세전기 唐家應免世傳譏

신하는 용렬해서 아첨을 바쳐 음화를 만들고
임금은 혼암하여 간사에 끌려서 시비가 현혹되었네
만약 당시에 주공(周公, 召公)이 있었더라면
당나라도 응당 대대로 전하는 비방을 면했으리

연산군의 생활이 혼조로 치달으면서 자폐증도 심화해갔다. 연산군 9년 9월 창덕궁 후원의 동쪽 담장 밖 김철문 외 14인의 집과 경수소(警守所) 하나와 함춘원 남쪽 담장 밖의 한계선 등 14명의 집을 모두 철거하라는 지시를 내렸다. 자주 드나드는 임숭재의 집을 왕래하면서 주변의 시선이 걸리적거렸기 때문이다. 경복궁이 내려다보이는 집도 모두 철거하고, 있는 담장은 높이고 또 새로 쌓기도 했다. 이래저래 백성들은 하루도 편할 날이 없었다. 그뿐 아니라 정업원 동쪽 언덕에서 성숙청(星宿廳) 북쪽 고개까지 모두 푯말을 세워 사람들의 출입을 금지하여버렸다. 이것은 모두 임사홍이 전담하였다.

어느 날 오후 늦은 시각에 남빈청에서 중신들을 모아놓고 시의 향연이 벌어졌는데 '폐비를 하다.'라는 시제를 내놓았다. 이것은 선왕이 입에 담지 말라는 유교가 있었던 내용이라 영의정 성준과 좌의정 이극균이 이를 들어 지적했으나 연산군은 들어주지 않았다. 할 수 없이 대부분 응했는데 불응한 사람이 몇 사람 있었다. 연산군은 끝까지 붓을 들지 않은 관원 하나의 상투를 잡고 기둥에다 박아버리려는 순간 내관 이공신이 만류하다 하옥되고, 이에 동조하던 이공신의 양아버지 김처선도 하옥되었다.

『연산군일기』 9년 11월 21일조의 기록을 보면 "왕이 스스로 북을 쳐 노래하고 춤추며 여러 기생들에게 화답하게 하였다. 모인 여러 신하는 혹은 노래하고 혹은 춤추게 하며 더러는 손으로 사모를 벗겨 머리털을 움켜잡고 희롱하며 욕보이기를 무례하게 하니 군신 간의 예절은 다신 없었다."라고 했다.

이튿날 연산군은 지필묵을 대령하라 하여 시를 썼다.

구시화지문 설시참신도 口是禍之門舌是斬身刀
폐구시장설 안신처처뢰 閉口深藏舌安身處處牢

입은 화를 부르는 문이요, 혀는 몸을 베는 칼이라
입을 다물고 혀를 깊이 간직하면 몸이 편안하여 곳곳이 안전하다.

시가 아니라 오언 절귀의 경구(警句)이다. 이 신언패(慎言牌)를 전

내관의 목에 걸고 다니도록 엄명을 내렸다. 그러고 나서 김처선은 풀어주고, 이공신은 장 30대를 때려 내보냈다.

그동안 임사홍은 연산군의 온갖 비위를 다 맞추면서 연산군의 외할머니인 장흥 부부인 신씨를 틈틈이 보살펴주고 있었다.

연산군 10년(1504) 갑자년 3월 20일 연산군은 임사홍 집에서 외할머니 신씨를 만나게 되었다. 그동안 유자광과 내관 김자원의 은밀한 주선이 있었다. 연산군은 이 자리에서 폐비의 피 묻은 적삼을 보게 되고 부부인 신씨한테서 폐비 윤씨가 폐위되어 사약을 받게 된 경위와 그간에 식솔들이 겪은 고초들이 어떠했는지를 피 묻은 적삼을 움켜쥐고 통곡하며 토해내는 절규를 숙연하게 듣게 되었다. 당연히 정 귀인, 엄 귀인 그리고 대왕대비, 인수 대비가 거명될 수밖에 없었다.

시각은 축시. 한밤중에 잠자고 있는 정 귀인, 엄 귀인을 먼저 끌어내어 불문곡직하고 발가벗긴 후 각각 자루를 씌웠다. 그러고 나서 정 귀인 소생 봉안군 봉(熢)과 엄 귀인 소생 안양군 항(㳂)을 불러내어 각자 몽둥이 하나씩을 들려주면서 마당에 놓여있는 두 개 자루를 하나씩 맡아 힘껏 치라 일렀다. 봉과 항은 그것이 무엇인지도 모르고 마구 쳐댔고, 자루를 벗기고 포졸들에게 알몸의 두 여인을 창으로 찌르라 하여 처참하게 죽였다. 이제 연산군은 인수 대비 전으로 내달았다. 인수 대비는 이미 노환으로 병중에 있었는데도 아랑곳하지 않고 폭언과 폭행을 서슴지 않았다. 이렇게 갑자년 3월

21일 날이 밝았다. 아침 조회를 열어 정 귀인과 엄 귀인이 병들어 죽었다고 공식 발표하고 폐비의 시호와 능호를 지어 올리라 명했다. 우의정 이극균이 선왕의 유교가 있었음을 들어 폐비를 추승함은 불가하다 하며 반대하다 하옥되니 이제는 아무도 반대하는 사람이 없었다. 파평 부원군 윤필상이 희묘를 희능으로 시호는 재헌 왕후(齋獻王后)로 올려 그대로 결정하였다. 그러고 나서 폐비할 때 관여한 사람과 사약을 내릴 때 관여한 사람을 색출해내기 시작했다. 중신들 사이에서는 어젯밤 정 귀인과 엄 귀인이 참변을 당한 사실을 입소문으로 알고 있었기 때문에 무거운 침묵만이 흘렀고 성난 연산군의 고함 소리만 대궐 안에 가득 찼다. 22년 전에 폐비에게 사약을 가지고 갔던 이세좌에게 자진하라는 어명이 떨어졌다. 이세좌는 유배지를 거제도로 옮겨 가던 중 곤양군 양포읍에서 목메어 죽었다. 이세좌가 태연하게 죽었다는 보고를 받은 연산은 심술이 나서 시신을 가져오게 하여 목을 베어 효수했다.

　유자광은 대궐 밖을 맴돌면서 무너져가는 훈구 대신들의 처참한 모습을 지켜보고 있었다. 폭군이 되어버린 연산군이나 타성에 젖은 훈구 대신들이나 다 쓸어버려야 한다고 생각하면서 유자광은 시원한 가슴을 쓸어내리고 있었다.

　정 귀인의 아비 정인석과 엄 귀인의 아비 엄산수를 참형에 처하고 그 형제와 식솔들을 종으로 삼았으며, 항과 봉은 재산을 몰수하고 외방에 부처하였다가 죽였다. 윤필상은 폐비할 때 반대하지 않았다 하여 전라도 진원에 유배하고 그의 집 다섯 채는 장녹수에게 주었다.

이런 와중에 갑자년 4월 26일 술시에 인수 대비가 68세로 승하하였다. 연산군의 난동이 그녀의 죽음을 재촉한 것이다. 인수 대비는 내명부의 바른 행실을 기록한 『내훈(內訓)』을 남기고 경기도 고양에 있는 남편 덕종의 무덤 옆에 묻혔다. 인수 대비의 죽음은 미약하나마 영향을 미쳤던 연산군에 대한 마지막 제동장치가 사라진 것이다. 이때도 달을 날로 하여 복상을 했기 때문에 거상 기간이 한 달도 채 안 걸렸다. 상중에도 사화는 진행 중에 있었다. 홍기달을 경원에, 조지서는 은성에, 정성근은 벽동에 정배하고 이극균의 아들과 사위 그리고 윤필상의 아들도 장 1백 대에 변방으로 부처하였다. 윤필상과 이극균도 결국 유배지에서 사사되었다. 이들도 태연하게 죽음을 맞이했다 하여 시신을 끌어다 능지처참하고 머리를 저자에 효수한 뒤에 팔도에 돌렸다. '무오사화' 때 귀양 갔거나 갔다 돌아온 자들도 모두 사사하라 하여 박한주, 이시공, 강백진, 최부, 이원, 김굉필, 이주, 강겸 그리고 임사홍의 아들 임희재가 사사되었다.

'갑자사화'가 임사홍이 주도한 사화라면 결국 아비가 자식을 죽인 셈이다. 신료다운 신료, 선비다운 선비는 남아있지 않았다. 한치영, 한명회, 정창손, 어세겸, 심회, 이파, 김승경 등이 부관참시 되었다. 한 많은 세상을 살다 끝내는 엄청난 피바람을 몰고 온 연산군의 외할머니 장흥 부부인 신씨도 갑자년을 넘기지 못하고 11월에 세상을 떠났다.

연산군은 이제 거칠 것이 없었다. 왕인지 파락호인지 모를 정도로 패덕의 길을 가고 있었다. 사사건건 시비를 걸고 나서는 홍문관과 사간원을 아예 혁파해버렸다. 옥사를 어느 정도 매듭짓고 임사홍을 병조판서로 올렸다. 장흥 부부인을 오래도록 돌보아준 보답이었다.

❖ 흥청망청 패륜의 시작

이제 한시름 놓았다 싶은 연산군은 도성 안의 기생들을 뽑아 들였다. 그뿐 아니라 선정전에서 외명부(중신들의 처)의 여인들을 불러 연회를 베푸는 일도 계속되었다. 승지 윤순(尹珣)의 처가 반반한 것을 보고, 장녹수를 통하여 그녀를 불러내어 그날로 범했다.『연려실기술』의 기록을 보자.

판서 윤순의 부인 이씨는 종실의 딸로서 폐주에게 사랑을 받았다. 중종 갑술년에 사헌부와 사간원에서 윤순이 연산군에게 사랑을 입어 과거에 오른 지 5년 만에 자헌대부로 승진되었으며, 그 아내 또한 연산군의 사랑을 입어 대궐에 드나들어 자못 추잡한 소문이 있었으니 사람들은 "윤순이 자헌대부로 승진된 것은 계집을 판 값이라 하였다. 지금에 와서도 오히려 벼슬을 그대로 하고 그 아내도 그전처럼 대우하고 있으니 뭇 사람의 평판이 비루하게 여겨 비웃고 있다."라고 아뢰었다. 그 후에 문정 왕후를 책봉할 때 조광조가 정언이 되었는데 "음탕하고 더러운 것이(윤순을 말함) 혹 대례에 참예할까 염려되니 성 밖으로 내쫓아버리고 성안에 머물러 있지 못하도록 하소서." 하니 중종이 허락하였다.

연산군이 중신의 처를 범한 것은 윤순의 처 외에도 좌의정 박숭질의 처, 남천군 정(崝)의 처, 봉사 변성의 처, 총곡수(叢谷守)의 처, 참의 권인손의 처, 생원 권필의 처, 중추 홍백경의 처 등이었다.

연산군 10년(1504) 5월 1일 선대 후궁들이 사는 수성궁의 궁인들을 모두 자수궁에 옮기고 수성궁을 수리하여 정청궁이라 했다. 정청궁에는 성종의 후궁들만 모아 살게 한 다음 머리를 기르게 하여 그중에서 반반한 여인을 취하기도 했다. 이때부터 선대 후궁들이 머리 깎고 여승이 되는 제도를 폐지해버렸다.

갑자년의 피바람이 지나간 후에 연산군의 패륜은 이제 극에 달했다. 연산군 11년 1월에는 내관들에게만 패용하도록 했던 신언 패를 중신들에게도 패용하도록 하여 입을 봉해버린 후 성균관과 원각사에 있는 유생들과 승려들을 모두 다 쫓아내고 기녀들의 숙소로 만들어버렸다.

연산군 10년 7월 11일 흥천사의 모든 것을 원각사에 옮겼는데, 동년 12월 26일 원각사를 비우고 연회를 담당하는 장악원을 원각사에 옮기어 가흥청 2백, 운평 1천, 광희(廣熙) 1천을 상사(常仕)하게 하여 총율(摠律) 40인으로 하여금 날마다 가르치라 하고, 임금이 자주 드나들기 때문에 여기에 어실도 마련하였다.

연산군 10년 7월 29일에는 정업원, 안암사의 내불당을 정능(태조 비 신덕 왕후능)의 원찰인 흥천사로 옮겨놓았으나 동년 12월 9일 흥천사가 모두 불타버려 다음 해 6월 29일에 흥천사마저 마구간을 만들고 기구(驥廄)라 하였다.

연산군 11년 4월 1일, 이날도 연산군은 선정전에서 연회를 베풀었는데 50여 명의 기녀들이 동원되었다. 취흥이 어느 정도 고조되자 연회장은 여느 때와 마찬가지로 난장판이 되어갔다. 그날은 판내시 부사 김처선이 작심하고 나서서 대신들이 보는 앞에서 군왕이 이런 황음한 일을 하여서는 아니 된다고 간하다가 죽임을 당했다. 당시의 상황을 기록한 『연려실기술』을 보면 그날 김처선은 집을 나올 때 "오늘 나는 반드시 죽을 것이다."라는 말을 남겼다.

김처선은 연회석에 참석하여 연산군의 하는 짓을 보고 참지 못하여 "늙은 놈이 네 임금을 섬겼고 경서와 사서를 대강 통하지만은 고금에 상감님의 하는 짓과 같은 이는 없었습니다." 하였다. 연산주가 화가 나서 활을 쏘니 갈빗대가 맞았는데 그래도 처선은 "조정의 대신들도 죽음을 두려워하지 않는데 늙은 내시가 어찌 감히 죽음을 아끼겠습니까? 다만 상감께서 오래도록 임금 노릇 할 수 없는 것이 한스러울 뿐입니다." 하였다. 연산주는 화살 하나를 더 쏘아 처선이 땅에 엎어지자 그 다리를 잘랐다. 그리고 일어나 걸으라고 했다. 처선은 왕을 쳐다보면서 "상감님은 다리가 부러져도 다닐 수 있습니까?" 하자 이제 그 혀마저 잘라내고 몸소 배를 갈라 창자를 끄집어내었는데, 죽을 때까지 말을 그치지 않았다. 마침내 그 시체를 범에게 주고 조정과 민가에서 처(處) 자를 쓰지 못하게 하였다. 양자 이 공신도 왕을 말리다 이때 죽임을 당했다.

『연산군일기』 11년 4월 1일조에 "내관 김처선을 금중(禁中)에서 죽이고 아울러 그 양자 이공신도 죽였다. 전교하기를 내관 김처선이 술에 몹시 취해서 임금을 꾸짖었으니 가산을 적몰하고 그 집터에 못을 파고 본관인 전의(全義)를 혁파하라 하였다."라고 적었다.

연산군은 조정과 민가에서 처(處) 자를 쓰지 못하게 하고 백성들의 이름 중에서 처 자가 들어 있는 사람은 이름을 고칠 것이며, 처용무(處容舞)는 풍두무(豊豆舞)로 고치고 처녀를 청녀(青女)라 했다. 연산군은 그 외에도 새로운 명칭과 단어를 많이 만들어내었다.

자식 없이 죽은 궁녀들을 나라에서 제사 지내게 하고 그곳을 영혜실(永惠室)이라 하였으며, 임금이 공무로 나갈 때는 행차(行次)라 하고, 개인적인 일로 움직일 때는 거동(擧動)이라 했다. 악공은 광희(廣熙)라 하고, 기녀는 처음에는 운평(運平)이라 했다가 가흥청(假興淸)으로, 다시 흥청으로 고치고 뒤에 들어온 기녀를 속(續)이라 했다. 처녀 중에서도 임금을 가까이 모시는 흥청을 지과(地科)흥청, 임금과 동침한 흥청을 천과(天科)흥청이라 구분하였다. 기녀들이 입는 옷을 아상복(迓祥服)이라 하고 기녀들이 사는 곳을 연방원(聯邦院)이라 불렀다.

연산군 10년 8월부터는 도성 밖에 금표를 세우기 시작하였다. 금표의 한계를 보면 동쪽으로는 한강 삼전도, 광진, 묘적산, 추현, 천마산, 주엽산까지 약 70리, 서쪽으로는 파주 보곡현까지 60리, 남쪽으로는 한강 노량진, 용산 양화도까지 10리를 한계로 하고 북쪽으로는 돌재와 흥복산 게념이 재까지 65리를 한계로 되어있었다. 이 모든 일은 우찬성 이계돈과 병조판서 임사홍이 앞장섰고, 감시도 그들이 했다.

도성 안에서는 궁궐 담장을 높이 쌓는 일과 궁궐 담장 부근의 인가를 헐어내는 일로 연일 애꿎은 백성들과 병사들이 피땀 흘려야 했고, 도성 밖에서는 금표 안에 있는 백성들이 금표 밖으로 내몰리는 일로 아수라장이 되었다.

『연산군일기』 11년 11월 기해조의 기록을 보면 "대궐을 잡인이 범하지 못하도록 전에 쌓은 성은 그대로 두고 동쪽은 연지의 옛 큰 길, 서쪽은 창덕궁의 곁채, 남쪽은 큰길까지 한정해서 철거할 것 … 철거할 집이 수만 채였는데 어떤 사람은 운반할 수 없어 재목과 기와를 그대로 두고 떠났으며, 의지할 데 없는 사람은 길가에 둘러 앉아 소리 없이 울었다."라고 했다. 성 안팎의 인가들이 얼마나 많이 헐려나갔는지를 짐작할 수 있는 기록이다.

연산군은 도성 안팎을 모두 놀이터로 만들어놓고 국정은 아예 팽개친 채 사냥과 주색만을 즐겼다. 김처선이 죽은 후 연산군 11년 8월 19일 임숭재와 우찬성 이계동은 채홍준사(採紅駿使)가 되어 임숭재는 경상도와 충청도로, 이 계동은 전라도로 내려가 두 달여 만에 각각 60여 명의 여인들을 차출해왔다. 채홍준사는 여자뿐만 아니라 말까지 차출해오는 임무를 띠고 있었다. 이들이 차출해온 여인들은 인물도 변변치 못한 데다 가무도 몰랐다.

임숭재가 뽑아온 여인 중에 사족(士族)인 박호문(朴好文)의 딸 삼강(三綱)이라는 여인이 있었다. 왕이 하는 일을 묻자 공손하지 못한 태도로 "본디 사족이어서 바느질밖에 하는 일이 없습니다." 하니 왕이 노하여 "여자가 어찌 이리 무례하냐? 그 아비가 평소에 가르치지 않았으므로 그러한 것이니 잡아다 국문하라." 했다. 임숭재도 뽑아올 때 어전에서의 예도와 언어를 가르쳤어야 하는데 못 가르쳤으니 국문하라 하면서 옥에 가두었다.

같은 해 9월 18일, 이제는 임사홍이 채홍사로 개성부에 나가 평안, 황해 홍녀 20여 명을 뽑아왔다. 역시 음률을 몰랐으나 미색은 출중하였다. 임사홍의 노력으로 아들 임숭재는 한 달여 만에 풀려났다.

한 달여 동안 굶주린 욕정을 한꺼번에 채우려 했던가? 승재는 옥에서 나오자마자 연일 연회를 벌여 미희들과 무리한 정사를 벌였는데, 자신이 창병에 걸린 줄도 모르고 지내다 온몸으로 번져 죽었다. 간신 임사홍은 결국 아들 셋을 자기보다 먼저 보냈다.

『연려실기술』에는 이렇게 적고 있다.

　　　　　　　　　　　．

　풍원위 임숭재가 죽었다. 숭재는 사홍의 아들로서 성종의 딸 휘숙 옹주에게 장가들었는데, 간흉하고 교활하기가 그 아비보다 심하여 극진히 위를 섬기어 사랑을 받으려고 왕의 행동을 엿보아 살펴서 상이 마음먹고 있는 것을 다 알았다. 그리하여 여러 번 미녀를 바치니 왕이 이로부터 매우 총애하고 신임하여 숭재의 집 사면에 있는 인가 40여 채를 헐어내고 담을 쌓아 창덕궁과 맞닿게 하였다. 그리고 매양 거기에 가서 마시고 노래하면서 밤을 새웠는데 숭재는 그 누이동생과 문성정 상(湘)의 처를 시침하게 하였으며, 왕은 옹주까지 아울러 간통하였다.

　하루는 왕이 숭재의 집 작은 정자에 앉아 이르기를 "이 정자가 매우 맑고 깨끗하도다." 하니 숭재가 꿇어앉아서 아뢰기를 "신이 이 정자를 열어놓고 봉연(임금의 수레)을 기다린 지 오래 이옵니다." 하였다. 숭재는 노래와 춤이 능하여 춤출 때에 혹 몸을 움츠리면 아이들처럼 온몸의 지절(肢節)이 재롱을 떨어 기변(機變)이 교(巧)와 같았으며, 더욱 처용무에 능하고 또 활쏘기와 말 타기도 약간 알았으므로 왕이 기뻐하여 혹 노래도 하고, 혹 춤도 추고, 혹 활도 쏘고, 혹 말도 달리는데 날마다 숭재와 짝이 되었다. 숭재도 스스로 은총만을 믿고 그 아비와 더불어 날마다 흉모를 꾸며 평일에 혐의 있는 자는 보복하지 않은 적이 없었으며, 자기에게 붙는 자는 비록 비천한 무리라도 반드시 천거하여 쓰게 하였으므로 조정을 흐리게 하고 왕의 악을 점점 더 자라게 하는 데에 못 하는 일이 없었다.

왕이 그가 병들어 괴로워한다는 말을 듣고 중사(中使)를 보내서 할 말이 무엇인가 물으니 대답하기를 "죽어도 여한이 없으나 다만 미인을 바치지 못하는 것이 유한입니다." 하였다. 그가 죽자 왕은 몹시 슬퍼하여 승지 윤순을 보내 조문하게 하고 부의를 특별히 후하게 주었다. 빈소를 차린 후에 왕은 그 처를 간통한 일이 빌미가 될까 염려하여 중사를 보내어 관을 열고 무쇠 조각을 시체의 입에 물려 진압시켰다.

결국, 연산군은 임숭재 부인도 범하였다는 말이다.

연산군 11년 12월 추운 겨울인데도 승지 윤순을 시켜 경회루 옆에 화산대를 지어 불꽃놀이를 즐겼다. 경회루 한쪽 못가에 만세산을 만들고 산 위에 월궁을 지어 만세궁, 봉래궁, 명궁(明宮), 예주궁(蘂珠宮), 벽운궁(碧雲宮)이라 했다.

경회루 아래층에는 붉은 비단 장막을 둘러치고 기생 3천여 명으로 하여금 악기를 연주하게 하는가 하면 연못 가운데에 산호수(珊瑚樹)를 만들어 세우고 수백 명이 앉을 만한 큰 배를 타고 만세산을 왕래하면서 매일 주연을 즐겼다. 다음 해 7월에는 경회루 못가에 3간 자리 초가집을 지어 운치를 더했다.

연산군 12년 초부터는 서총대 공사가 시작되었다. 서총(瑞蔥)이란 성종 때 "후원에 파가 났는데 한줄기에 아홉 대가 나왔으므로 상서로운 파란 뜻으로 서총이라." 한데서 이름하였으며, 춘당대 동남쪽에 위치한다. 연산군은 이곳에 높이는 100여 자나 되고 천명이 앉을 수 있는 넓은 누대를 쌓아 이름을 서총대라 하였다. 아래는 연못을 파고 곁에는 전각을 지었다.

계획하기는 창덕궁 후원에서 경복궁 경회루까지 3천여 간이나 되는 행랑을 잇대어 짓고 창덕궁 수각 밑을 뚫어서 마포의 망원정 아래의 강물을 끌어들이기 위하여 도감을 시켜 물길의 깊이와 너비, 지형의 높고 낮음을 재고 이 공사에 필요한 부역군을 계산하니 50만 명이나 되었는데, 시작하여 얼마 되지 않아 폐출되는 바람에 완성을 보지 못했다.

연산군 12년(1506) 4월 만세산에 관등연을 베풀고 청란등, 연희등, 목단등, 금조등, 옥토등, 은적등, 황룡등, 고소등, 봉래산등 갖가지 이름을 가진 등을 금과 비치로 장식하여 산에 걸었다. 임금이 황룡주를 타고 호유할 때 부용향 수백 주를 피우고 밀초 횃불을 대낮같이 켜놓은 가운데 기생들이 주악을 연주하였다. 또 만세산 옆에 영충산(迎忠山)과 진사산(鎭邪山)을 만들어놓았다. 영충산에는 군자가 득세하여 안락한 생활을 하는 모습을 만들어놓고 진

사산에는 소인이 귀양 가서 초췌하게 살아가는 모습을 만들어놓아 인생의 지표로 삼으라 했다. 실소를 금할 수 없는 광경이었다.

❖ 중종반정

　　　　　　연산군 10년 12월 19일 왕이 아차산에 사냥을 나간 일이 있었는데 이때 좌상대장 전림(田霖)과 우상대장 성희안이 금표안을 범한 일이 있었다. 그때 성희안은 추국을 당하여 장 1백 대를 맞고 오위도총부 소속 부사용(副司勇)으로 좌천되었다. 성희안의 벼슬은 이조참판으로 종2품인데, 부사용은 종9품으로 말직이다. 좌천이 아니라 파직보다 못한 치욕이었다. 성희안은 동향인 박영문의 안내로 신윤무 집에서 박원종과 만나 반정 세력에 합세했다. 성희안이 합세하므로 성희안과 평소 교분이 두터운 유자광도 합세하게 되었다. 유자광을 꺼리는 사람도 있었으나 이 막중대사에 지모 있는 인재가 필요하다는 성희안의 주장으로 의견의 일치를 보았다.

　연산군 12년 7월 20일 승평 부부인 박씨가 죽었다. 그녀는 그동안 조카에게 수모를 당하면서도 동생 박원종이 해를 입을까 염려되어 이를 악물고 참아왔는데, 조카 연산의 아이를 잉태하고서는 더 이상 수치를 감당하기 어려웠던 것이다. 그런데도 연산군은 크게 신경 쓰지 않았다.

연산군 12년 9월 1일 연산군은 문소전과 혜안전에 친제를 올린 후 경복궁에 있는 자순 대비 윤씨에게 잔치를 베풀어 위로한 후 창덕궁으로 돌아와 다시 잔치를 열었다. 잔치의 흥을 돋우기 위하여 장녹수, 전전비, 김귀비 등 후궁들만 10여 명 불러 모았다. 연산군은 왠지 이날은 흥이 없었다. 잔이 몇 순배 돌더니 탄식 조의 시 한 수가 흘러나왔다.

    인생여초로 人生如草露
    회합부다시 會合不多時

    인생은 초로와 같아서
    만날 때가 많지 않은 것을

이 무렵 박원종 일행은 훈련원에 모여있었다. 유자광, 김수동, 김감, 구수영, 운산군 계(誡), 운수군 효성(孝誠), 덕진군 예(濊), 박원종, 성희안, 유순정, 장정, 신윤무, 박영문, 홍경주 등이 거느린 병사들이 한자리에 모인 것이었다. 새로 추대할 임금은 성종 임금의 계비 정현 왕후 소생인 진성대군이었다. 반정군은 궁궐로 치달았다. 임사홍, 신수근 형제들이 주살되고 장녹수의 형부 김효손도 반정군에 살해되었다.

연산군 12년(1506) 9월 2일 진성대군이 19세의 나이로 경복궁 근정전에서 보위에 오르니 조선 왕조 11대 중종 임금이다. 연산군은 거사 당일에 강화도 교동에 위리안치되었는데 11월 6일에 죽었다. 연산군은 재위 12년 동안에 110여 편의 시를 남겼다. 연산군 12년 7월 5일 어제찬집청(御製撰集廳)을 설치하여 자신이 지은 시를 책으로 편찬하도록 하고, 그 책임자로 임사홍, 김감을 지명하였다. 이 시집은 중종반정으로 모두 불타고 그의 시는 『실록』에 몇 편 남아있을 뿐이다. 장녹수, 전전비, 김귀비는 거사 날 모두 처형되었다.

✤ 치마바위와 중전 신씨

이 중종반정으로 기구한 운명을 살게 된 여인이 중전 신씨이다. 중종이 대군 시절 정현 왕후는 연산군으로부터 진성대군을 지키기 위하여 연산군의 처남 신수근의 여식을 며느리로 맞이하였다. 그런데 반정에 성공한 유자광을 비롯한 중신들이 들고일어나 죄인의 딸을 중전으로 둘 수 없다 하여 결국 곤위에 오른 지 7일 만에 폐서인이 되고 말았다. 금실이 좋았던 중종은 강력히 반대하고 나섰지만, 자신의 힘으로 보위에 오르지 못했기 때문에 반정공신들의 뜻을 꺾을 수가 없었다. 중전이 된 지 7일 만에 중전 신 씨는 폐서인이 되어 대궐에서 쫓겨났다. 중전의 나이 이제 20세, 가례를 올린 지 7년 만이다.

　폐비 신씨는 정인지의 아들 정현조의 사저에 가 있었는데, 그 집은 경복궁 뒷산인 인왕산 밑에 있었다. 중종은 신씨가 폐출되기 전에 거느리고 있었던 김 상궁을 통하여 자주 소식을 주고받았다. 폐비 신씨는 하루도 빠짐없이 인왕산에 올라가 바위에 치마를 펴놓고 대궐 쪽을 바라보는 것이 일과가 되었다. 중종도 김 상궁의 귀띔으로 매일 인왕산을 바라보며 폐비를 그리워했는데 어느 날부터 치마가 보이지 않았다. 이를 알아차린 중신들이 폐비를 목멱산 대나무 골로 옮겨버린 것이다. 이것이 '치마바위 전설'이다. 이 또한 연산군의 업보이다. 폐비 신씨는 명종 12년 12월 71세로 세상을 떠났으니 중종보다 13년을 더 살았다.

선농단
선농제 후 먹은 음식에서 설렁탕이 유래

　　　　　　우리 민족은 수천 년 동안 농경을 위주로 살아왔다. 그래서 농사를 천하지대본이라고 했다. 흙을 갈아 먹고사는 백성들에게 하늘의 조화는 그들의 생계에 막대한 영향을 미쳤으므로 하늘을 두려워했고, 하늘에 풍년을 기원하는 제사를 지내왔다.
　이러한 풍년제는 신라에서부터 시작하였다. 입춘 후 첫 해일(亥日)에는 선농제(先農祭), 입하 후 첫 해일에는 중농제(中農祭), 입추 후 첫 해일에는 후농제(后農祭)를 지냈다. 일 년에 세 번 지내는 이 제사에 등명(登明)을 드는 의식이 있다. 제삿날 온몸에 상처 하나 없이 깨끗하고 순결한 처녀 한 사람을 목욕재계시켜 신당에 들여놓는다. 이 처녀는 제단 앞에 등을 밝혀 들고 밤새도록 앉아있는 것으로 해서 이미 신에게 바쳐지는 몸이 된다. 이러한 일련의 과정을 등명 든다고 한다. 이곳에 바쳐진 공신 여는 신에게 바쳐진 몸이라 하여 시집도 못 가고 일생을 혼자 살아야 하는 비운을 겪게 되며, 대개는 무당으로 변신하여 일생을 보낸다.

선농단(先農壇)에 모셔놓은 선농신은 삼황(三皇) 시절에 맨 처음 인간에게 농경을 가르쳐준 두 번째 신, 신농씨를 일컫는다. 이 제천 의식은 한나라 때부터 시작되었고, 우리나라에서는 삼국시대부터 이 제례를 도입하여 농사 신으로 삼았다.

고려 시대에 들어와서는 선농제와 후농제를 지내왔고, 조선 시대에 들어와서는 태종 초까지 후농제만을 지내오다 태종 6년(1406)부터 선농제만을 지내왔다. 이때부터 선농제는 경칩 후 첫 해일의 축시에 맞추어 지냈다.

선농제는 임금이 친임하여 직접 제사를 올리고 손수 밭을 가는 친경(親耕)을 한다. 임금이 친경을 할 때에는 농민 중에 나이가 많고 복이 있는 사람을 선발하여 임금의 친경을 도와주도록 하였는데, 여기에 뽑힌 사람은 더 없는 가문의 영광으로 알았다. 조선 시대의 선능제 의식은 고려 시대의 제도를 그대로 답습한 것으로 알려져 있다.

선농제를 지내고, 농경의 시범을 보이기 위한 토지를 국가가 확보하여 전농시(典農寺)라는 기관을 두어 관리하였다. 이것이 적전(籍田)제도이다. 서적전은 개성 보정문 밖 20리 지점에 약 300결을 두었고, 동적전은 한성부 흥인문 밖 10리 지점에 100결을 두었다. 서적전은 고려 말의 권신 임견미와 염흥방 등의 토지를 몰수한 것이다. 적전의 경영은 처음에는 전농시 소속의 노비들을 동원하여 경작해왔으나 차차 노비의 선발에 어려움이 있고 일이 몹시 힘들어 노비의 도망이 잦았다. 따라서 태종 때부터 서적전은 소재지 부근의 농민들로 하여금 경작하도록 하였다. 세종 때에 이르러서는 동적전도 소재지 부근의 농민들로 하여금 경작하도록 하고 국가에서는 정전법(井田法)의 예에 따라 소작료를 내도록 하여 기장, 피, 벼, 조 등 여기서 생산된 곡물을 자성(粢盛: 제물용 그릇에 담은 곡식)에 사용하였다.

이렇게 하여 조선 시대의 적전은 조선말까지 계속돼왔으나 국왕의 친경은 동적전에서만 행하였다. 처음에는 한 해의 농사를 잘되게 하려는 기원으로 일 년에 한 번 초봄에 선농단에서 선농제를 지냈는데 나중에는 가물거나 풍수해를 입거나 그 외 해충의 침입으로 실농의 위험이 있을 때면 그때마다 서울 근교의 농민들은 자기들끼리 시집가지 않은 순결한 딸 하나를 골라 소복 차림으로 등을 들고 이 선농단의 단하에서 밤을 지새우게 하였다. 선농제에서 행한 등명 습속은 여기에 참여한 처녀들의 희생이 너무 크므로 점차 동물들의 희생으로 이를 대신하게 되었다. 선농제에 사용된 짐승은 소와 돼지, 양이었는데 이들 짐승을 신성시하여 전생서(典牲暑)라는 관서를 따로 두어 소중하게 길렀다.

이러한 제례와 친경 의식이 끝나면 노주례(勞酒禮)를 행한다. 노주례란 여기에 참여한 조정 문무백관과 백성들이 한데 어울려 제사에 희생된 곰, 소, 돼지, 양 등을 같이 나누어 먹는 의식이다. 많은 백성이 몰려들어 음식을 감당하기 어려우므로 뼈째 함께 넣고 끓여 국물에 밥을 조금씩 넣어 배식하였는데 모자랄 경우 물만 부으면 얼마든지 양을 늘릴 수 있으므로 편리하였다. 이때 국물에 밥을 말아준 탕이 선농탕(先農湯)이다. 이것이 설렁탕의 유래이다.

설농탕(雪濃湯)은 말의 뜻과는 상관없이 음만 비슷하게 나는 한자로 적은 취음(取音)이고, 우리나라 표준어는 설렁탕이다. 이 선농단은 순종 2년(1908) 선농단의 신위가 선잠단과 함께 사직단으로 합사(合祀)할 때까지 모셔왔다. 서울시 동대문구 제기동 274-1에 그 사적지가 남아있는데, 2001년 12월 29일 사적 제436호로 지정되어있다.

장녹수
초로와 같이 진 요화

❖ 가노에서 후궁으로

장녹수는 문의 현감 장한필의 둘째 딸로 태어났다. 언니는 복수(福壽)인데 아전 출신 김효손이라는 형부와 살고 있었다. 문의현은 지금의 충청북도 청원군 문의면이다. 장한필은 세종조에 문과에 급제하여 성종 10년에 충청도 문의 현령으로 있었다. 중앙과 지방의 각 관청에는 아전이란 부설 기관이 있는데, 중앙 관서에 있는 것을 경아전(京衙前), 지방 관서에 있는 것을 외아전(外衙前)이라 한다. 관아 앞에 있다 하여 아전(衙前)이라 이름한 것이다.

정청 앞에 있는 아전에도 이방(吏房)을 비롯하여 육방이 다 있어 관아에서 내리는 명령을 부서별로 나누어 시행한다. 이들 아전은 모두 중인 계층으로 양반으로부터 심한 차별을 받았다. 특히 외아전은 과거에 응시할 자격조차 대폭 제한되었으며, 녹봉도 없었을 뿐 아니라 세종조부터는 이들에게 주어오던 외역전(外役田)도 혁파되어 부역이나 다름없는 근무를 하고 있었다. 그러니 관아의 일을 보면서 탐관오리들이 흘리는 부스러기나 주워 먹는 입장에 있었다. 신분이 그렇고 먹고사는 방식이 그러니 벼슬아치들로부터 천대받기에 십상이고 부정과 비리의 주역으로 혐오스러운 하층 관리의 대명사가 되어버렸다. 어쩌다 청빈하고 올곧은 관리가 부임하면 이들은 견디기 힘든 생활고에 봉착하게 된다. 그뿐 아니라 그간에 저지른 자기들의 약점이 노출될까 봐 오히려 현령을 모함하여 내쫓게 되는 경우도 많았다.

　장한필이 이 마수에 걸려든 것이다. 장한필은 결국 충청 감사의 손에 희생되었다. 장한필이 죽자 장녹수 언니인 복수(福壽)는 아전인 김효손(金孝孫)이 협박하고 겁탈하여 같이 살고 있었다. 김효손이 장한필을 몰락하게 한 주역이었는지 아니면 몰락하고 난 후 기회가 되어 복수를 차지하게 되었는지는 알 수 없으나 녹수로서는 언니가 원수와 같이 사는 것을 차마 볼 수가 없어 집을 뛰쳐나와버렸다. 그러나 대책 없이 집을 뛰쳐나오고 보니 호구지책이 막연하여 몸을 팔아 생계를 이어가는 신세가 되고 말았다. 주막집에서 심부름도 하고 때에 따라서는 첩실 노릇도 하다 보니 시집도 여러 번 갔다. 그러다 제안 대군의 가노 올미금의 아내가 되어 아들 하나를 낳은 뒤 천성을 못 버리고 틈틈이 노래와 춤을 배웠다. 나이는 30여 세이었으나 얼굴은 16세로 보일 만큼 앳되어 보였다. 어느 날 연산군이 제안 대군 저에서 연회를 베푼 일이 있었다. 녹수는 이 자리에 불려 나와 시중들다 연산군의 눈에 띄었다. 이런 인연으로 장녹수가 입궁하여 숙원에 봉해진 것은 연산군 8년 봄쯤으로 추측된다. 『연산군일기』 8년 11월 25일에 장녹수를 소개한 기록이 있다.

장녹수는 제안 대군의 가비였다. 성품이 영리하여 사람의 뜻을 잘 맞추었는데, 처음에는 집이 매우 가난하여 몸을 팔아서 생활을 했으므로 시집을 여러 번 갔었다. 그러다가 대군(大君) 가노(家奴)의 아내가 되어서 아들 하나를 낳은 뒤 노래와 춤을 배워서 창기가 되었는데 노래를 잘해서 입술을 움직이지 않고도 그 소리가 맑아서 들을만하였으며 나이는 30여 세였는데도 얼굴은 16세의 아이와 같았다. 왕이 듣고 기뻐하여 드디어 궁중으로 맞아들였다. 이로부터 총애함이 날로 융성하여 말하는 것을 모두 좇았고 숙원으로 봉했다. 얼굴은 중인(中人) 정도를 넘지 못했으나 남모르는 교사(巧詐)와 요사스러운 아양은 견줄 사람이 없으므로 왕이 혹하여 상사(賞賜)가 거만(鉅萬)이었다. 부고(府庫)의 재물을 기울여 모두 그 집으로 보내었고 금, 은, 주옥을 다 주어 그 마음을 기쁘게 해서 노비, 전답, 가옥도 또한 이루 다 셀 수가 없었다. 왕을 조롱하기를 마치 어린아이같이 하였고 왕에게 욕하기를 마치 노예처럼 하였다. 왕이 비록 몹시 노했더라도 녹수만 보면 반드시 기뻐하여 웃었으므로 상주고 벌주는 일이 모두 그의 입에 달렸으니 김효손은 그의 형부이므로 현달한 관직에 이를 수 있었다.

연산군은 이미 주색에 빠져 패륜의 늪으로 빠져들어가고 있는데 녹수의 등장으로 속도가 붙었다. 동서고금을 막론하고 군왕이 주색에 빠져 국정을 소홀히 함으로 자신은 물론 나라까지 망치는 사례가 허다했다.

중국 하(夏)나라에 걸(桀)이라는 왕이 있었다. 그에게 말희(妹喜)라는 애첩이 있었는데 그녀는 중국 역사에 기록될 만한 전설적인 요부였다. 말희는 본래 유시씨(有施氏) 부족 추장의 딸이었는데 하나라와 전쟁에 패하여 진상품으로 걸왕에 바쳐졌다고 한다. 걸왕은 말희를 얻은 후부터 매일 가무와 주색으로 세월을 보냈다. 그런 세월을 지내다 보니 말희는 몇 명, 몇십 명의 가무로는 이제 성이 차지 않았다. 상을 차려놓고 술 마시는 것도 싫증이 났다. 걸왕으로 하여금 궁 안에 못을 파게 하고, 그 못에 물 대신 술을 채웠다. 장안에 모든 백성이 술을 빚어 날랐다. 그리고 못에 배를 띄워 배 위에서 술을 퍼마셨다. 연못 주변에는 나무를 심어 나뭇가지마다 고기를 매달아 놓고 안주로 즐겼다. 여기서 주지육림(酒池肉林)이라는 말이 나왔다. 걸왕은 수천 명의 미희를 발가벗겨놓고 주지육림을 즐기다가 결국 하나라의 마지막 임금이 되었다.

은나라 주(紂)는 달기(己)라는 간부(姦婦)에 빠져 주(周) 무왕에게 나라를 빼앗겼고, 주나라도 12대 유왕(幽王) 때 포사(褒姒)라는 요부에 빠져 서주(西周)의 마지막 임금이 되었다.

대간에서 올린 연산군의 방탕한 생활을 경계하는 상소에는 오(吳)나라를 망하게 한 서시(西施)의 예를 인용했다.

오나라 합려가 월나라에 패하여 전사하자 아들 부차가 원수를 갚기 위해 월나라로 쳐들어가 부초(강소성 부근)에서 월나라 군사를 대파하고 월왕 구천(句踐)의 항복을 받았는데, 그 자리에서 구천은 오왕 부차에게 서시라는 미희를 바쳤다. 그리고 구천도 인질이 되어 오나라로 끌려갔다. 서시를 얻은 부차는 높이가 300길이나 되는 고소대를 지어놓고 가무를 즐겼다.

오자서가 말리기를 "얼마 안 가서 사슴의 놀이터가 될까 봐 두렵습니다." 하였더니 임금은 듣지 않았을 뿐 아니라 촉루검(觸鏤劍)을 내려 자결하라 했다. 월나라를 이길 수 있었던 것은 손무의 병법과 오자서 책략의 힘이었다. 전쟁이 끝난 후 손무는 오자서에 말하기를 "부차는 난세에는 같이 할 수 있어도 태평 시대에는 같이 하기 어려우니 떠나자." 했다. 오자서가 응하지 않자 손무는 혼자 어디론가 떠나버렸다. 결국, 오자서는 비참한 최후를 마쳤고, 손무는 그 후 소식이 없었는데 후대에 『손자병법』이 전해졌다. 오나라 부차는 서시에 빠져 결국 와신상담하며 복수를 노리던 월나라 구천에 패하여 자살하고 말았다.

연산군은 쇠귀에 경 읽기(牛耳讀經)이었다. 연산군은 녹수를 숙원에 봉하면서 동대문 안쪽에 사저를 마련해주고 식솔들을 살도록 했다. 그러고 나서 이자건(李自健)을 불러 녹수의 식솔들을 찾으라는 어명을 내렸다. 이자건은 성종 때 경차관으로 충청도에 내려간 일이 있었는데, 그때 문의현에도 들려 장한필을 만난 일이 있었으므로 그의 식솔들을 알고 있는 유일한 사람이었다. 이렇게 하여 언니인 복수 내외도 만나게 되었다. 녹수는 형부인 김효손을 받아들이기 어려웠으나 언니인 복수가 설득하고 자신도 천하를 손에 쥔 기분이라 전화위복이 된 거라 싶어 관용의 틈새가 생겼다. 김효손(金孝孫)에게는 사정(司正)이라는 벼슬이 내렸다.

녹수는 궁에 들어온 그해 12월 8일에 딸 하나를 낳았는데 연산은 이름을 영수(靈壽)라 하고 그 딸을 무척 총애하였다. 영수의 유모가 석비라는 여인이었는데 석비의 아들 종이(從伊)까지도 일본 사신의 숙소인 동평관의 고직(庫直)에 임명하여 영구직으로 정하라고 했다. 녹수의 형부 김효손은 녹직(綠職)으로 승진시켜 위사(衛士: 대궐을 지키는 장교)에 제수하고 당직을 서게 했다. 벌써부터 녹수의 입김은 대단했다.

❖ 무소불위 권력을 쥐고

연산군 9년 12월 23일 숙원 장씨를 숙용(종3품)으로 두 단계나 올렸다. 다음 해 1월에는 녹수에게 납 채굴권도 주고 세금도 받지 않을 뿐 아니라 단천의 은광도 휘순 옹주와 함께 녹수의 공유로 하였다.

연산군 10년 3월 8일에는 숙용의 집이 인가와 가까이 있어 화재의 위험이 있다 하여 이웃 인가를 다 헐어버렸다. 한 사람이 부리던 난동이 두 사람으로 늘었으니 나라 꼴이 말이 아니었다. 4월 9일에는 선공감을 시켜 대사동에 장숙용의 집을 짓게 했다. 그렇지 않아도 장숙용의 집은 10여 채나 되었다. 대궐에서 수시로 내려주는 곡식과 직포, 아첨하는 벼슬아치들이 수도 없이 바쳐오는 뇌물은 집 열 채로도 부족했다. 새로 짓는 집의 감독을 대간에서 하도록 하는 어처구니없는 조치도 내려졌다. 그때까지만 해도 조금은 남아있던 연산군의 성총은 깡그리 사라졌다. 내명부 기강은 이미 무너지고 조정의 중심마저 장숙용으로 옮겨갔다.

녹수의 투기와 보복은 연산군 못지않게 잔혹했다. 녹수는 어느 날 임금을 원망하는 익명서를 써서 수하 나인들을 시켜 궐 밖 자기 사저 대문에 붙여놓고 전향(田香)과 수근비(水斤非)의 소행으로 몰아붙였다. 전향과 수근비는 인물이 고와서 연산군의 굄을 받고 있으므로 투기가 심한 녹수는 늘 그들을 제거할 기회를 엿보고 있었다. 결국, 뜻을 이루어 전향을 평안도 강계에, 수근비를 온성에 안치했는데 녹수는 금부낭청을 보내어 그녀들을 능지처참 한 뒤 머리를 문 위에 매달아놓고 시신을 전시하여 죄명을 쓰되 "흉포한 마음으로 속으로 임금을 원망하여 불경한 말을 버젓이 써서 숙용의 집에 몰래 붙였다."라고 했다. 그것도 모자라 부모 형제와 그 가인들까지 모두 능지처참으로 다스려 삼족을 멸해버렸다.

삼족을 멸하는 형벌은 중국 진나라 시황제 때 만들어진 형벌인데, 진나라 이사라는 재상이 2세 황제 호해에 의하여 이 형에 처해진 뒤로는 동서고금을 통하여 이런 형벌을 적용한 예가 없었는데 녹수의 포악한 성정이 이에 이르렀다.

숙용 사저의 행패도 심하여 신분의 상하도 아랑곳없었다. 연산군 10년 7월 29일에는 동지중추부사 이병정(李秉正)이 장녹수의 노비와 시비가 벌어졌는데, 결국 이병정이 노비에게 무릎 꿇고 비는 참담한 사건이 벌어지기도 했다.

연산군 11년 11월 7일에는 운평 옥지화(玉池花)가 장숙용의 치마를 밟은 일이 있었다. 이는 만상불경(慢上不敬)에 해당한다 하여 승지 강혼으로 하여금 밀위청에 데려가 매질하여 심문하라 하고 이 뜻을 의정부, 육조, 한성부와 대간에게 참작하도록 하였다.

녹수는 이제 지존 위에 있었다. 같은 해 12월 1일에는 숙용이 출입할 때 흑 장을 휴대한 경비군사 8명을 대동하도록 명을 내렸다. 왕은 매양 외명부 부인들이나 선왕의 후궁들을 모아놓고 잔치를 벌였고, 그때마다 왕이 친히 잔을 들어 마시게 하면서 마음에 드는 여인이 있으면 누구의 아내인지 알아오게 하여 궁에 머물게 하고는 밤낮없이 여색을 즐겼다. 이 역할을 모두 녹수가 했다.

이렇게 하여 4~5일 동안 궁을 나가지 못한 사람은 좌의정 박숭질의 아내, 남천군 쟁의 아내, 봉사(奉事) 변성의 아내, 총곡수(叢谷守)의 아내, 생원 권필의 아내, 참의 권인손의 아내, 승지 윤순의 아내 등이었다. 그러니 녹수는 조정 중신뿐 아니라 외명부까지 장악한 셈이었다.

이제 녹수는 무소불위의 권한을 가지고 있었다. 새로 지은 대사동 집은 궁궐에 버금가는 규모였는데, 연산군 12년 1월 5일에는 집 담 사방 10자를 한계로 인가를 철거하라 명했다. 왕이 때때로 장숙용 사가에 갔는데, 그때마다 기웃거리는 주민들로 불편을 느꼈기 때문이다. 왕이 숙용의 사가에 갔을 때 숙용 어머니가 나와 뵈면 왕은 어머니라 불렀으며 그때에 숙용은 옆에서 태연히 말하며 웃으니 여느 부부와 같다고 했다. 동년 2월에는 집 담으로부터 10자를 헐어내고도 좁다 하여 사산군의 집을 사서 주었고, 며칠 후에는 이웃인 현감 이효장의 집까지 시가를 지불하고 사주었다. 녹수의 힘이 막강해질수록 국가의 운명은 파국으로 치닫고 있었다.

중종반정이 있던 날 후원에서 베푼 연회에도 장녹수가 옆에 있었다. 연산군은 스스로 초금(草笒)을 두어 곡조 불고 나서 탄식하기를 "인생은 초로와 같아서 만날 때가 많지 않은 것."이라는 시 한 수를 읊으며 눈물을 흘렸다. 유독 전비와 녹수 두 계집이 슬피 흐

느껴 우니 왕이 그들의 등을 어루만지며 "지금 태평한지 오래이니 어찌 불의의 변이 있겠느냐마는 만약 변고가 있게 되면 너희 둘은 반드시 화를 면하지 못하리라." 하였다.

중종반정으로 녹수는 군기시 앞에서 처형되었다. 녹수는 재위 후반기인 연산군 8년 봄쯤 연산군과 만났으므로 녹수로 인하여 연산군이 패덕한 군주가 되었다고 볼 수는 없다. 그러나 녹수의 탐욕이 연산군의 종말을 재촉한 것은 사실이다.

어리석은 군주 밑에는 충신과 간신이 같이 존재한다. 간신은 갑자기 나타난 것이 아니고 항상 존재하나 성군 치하에서는 그들이 필요한 자양분을 얻지 못하여 잠복하다가 어리석은 군주를 만나면 물먹은 독버섯처럼 돋아난다. 이렇게 볼 때 연산군과 장녹수의 만남은 필연이라고 보아야 한다. 녹수는 만고풍상을 다 겪으며 30여 년 살다가 각고 끝에 궁에 들어와 고작 4년의 영화를 누리다 풀잎에 맺힌 이슬처럼 사라져 간 요화였다.

친잠례와 수견례
궁궐 안에 뽕나무를 심고

친잠이란 백성들에게 양잠을 권장하고 그 중요성을 일깨워주는 의식으로, 친잠례(親蠶禮)와 수견례(收繭禮)로 나눈다. 친잠례란 옛 중국의 전설상의 오제(五帝) 중 첫째 왕인 황제(黃帝)의 왕후 서릉(西陵) 씨를 누에의 신으로 받들어 제사 지내는 의식이다. 이 의식은 태종 11년(1411)부터 비롯되었는데 실제 절차를 갖추어 실시한 것은 성종 7년(1476) 후원 채상단에서 거행한 것이 최초이다.

세종 5년(1423) 2월 16일 별좌 대호군 이시흠과 군지사를 지낸 서계릉 등이 올린 보고서에 보면 경복궁에 뽕나무 3,590그루, 창덕궁에 1,000여 그루, 율도 밤섬에 9,286그루를 심었고, 이것은 누에알 2근 10량 중을 칠 수 있는 양이라 하였다. 임금은 그 중 경복궁과 창덕궁에 누에알 21량 중을 주라고 지시한 바 있다. 세조 즉위년(1455)에는 호조의 제청에 따라 뽕나무 심는 법을 다시 시행하였는데, 대호(大戶)는 300주, 중호(中戶)는 200주, 소호(小戶)는 100주, 잔호(殘戶)는 50주를 주어 기르게 하고 나무를 베는 자는 처벌하였다. 이어 다음 해 1월에는 내원(內苑)의 뽕나무를 여러 관청에 나누어주어 담장 아래나 밭두둑에 심게 하고, 소홀히 하여 말라죽게 되면 처벌하였다. 양잠을 그만큼 소중히 여긴 것이다.

친잠에 대한 예를 갖추어 의식으로 시작한 것은 성종 7년 봄에 채상단에서 실시한 것이 최초인데, 이에 대한 의식 절차를 만든 자는 우승지 임사홍과 예조참판 이극돈이다. 이를 근거로 다음 해부터 제도화하여 '친잠응행절목(親蠶應行節目)'이 제정되었다.

그 내용의 대강을 보면 3월 중 길한 뱀날(巳日)을 택하여 안팎에 선포한다. 하루 전날 액정서에서 뽕 따는 단 바깥에 장막을 치되 사면으로 다 문을 낸다. 왕비의 임시처소는 단의 담장 동쪽 문 안의 길 북쪽에 남향으로 설치하고, 내명부의 임시 처소는 왕비의 임시 처소 남쪽 담장 바깥 서쪽에다 동향으로 설치한다. 그날에 왕비의 뽕 따는 자리는 단 위의 동쪽에다 동향으로 설치하고, 내명부의 뽕 따는 자리는 단 아래의 동북쪽에 남향으로 설치하며, 외명부의 뽕 따는 자리는 단 아래의 동남쪽에 북향으로 설치하되 모두 자리를 달리하여 여러 줄로 서는데 서쪽을 윗자리로 한다. 이 채상단은 1478년 우부승지 손순효가 만들었는데, 둘레가 2장(丈) 3척, 높이

2척 7촌이었다.

영조 43년(1767) 3월에 작성된 『친잠의궤 親蠶儀軌』를 보면 왕비는 5개, 내외명부는 7개, 2·3품의 부인들은 9개의 뽕잎을 땄다. 친경 의식 때 왕이 5추례(五推禮)의 밭갈이를 하고 세손은 7추례, 종친과 신하 이하는 9추례를 하는 것과 같다.

성종이 처음 시작할 때에는 3월에 시작하였으나 중종 24년(1529)에는 2월 중에 한 기록이 보이는데 날짜가 일정하지 않은 것은 음력을 사용하는 때라 계절의 이르고 늦은 변화에 따라서 뽕잎이 피어나는 때를 보아 실시하였기 때문인 것으로 보인다.

잠종은 순천부(順天府)에서 가져오고 잠구는 공조 선공감에서 조달한다. 이렇게 하여 친잠 의식이 끝나면 만조백관들이 왕비에게 하례를 드린다. 이상과 같은 의식은 양잠을 시작할 때 하는 것이고, 누에가 고치를 지어 성견이 되면 고치를 거두고 씨고치를 갈무리하는 수견례가 있다.

수견 의식은 상공(尙功: 내명부 서열 정6품의 궁녀)이 대나무 상자에 누에고치를 가득 담아 왕과 왕비에게 올리면 고치를 친히 살펴본 다음 왕비는 상의(尙儀: 내명부 서열 정5품의 궁녀)에게, 상의는 상복(尙服: 내명부 서열 종5품)에게 주어 보관시키고 의례에서 수고한 관계관을 위로하는 상급을 내리는 것으로 끝난다.

1767년 5월에 작성된 『장종수견의궤 藏種受繭儀軌』를 보면 영조의 계비 정순왕후의 수견 의식은 5월 26일에 덕유당에서 행하고 백관의 하례를 5월 29일 숭정전(崇政殿)에서 받았다는 『실록』의 기록이 보인다.

1924년 일제 치하에서 순종의 윤비 친잠 의식은 수원의 잠업 시험장에서 양력 5월 13일에 소잠(掃蠶: 어린누에 떨기)을 하고 수견은 창덕궁 주합루 서편에 있는 친잠실에서 양력 6월 17일에 있었다. 이 친잠실이 주합루 서쪽에 있는 서향각(書香閣)이다.

영조 때에 만들어진 『친잠의궤』는 1919년 개수하였는데, 내용은 전교(傳敎), 계사(啓辭), 반견사전(頒繭謝箋)으로 편성되어있다. 전교는 선대의 선례나 가르침이 기록되어있는데 성종, 중종, 선조 때의 친잠 의식에 관한 내용이 주를 이룬다. 계사는 다시 이문(移文), 내관(內關), 감결(甘結), 의주(儀駐)의 순으로, 이문에는 친잠 의식의 준비와 절차를 기록하였고, 내관에는 채상단의 크기와 모양을, 그리고 친잠단은 사초(沙草: 잔디로 덮는다) 등의 의식의 거행 장소와 환경 등의 내용을 담고 있다. 감결에는 친잠하는 곳에 잠실을 만들기 힘들면 장막을 치고 거행한다는 것과 잠모(蠶母)의 수, 복장 등에 관한 내용이며, 의주는 친잠례를 행하기 위하여 왕비와 동궁의 빈 등이 왕궁에 드나드는 절차와 제단의 모식도 그리고 친잠례를 행할 때 쓰이는 잠구에 대한 도해와 설명 등이 기록되어있다. 반견사전에는 친잠하여 얻은 고치를 모든 신하에게 하사하고 신하들은 감사의 예를 올리는 내용이 담겨있다.

구전된 양만춘 이야기
우리 민족의 진정한 애국자

　고구려 말 당나라 태종이 이끄는 대군(大軍)을 물리치고 고구려를 지켜낸 안시성주(安市城主) 양만춘(楊萬春)이란 이름은 우리나라나 중국사서(史書) 어디에도 없다.
　중국 기록에 없는 것은 어찌 보면 당연한 일이겠으나 우리나라 사서에 빠진 것은 정말 개탄할 일이 아닐 수 없다.
　『동춘당별집(同春堂別集)』 6권 경연일기(經筵日記) 「을유(乙酉) 1645(인조 23년)」 4월 26일 조(條)에 이런 말이 있다.

"上曰安市城主其名爲誰浚吉曰梁萬春也
能拒太宗之師可謂善守者也
上曰此見何處浚吉曰故府院君尹根.

聞於中朝而記云矣."

"주상이 말씀하시기를 '안시성주 이름이 무엇인고?' 하니 송준길이 아뢰기를 '양만춘이라 하옵는데 당나라 태종의 군대와 맞서 싸워 성을 잘 지킨 자라 하옵니다.' 주상이 말씀하시기를 '이 말을 어데서 들었는고?' 하니 준길이 말하기를 '고 부원군 윤근수가 중국 조정에서 듣고 와 기록해놓은 것이라 하옵니다.'"

윤근수 역시 중국에서 사서의 기록을 본 것이 아니라 중국 조정의 관료들한테서 들은 얘기를 적어 놓은 것이다. 윤근수는 중종 32년(1537)에 태어나 광해군 8년(1616)까지 산 사람으로 선조 5년(1572) 주청부사(奏請副使)로 명나라에 가서 종계변무(宗系辨誣)를 한 사람이다. 종계변무란 조선을 건국한 이성계의 족보가 명나라의 기록에 잘못되어있으니 고쳐달라는 주청을 하는 일이었다. 내용은 기술한 바와 같이 조선 왕실의 족보가 바뀌어 200년이나 흐른 선조 대에 와서야 매듭지어졌는데 마지막 수정된 '대명회전 전서'를 가져온 사람이 윤근수다.

윤근수은 이를 계기로 문안사(問安使), 원접사(遠接使), 주청사(奏請使)로 일이 있을 때마다 여러 차례 명나라를 왕래하다 보니 명나라 조정 대신들과의 친분이 아주 두터워졌다. 나라의 치부에 속하는 자국의 역사를 외국 사신과 스스럼없이 나눌 수 있었기 때문에 윤근수는 당 태종이 눈에 화살을 맞은 사실을 그들의 입을 통하여 들을 수 있었던 것이다.

정조 4년(1782) 박지원(朴趾源)이 쓴 『열하일기(熱河日記)』「도강록(渡江錄)」 6월 28일 을해조(乙亥條)에 이런 기록이 있다.

> 又世傳安市城主楊萬春射帝中目
> 帝耀兵城下賜絹百匹以賞其爲主堅守

"또 속설에 따르면 안시성주 양만춘은 황제의 눈을 쏘아 맞히자 황제가 성 아래 와서 위엄을 보이며 주군을 위하여 성을 굳게 지킨 것을 칭찬하고 상으로 비단 백 필을 하사하였다"

하지만 『동춘당』 별집에는 양만춘의 성을 '양(梁)'이라 했는데 『열하일기』에는 양(楊)으로 되어있어 어느 것이 옳은가는 판단할 길이 없다. 『열하일기』에는 두 편의 시를 더 실어놓았다.

숙종 때 영의정을 지낸 김수항의 아들 김창흡(金昌翕)이 북경으로 가는 그의 아우 김창업에게 시 한 수를 보냈다.

千秋大. 楊萬春
箭射.髥 落眸子

천추의 대장부 양만춘이
　　꼬부랑 수염의 눈을 쏘았다

꼬부랑 수염은 당 태종을 말한다.
고려 말의 성리학자 목은(牧隱) 이색(李穡)이 지은 『정관음(貞觀吟)』에 나오는 시 한 편에는

　　爲是囊中一物爾
　　那知玄花落白羽

　　주머니 안에 든 것이 하찮은 것인 줄 알았더니
　　흰 화살에 검은 꽃이 떨어진 줄 어찌 알았겠는가

현화(玄花: 검은 꽃)는 눈알을 말한 것이고, 백우(白羽)는 화살을 말한다.
이 시로 보면 양만춘의 이야기는 중국 당나라 정관(당태종 연간의 연호) 치세 이후 중국에서나 우리나라에서 전설처럼 구전으로 도도하게 흘러 내려온 것임이 틀림없다.
고구려 연개소문은 영류왕을 시해하고 보장왕을 보위에 올려놓고 국권을 장악했으나 양만춘은 굴복시키지 못했다. 그러나 양만춘은 정치적인 야욕도 없이 오로지 국방에만 전념하다 갔다. 그가

세상을 어떻게 살다 어떻게 떠났는지 아는 사람은 아무도 없다. 그는 이름도, 명예도, 마음에 두지 않고 오직 나라만을 위하여 사심 없이 살다 간 위대한 인물이다. 김부식이 『삼국사기』에서 이 기록을 뺀 것은 만추에 남을 과오이다.

신참례와 면신례
신랑 다루다 자칫 동승과부 만든다

예나 지금이나 어느 집단에 새로 들어온 신참자에게 학대나 곤욕을 가함으로써 주식(酒食)을 강요하여 될 수 있는 대로 성대한 연회를 베풀어 신구의 허물을 트고 신참자에게 낯선 분위기를 일소함과 동시에 보다 겸양 된 자세로 새로운 분위기에 적응할 수 있도록 하는 것이 이 습속의 발원이었을 것이다.

우리가 최근까지도 흔히 보아왔던 신참례(新參禮)는 혼례 때 신랑이 신부집에서 족장(足掌)을 맞는 일이었다. 결혼식을 올리고 삼 일 만에 신랑이 신부집에 신행을 가게 되면 그날 밤 마을 사람들이 모여들어 신부를 훔쳐갔다 하여 신랑을 띠로 보에 매달아놓고 발바닥을 치는데 향연에 내놓을 음식을 대라 하고, 품목을 부르면 부족하다 치고, 첫날밤 일을 물어 미처 대답하지 못하면 또 치고, 진수

성찬이 차려질 때까지 가학 행위를 한다. 심한 경우에는 신랑이 죽음에 이르는 경우도 종종 있는데 이때 신부는 시집에 가서 평생 과부로 여생을 보내야 한다. 이와 같은 비정한 혼인 풍속으로 과부가 된 여인을 동승과부(同繩寡婦)라 했다.

가장 비정하고 가혹한 신참례가 기방(妓房) 또는 기녀들의 조합인 권번(券番)과 무당들의 모임인 풍류방(風流房)의 신참례이다.

기녀들의 경우 신참이 들어오면 속옷은 모두 벗기고 치마만 걸치게 한 다음 둥근 통나무를 비스듬히 기대어놓고 그 경사진 통나무 위쪽에 이 신참자를 올려놓은 다음 아래로 끌어당긴다. 이 통나무 타기를 하고 나면 사타구니에 멍이 들고 상처가 나 걷지도 못하고 열흘 이상 몸져누워야 한다. 풍류방은 이와는 달리 쑥에 불을 붙여 신참 무당의 무른 살을 골라 서른세 군데에 뜸질을 한다. 33이라는 숫자는 불가에서 지상천의 최상에 있는 도리천을 상징하는 숫자이다.

관청에서도 신참례는 예외가 아니다. 등과하여 처음 등용된 선비로서 부서에 새로 배치된 신래자(新來者)를 신귀(新鬼)라 했다. 처음 시작은 사서(四書)나 경(經)의 어려운 어느 부분을 외워보라든가 대궐 정문 추녀 위에 놓인 잡상 이름을 외워보라든가 하여 선비풍의 문답 형식이 위주였는데 못 외울 경우 벌칙을 가하다 보니 차츰 가학적 비정한 방법이 동원되었다. 신귀의 얼굴에 오물을 바른다든지 먹칠을 하는가 하면 성기에 먹칠까지 하는 등의 학대 방법으로 변질되어갔다. 그래도 관청의 신참례에는 나름의 격식과 절차가 있었다. 소속된 부서의 최고책임자가 상석에 앉고, 상하 관료들이 서열대로 방안에 정좌한다. 그 외방에는 좌차(座次), 중수(中首), 비방주(批防主)라는 신참례에서만 사용하는 임시직급이 자리한다. 신귀는 사모를 뒤집어쓰고 두 손을 등 뒤로 얹은 채 아주 비굴한 자세로 방주 앞에 선다. 그리고 방주가 시키는 대로 해야 한다. 웃으라면 웃고, 울라면 울고, 갈수록 흉내를 내기 어려운 시늉을 하라 하여 잘못하면 가혹한 학대로 옮겨간다. 선비들이 가장 귀중하게 여기는 관(冠)을 쪼그려 부수고 치부가 드러날 정도로 옷을 찢고 시궁창에다 굴리기도 한다. 더 가혹한 것은 만장(萬狀), 방목(防木), 장목(長木) 등의 이름을 가진 형틀을 만들어 발목을 묶어놓고 족장을 치는가 하면 심한 경우 발뒤꿈치에 말굽을 박아 피를 흘리게까지 하였다. 서책만 접하던 선비들에게 이와 같은 혹독한 가학 행위를 견뎌낼 힘이 어디에 있었겠는가?

이 신참의 학대로 태종 6년에 삼군행수 이전(李䝎)이 평생 동안 지병을 앓았고, 단종 원년에 승문원에 부임한 정윤화는 현장에서 죽었으며, 중종 21년 1월에 감찰 조한정이 신참례에서 기절하더니 그 길로 죽었다. 율곡 이이도 과거에 급제하여 승문원에 발령을 받았는데 이 신참례를 못 이겨 그 직을 그만두었다. 이러한 악폐가 가장 심한 곳은 예문관, 성균관, 승문원, 교서관이었는데, 이를 보다 못한 사간원에서는 이에 대한 특단의 조치를 요구하였다.

이를 우려한 성종 임금은 재위 24년 5월에 사헌부에 다음과 같은 지시를 내렸다.

"새로 벼슬자리에 들어선 사람에게 하는 신참례를 금지하는 조항이 『경국대전』에만 실려 있는 것이 아니라 수차에 걸쳐 지시를 내린 바 있다. 그럼에도 불구하고 요즈음 감찰들과 예문관, 성균관, 승문원, 교서관 등 네 기관의 관리들, 내금위나 충찬위 등의 각종 병사들, 녹사들, 서리들과 장공인, 하인들에 이르기까지 이전보다 더 가학 행위를 하고 있다. 그러다 보니 나라에서 엄히 선발하는 사관이나 내금위들은 아무리 재주가 있어도 재산이 없으면 갖은 계책을 써서 고의로 회피하니 비단 인재 등용에 장애가 될 뿐 아니라 이 때문에 전 재산을 탕진하고 파산당하며 패가망신하는 사람도 있다. 삼사에서는 이를 제대로 단속하지 못하여 이런 폐단이 지속되고 있으니 앞으로 바로잡기 어렵게 되었다. 이런 폐풍을 바로잡기 위하여 특별히 규정을 만들어 중신들과 의논해서 보고하라."

그런데 그 후 별다른 기록이 보이지 않는다.
상당한 세월이 지난 명종 5년 2월 경자일에 사간원에서 구체적인 문제점을 지적하여 엄하게 단속해줄 것을 상주하였다.

"근래에 사치하게 사는 것이 사회 풍조가 되어 음식 절차에는 종작이 없습니다. 그리고 지난해 농사가 흉작이 되는 바람에 백성들이 굶주리고 있는데 관리들끼리 모여 음주하는 것부터가 떳떳지 못한 행동입니다. 더구나 새로 벼슬길에 들어선 사람들에게 신참례를 행하여 큰 연회를 베풀도록 합니다. 그래서 새로 벼슬하는 사람이 이 연회를 마련할 힘이 없을 때에는 집과 토지 등의 재산을 팔기도 하고, 각 고을에 구걸하기도 하니 이로 인하여 선비들의 기강이 문란해집니다. 이것은 사관은 물론 감찰, 선전관, 5부의 관리뿐만 아니라 기타 관리에 이르기까지 모두 마찬가지입니다. 이로 인하여 물가도 뛰어올라 백성들이 날로 곤궁해지니 철저하게 단속해야 됩니다."

이렇게 하여 윤허를 얻었다.
명종 8년 3월 정사(政事)일에 사간원에서 제의하였다.

"새로 벼슬길에 들어선 사람을 신래(新來)라고 하는데, 나라에 정해진 법이 있는데도 이 신래에 대해서 가혹한 신참례(新參禮)를 지속하고 있습니다. 이 악폐는 날이 갈수록 심해져서 예사로 여기고 있으니 엄하게 다스리지 않으면 이런 악습을 없애기 곤란합니다. 바라건대, 승문원, 성균관, 교서관인 경우에는 2~3일 안에 신임 동료로 인정하고 4~5일이 되면 신임으로 치지 말며, 그 기간에 강제로 요구하여 연회를 차리거나 악폐를 반복하는 것을 일체 금해야 합니다. 이것을 규례로 삼고 위반하는 사람은 법에 따라 죄로 다스려야 합니다. 그리고 그 외 내금위, 별시위, 우림위 겸사복, 여러 관청의 새로 소속된 사람이 있는 관청에서 가혹한 신참례를 하는 경우에도 모두 법에 따라 죄로 다스려주시기 바랍니다."

이리하여 왕의 윤허를 얻은 바 있다. 그러나 오랜 인습은 쉽사리 사라지지 않는 모양이다. 선조 임금 때에 와서 이제는 왕명으로 직접 지시를 내렸다. 선조 2년 9월 14일에 내린 엄명이다.

"새로 과거에 합격한 사람을 네 관청에서는 신참내기라고 부르면서 그들을 못살게 굴고 모욕하는데 못하는 짓이 없다. 심지어는 시궁창의 더러운 진흙을 가져다가 얼굴에 발라주고 그것을 당향분(唐鄕粉)이라 하며 갓을 망가뜨리고 옷을 찢고 더러운 물에 이리저리 굴리며 귀신처럼 만들어놓으니 사람으로서 할 짓이 못 된다. 또한, 몸에 심한 상처를 입어 앓은 일도 자주 있다. 이와 같은 폐습은 예법에도 없거니와 중국에도 없다. 일상적인 습관이 되어 고칠 줄 모르니 무식하기 짝이 없다. 이제부터 신참과 고참 사이에 규찰하거나 단속하는 일을 제외하고 더러운 오물을 칠해주거나 가학 행위는 일체 금한다. 만약 이와 같은 악습을 계속 되풀이할 경우 적발해서 죄로 다스릴 것이다."

그런데도 이러한 악습은 쉽게 근절되지 않았던 것 같다. 선조 6년 6월 경신일에 영의정 권철과 좌의정 노수신 그리고 송인수, 김귀영, 윤현, 이양원, 김계, 김첨경, 이산해 등이 승문원 관리를 뽑기 위한 공동모임을 가졌는데, 과거시험에 합격한 31명 중 8명을 선발한 일이 있었다. 간원에서는 새 관리를 선임했는데 나라에서 엄금하고 있는 면신례(免新禮)를 했다는 상소를 올렸다. 이에 선조가 책문하자 승문원에서는 대간들의 상소에 대하여 새로 벼슬을 하게 된 사람들을 괴롭히는 신참례의 폐풍을 혁신하는 본보기로 단순한 상견례를 베풀었을 뿐이라고 변명하여 별문제는 없었으나 지엄한 왕명에도 불구하고 이 폐풍이 완전히 사라지지 아니하고 고질화된 인습으로 은밀히 이어져왔음을 엿볼 수 있다.

이와 같이 신참례를 무사히 겪고 나면 10일에서 50일 사이에 면신례를 치르게 된다. 잔치하기 전날 이 신참 관리는 자기 명함을 선임자들에게 돌리는 데만 포목 1필의 비용이 들었다. 잔치 당일에는 선임자들이 모여들면 신귀는 사모를 거꾸로 쓰고 맞이하여 옆에 여자를 한 사람씩 끼워 앉히는데 이를 안침(安枕)이라 부른다. 상차림에도 격식이 있다. 삼기수(三記數)로 상을 차리는데 막걸리 세 병, 고기 세 근, 나물 삼 반. 이렇게 하여 백 가지를 차리는 것을 말한다. 이 상차림이 다소 불비하면 오기수, 칠기수, 구기수로 늘어난다. 이 면신례의 비용 때문에 어려운 선비들은 패가망신으로 이어지기도 한다. 아니면 집과 논까지 팔아 가까스로 면신례를 올렸을 경우 이를 보충하기 위하여 나라 재산을 팔아먹기도 하고, 백성들에 토색질까지 하게 된다. 그러나 기술한 바와 같이 이후 명종 8년에 이어 선조 2년, 선조 6년에 이 문제가 계속 논의되어온 것은 이 악폐는 근절되지 않고 은밀히 이어져 왔음을 알 수 있다.

광해군과 이이첨
패덕한 왕과 이를 부추긴 간신

❖ 수난의 세자 시절

조선 왕조 500년 동안 패덕으로 보위를 빼앗긴 임금은 연산군과 광해군이다. 선조의 정비인 의인 왕후 박씨에겐 후사가 없었다. 후궁인 공빈 김씨에게 아들이 둘이 있었는데, 첫째가 임해군이고, 둘째가 광해군이었다. 이들이 장성할 때까지 세자 책봉을 하지 않은 것은 정비 소생이 아니기 때문이었다.

임진년(1592) 4월 왜적이 물밀 듯이 쳐들어와 선조는 몽진 길에 오를 수밖에 없었다. 사직이 풍전등화처럼 위태로워지자 선조는 몽진 길에 평양에 당도하여 광해군을 세자로 책봉하였다. 형인 임해군이 있었으나 성격이 광패하다 하여 조정 중론은 광해군 쪽에 기울어져 있었다. 난리 중 창졸간에 벌어진 일이라 광해군은 책봉 의식은커녕 교지 하나 없이 어명만으로 세자가 된 것이다. 그러나 광해군은 세자로서의 직분을 하나하나 충실하게 실행해나갔다. 영변에 당도하여서는 분조(分朝: 국가가 위난을 당할 때 만약의 사태에 대비하여 조정을 분리하는 조치)하여 국사권섭(國事權攝: 국왕을 임시 대리하여 국사를 맡아봄)의 권한을 위임받아 선조와 헤어졌다. 그 후 강원도와 함경도 등지를 돌아다니며 7개월 동안 의병을 모집하는 등 분조 활동을 충실히 하였고, 서울이 수복된 뒤 명나라의 요청에 따라 조선의 방위 체제를 위해 군무사(軍務司)가 설치되자 이에 관한 직무를 주관하게 되었다. 정유재란 때에도 전라도 지방에 내려가 모병을 하고 군의 보급을 위하여 실로 많은 활약을 하였다.

그러함에도 그의 세자 시절은 수난의 세월이었다. 세자에 책봉된 뒤 2년만의 윤근수를 명나라에 보내어 세자 책봉을 주청하였으나 장자 임해군이 있음을 이유로 고명을 내리지 않았다. 그 후로도 여러 차례 명나라에 주문사를 보냈으나 번번이 빈손으로 돌아왔다. 당시로써는 명나라의 세자 책봉 고명을 받지 못하면 사실상 세자라 할 수 없었다.

거기에다 선왕은 이따금씩 양위 소동을 벌여 조정을 발칵 뒤집어 놓는 일이 여러 차례 있었다. 그때마다 까닭 없이 광해군은 대전에 엎드려 석고대죄를 행하여 가까스로 사태를 수습하곤 했다. 이래저래 광해군에게는 피를 말리는 순간의 연속이었다. 선조 말년에는 강박관념에 시달려 대전 앞에서 피를 토하는 지경에까지 이르렀다.

설상가상으로 1606년 선조의 계비 인목 왕후 김씨에게서 적자 영창 대군(永昌大君)이 탄생하였다. 이것이 불씨가 되어 소북파들의 준동이 암암리에 시작되고, 광해군을 지지하는 대북파 사이에 종래는 피를 부를 암투가 서서히 확대되어갔다.

1608년 선조가 병이 위독하자 광해군에 선위한다는 교서를 내렸는데, 이를 반대하는 소북파의 유영경이 이를 감추었다가 대북파의 정인홍 등에 음모가 발각되어 조정이 한때 시끄러워진 일도 있었지만, 우여곡절 끝에 결국 광해군이 즉위하는 데 성공하였다. 광해군은 저위(儲位)에 있은 지 16년 만에 보위에 올랐다(1608). 이로 인해 임해군은 강화 교동에 유배되고, 선조의 두터운 신임을 받았던 영의정 유영경은 사사되고 말았다.

광해군의 즉위는 강직한 정인홍의 뚝심과 모사에 능한 이이첨, 중전 유씨의 오라비 유희분 그리고 선조의 지밀상궁 김개시(개똥이)의 빈틈없는 책략의 결과였다.

이이첨은 명종 15년(1560)에 좌찬성 이극돈의 후손 이우선(李友善)의 아들로 태어났다. 본관은 광주(廣州), 자는 득여(得輿), 호는 관송(觀松)으로 선조 15년(1582) 사마시에 합격했고, 임진왜란 다음 해인 1593년에 광능 참봉을 지냈다. 이때 어머니의 상을 당하여 그 거상을 아주 극진하게 하여 효자의 정문까지 세워주었다. 1599년에 이조정랑이 되었고, 1608년 문과 중시에 장원하였다. 선조의 뜻을 받들어 영창 대군을 옹립하려는 소북파들을 논박하다 갑산에 유배를 당하였는데, 바로 유배지로 떠나지 않고 병을 핑계로 차일피일 미루다 선조의 국상을 보고서야 떠나는 여유로움을 보였다. 이유는 알 수 없으나 어떤 징후에 의해서건 금명간 선조의 죽음을 확신하고 있었던 것만은 확실했다.

광해군이 즉위하자마자 조정의 수면 위로 떠오른 것이 임해군의 처리였다. 간관들의 탄핵 상소로 결국 전라도 진도로 유배지를 정하여 떠났으나 오성부원군 이항복이 이것은 너무 가혹한 처사라 상주하여 배소에 도착하기 전에 강화 교동으로 옮겼다. 이 무렵 갑산에 유배되었던 이이첨은 방면되어 병조 정랑에 제수되었다. 이것은 혼조와 정란의 서막이었다. 세자 책봉의 고명도 받지 못하고 즉위했기 때문에 광해군에게 가장 급한 것이 명나라로부터 조선 국왕의 책봉 고명을 받는 일이었다. 그러나 이 또한 쉽지 않았다. 선조의 승하를 알리는 고부사(告訃使) 겸 조선 국왕 책봉과 왕자 지의 세자 책봉을 위한 주문사(奏問使)로 이호민이 명나라로 떠났다.

명나라에서 돌아온 이호민은 책봉 고명 대신에 기상천외한 주문을 받아왔다. 문무백관과 종친 그리고 사대부와 백성들까지 광해군 즉위에 전혀 하자가 없음을 골자로 하는 연명서를 올릴 것이며, 그런 연후 명나라의 차관이 조선으로 나와서 그 진위 여부를 조사하겠다는 것이었다. 이것은 분명 치욕이었고, 건국 이래 이런 치욕은 처음이었다. 그러나 달리 이런 요구를 거절할 방도가 없음이 문제였다. 결국, 종친들을 포함한 문무백관들이 18,855명에 달하는 연명부를 올려보냈으나 그것으로 끝이 아니었다. 명나라에서는 엄일괴와 만애민이라는 두 차관을 파견하였다. 임해군을 만나보기 위함이었다. 중신들이 나서서 죄인을 도성 안에 들여올 수 없다 하여 서강 백사장에서 차일을 치고 중국 차관은 임해군을 만났다. 이미 죽음을 각오한 임해군인지라 거짓 미치광이 행세를 하며 중국 차관을 만났다. 조정의 초조와 불안을 씻어줌이었다. 그들은 소임을 다하고 돌아갔는데, 돌아가는 봇짐은 어느 때보다 두둑했다. 많은 뇌물을 주어 입막음을 한 것이다. 큰 근심 하나를 덜은 이이첨은 임해군을 극형에 처해야 한다는 상소를 삼사를 통하여 계속 올리게 했다. 그러던 어느 날 임해군이 세상을 떠났다는 급보가 도성에 날아왔다. 광해군 1년 4월 그믐이었다. 광해가 처음에 임해를 교동도에 안치했을 때 이현명이 현감으로 있었는데 이이첨의 인척이었다. 이이첨이 임해를 없애라는 암시를 주었는데 현감이 노하여 이첨의 뜻을 따르지 않자 '현령은 죄인을 지키는데 게으르다'는 죄목으로 탄핵하여 옥에 가두고 이첨의 수족인 이직을 후임으로 보내어 독살해버린 것이다.

그간 이이첨은 왕명을 출납하는 승정원의 동부승지가 되어있어 임금의 눈과 귀를 가리는 것은 쉬운 일이었다. 그래도 워낙 거센 여론에 밀려 이이첨은 의주부윤으로 체직되어 외직으로 나갔다.

❖ 정적을 몰아내다

광해군 3년(1611) 8월 20일에는 정언(正言) 박자흥의 딸을 세자빈으로 맞았다. 이를 계기로 이이첨은 사면되어 부호군(副護軍: 종4품)이라는 한직으로 도성에 다시 들어왔다. 세자빈 박 씨의 외조부가 되었으므로 임금의 배려가 있었던 것이나 분명 이것은 폭풍의 전조였다.

광해군 4년 2월 16일 황해 감영으로부터 역모의 급보가 날아들었다. 황해 감사는 서둘러 의금부도사와 선전관을 황해 감영으로 급파해줄 것을 요청한 것이다. 그러나 광해는 죄인들을 모조리 도성으로 압송하라 하여 친국을 벌였다. 황해감영에서 발설된 역모설은 참으로 어처구니없는 데서 출발하여 엉뚱한 데로 유도되어갔다.

봉산 군수 신율(申慄)이 김제세(金悌世)라는 도둑을 붙잡아 문초하였는데, 혹독한 매에 못 이겨 엉뚱한 자백을 해버렸다. 역모를 고변하면 이 혹독한 추궁을 벗어날까 싶어 김직재(金直哉)를 비롯한 소북파 이름을 닥치는 대로 거명해나간 것이다. 여기에 정리된 이이첨의 각본이 끼어들었다. 김제세 입장에서는 어차피 무고로 시작된 일이었기에 내친김에 이이첨의 의도대로 진술해주었다.

전참판 윤안성, 전감사 정제세, 정호서, 정호선 등 김직재의 무옥은 광해군의 친국과 이이첨의 부추김으로 진능군(晋陵君)을 비롯한 100여 명의 소북파가 처단되었다. 진능군은 선조의 서자인 순화군(順和君)의 양자이다. 이 사건을 '임자옥사' 또는 '김직재의 옥사'라 하는데 이 옥사로 진능군은 위리안치되고 시인 권필이 목숨을 잃었다.

『홍길동전』의 작가 허균은 공주 목사로 있을 때 서출 중에 유독 남다른 정을 나누고 지내는 몇 사람이 있었다. 서양갑, 박응서, 이경준, 박치인, 박치의, 김평손, 심우영 등이다. 이들은 '강변칠우(江邊七友)'라는 이름으로 서로 생사를 같이하자고 혈맹을 맺은 친구들이었다. 이 서얼들의 심중은 적자나 서얼이 차별받지 않는 사회를 만들어보자는 것이 한결같은 염원이었다. 이들과 뜻을 같이하는 허균이 공주 목사로 부임하면서 서얼들이 결집되고, 그들의 염원을 실현하기 위한 구체적인 지침이 행동으로 옮겨지기 시작했다. 자신들을 거부하는 사회제도에 대한 반항 의식은 기존의 질서를 파괴해도 좋다는 억눌린 자들의 반항심리가 객기로 비화되어 때에 따라서는 범법 행위로 체제에 맞섰다.

  우선 힘을 모아야 했다. 이들에게 힘이 될 수 있는 것은 행동자금이다. 행인들의 봇짐을 털기도 하고 때에 따라서는 사대부 집을 털기도 했다. '강변칠우' 외에 또 다른 무리가 하나둘 가세하여 인원이 늘어난지라 전국 도처에서 강탈이나 살인강도까지 빈번하게 일어났다. 강탈한 재물은 춘천에 있는 어느 토굴 한 곳에 감추어둘 만큼 조직적인 치밀함도 있었다. 조정은 전국 곳곳에서 일어나는 강도 사건에 골머리를 앓고 있었다. 출신은 서얼일망정 공부를 한 선비들이라 용의주도함이 있어 쉽게 덜미를 잡히지 않았다. 꼬리가 길면 밟히는 때가 있다 했던가? 서양갑, 박치의, 허홍인이 문경새재에서 은(銀) 상인을 살해하고, 은 8백 량을 강탈한 사건이 일어났다. 상인과 동행했던 종자가 있었는데 잠시 용변을 보는 사이에 일어난 일이라 이 종자는 화를 면했다. 뒤를 밟은 은상의 종자가 관아에 고변하여 박치의를 제외한 '강변칠우' 일당이 일망타진되었다. 박치의는 달아났고, 나머지는 당연히 포도청으로 압송되어 문초를 받았다. 무언가 빌미를 찾던 이이첨에게 '강변칠우 사건'은 일을 꾸미기에는 더없는 호재였다. 여러 가지 궁리를 엮어가던 이이첨에게 또 하나의 낭보가 들어왔다. 이 살인강도 사건의 수사과정에서 서양갑의 집을 뒤졌는데 그의 책갈피에서 "진용미기 가호선명(眞龍未起 假狐先鳴)"이라는 종이쪽지가 나왔다. '참용은 아직 일어나지 않았는데 가짜 여우가 먼저 운다'는 뜻이다. 일어나지 않은 참용은 영창대군이요, 먼저 우는 가짜 여우는 광해군을 두고 하는 말이다. 아무 생각 없이 무심코 적어본 글이라 할지라도 역모의 단서로는 충분한 것이었다.

이이첨은 먼저 죄인 중에서 가장 마음이 여린 박응서를 회유했다. 박응서는 이미 혹독한 매질을 당하여 만신창이가 된 몸이라 회유라기보다 선택의 여지가 없는 강요였다. 박응서는 이첨의 각본에 따라 연기하는 꼭두각시가 되어 역모의 시나리오가 작성되어갔다.

죄인들은 포도청에서 역모를 전담하는 의금부로 옮겨졌다. 이제는 단순한 살인강도가 아니라 역모의 주역들이 되어 국문을 받기 시작했다. 죄인들은 인목 대비를 모시고 영창 대군을 옹위하여 조정을 장악한 뒤 서출도 당당하게 국정에 참여하는 세상을 만들어 가는 것이 이이첨이 만든 각본이었다. 영창대군은 불과 8살밖에 안 되었으므로 대비의 아버지 김재남이 이에 가담되었음이 매질로 이끌어낸 죄인들의 공초였다. 한 치의 어긋남이 없는 이이첨의 각본이 그대로 반영된 것이다. 김재남이 이 거사의 우두머리가 되어 서출들을 거느리고 종사를 도모하여 어린 영창을 옹립한 후 선조의 계비 인목 대비가 수렴청정을 하는 것이 각본의 전말이었다.

서 양갑은 국청에서 장살되고 '강변칠우' 대부분은 참수되었으며, 인목 대비의 아버지 김재남은 사사되고 영창 대군은 강화에 위리안치되었는데, 이첨의 수족과 같은 강화부사 정항(鄭抗)에 의해 증살(蒸殺) 되었다. 증살이란 앞뒤 출입문을 밀봉하고 방안에 불을 때어 찜통이 된 방안에서 숨이 막혀 죽게 하는 것이다. 역모를 고변한 박응서는 풀려났다. '강변칠우의 옥사'로 한때 소북(小北) 세력이 옹립하려 했던 영창 대군과 그 인맥을 제거함으로써 1차 후환을 없앴다. 허균이 이에 연루되어 문초를 받는 것이 당연하였으나 당시만 해도 균은 그의 문장력으로 인하여 광해군의 신임을 받고 있었으며, 이이첨과는 불가근불가원의 관계로 교분을 나누고 있었으므로 무사했다. '김직재의 옥사' 이후 광해군과 인목 대비 사이가 소원해졌는데, 이번 '강변칠우 역모 사건'으로 드디어 폐모론이 서서히 싹트기 시작하였다. 이 무렵 폐모론을 경계하거나 반대하던 사람들이 희생되었다. 폐모를 단행하기 위한 준비 공작인 것이다. 한음 이덕형은 삭탈관직을 당하여 함경남도 용진에 물러나 살다가 그곳에서 병을 얻어 죽었다.

병조좌랑 최명길은 하옥되었다가 삭탈관직으로 문외 출송되었다. 도성 밖으로 쫓겨난 것이다. 부사직(副司直) 정온은 제주 대정에 위리안치되고 영의정을 두 번이나 지낸 완평부원군 이원익도 강원도 홍천에 유배되었다. 이와 같은 일련의 옥사는 모두 이이첨의 수족 같은 삼사의 탄핵 상소로 이루어졌다.

광해군 7년 4월 2일 광해군은 경운궁에 인목 대비를 남겨두고 창덕궁으로 옮겨감으로써 사실상의 유폐가 시작되었다. 창덕궁이 준공되어 처음 옮겨갈 때에는 대비를 동행하였고, 그때 임진왜란 이후 선조 임금이 시어소로 삼았던 정동 별궁을 경운궁이라 이름한 바 있었다. 그러나 무당이 창덕궁이 불길하다 주청하여 다시 경운궁으로 돌아왔던 것이다. 경운궁을 다시 떠나면서 수문장 10명을 더하여 숙위를 강화하고 잡인의 출입을 금함과 동시에 대비 처소의 동태를 밤낮없이 감시 보고하도록 당부하였다. 주상이 대비전에 문후드리는 법도도 사라졌다. 난정은 가속도가 붙어 이제는 혼조의 난국으로 치닫기 시작했다. 점쟁이 무당의 입을 통하여 흘러나온 '새문동(塞門洞) 왕기설(王氣說)'이 그것이다.

광해군은 유독 무당을 가까이 두고 정사를 이들과 의논하는 일이 많았다. 이들이 만들어내는 상서롭지 못한 유언비어는 혼탁한 조정의 간신배들에게 또 하나의 빌미를 만들어주어 그들의 정적을 쓸어낼 기회를 제공하게 된다.

 그러던 중 진사 벼슬을 하고 있는 소명국이 잡혀 들어왔다. 그는 익산 출신으로 향리에서도 패악한 위인으로 고변 당한 일이 있었는데, 그때는 별일 없었으나 신경희가 올린 상소 내용 중에 다시 거론되어 이번에는 의금부에 하옥되었다. 신경희는 이이첨의 사람인데 능양군(후에 인조)의 친할머니 인빈 김씨와는 집안끼리의 혼사로 사돈 관계를 맺고 있었다. '강변칠우 역모 사건' 때 박응서가 그랬던 것처럼 소명국도 살길을 찾으려고 시중에 나돌던 '새문동 왕기설'을 토대로 역모의 각본을 만들어 올렸다. 그의 입에서 나온 인물이 능창군이었다. 능창군이 바로 새문동에 거주하고 있는 정원군의 셋째 아들이다. 정원군은 선조의 후궁 인빈 김씨 소생으로 그의 슬하에 세 아들이 있었다. 그중 셋째 아들 능창군이 제일 영특하고 활달했다. 이것이 능창군에게 큰 화근이 되었다. 누구나 무옥(誣獄)임을 알았으나 이이첨이 만든 올가미를 벗어날 수가 없었다. 수족 같은 간관들이 동원되어 연달아 탄핵 상소가 올라왔다. 결국, 신경희, 윤길, 황난수, 문경천이 추국 도중 장살되었고, 윤공, 윤숙을 비롯한 15인이 유배의 길을 떠났다. 능창군 또한 임해군과 영창대군처럼 강화에 위리안치되었는데 증살의 기미가 보이자 스스로 목숨을 끊었다.

❖ 폐모의 패륜

　　　　　　　　정적을 수단과 방법을 가리지 않고 제거하면서 자기 세력을 구축해가고 있는 이이첨에게도 그의 행보가 순탄치만은 않았다. 고산 윤선도가 30살의 젊은 나이에 이이첨을 신랄하게 비판하는 상소를 올렸다. 감히 이이첨을 이처럼 맹렬하게 비난하는 상소는 이때까지 없었다. 불의를 참지 못하는 젊은 패기이었으리라. 예상했던 대로 도리어 윤선도를 탄핵하는 삼사의 상소가 이어짐으로써 결국 고산은 경원 땅에 부쳐되고, 그의 부친 윤유기는 삭탈관직 되었다.

　이것이 도화선이 되어 이인의가 이이첨을 탄핵하는 상소를 올린 데 이어 귀천군, 금산군, 금계군 등 종친 19인이 연명으로 이이첨을 탄핵하는 상소를 올렸다. 이 또한 귀천군은 순천으로, 금산군은 해남으로 부쳐되고 말았다. 이이첨의 승리였고, 이러한 일련의 사건들로 인하여 이이첨의 입지만 확고해졌다. 삼사는 물론이고 육조가 온통 이이첨의 측근들로 다 차있었다.

　폐모론에 반대 입장을 견지해온 영의정 기자헌마저 시서(矢書: 화살에 매달아 쏜 편지) 사건으로 관직에서 물러나 강릉으로 은거해버렸다. 경운궁에 날아든 시서에는 광해군을 비방하면서 기자헌과 병판 박승종이 대비를 구원하기 위해 음모를 꾸미고 있다는 내용이었다.

　더욱 해괴한 것은 사용(司勇) 민인길(閔仁吉) 등이 상소를 올려 그 일은 허균이 꾸민 것이라 한 것이다. 너무도 어처구니없는 각본이라 그런지 광해군이 철저히 조사하라는 어명에도 불구하고 흐지부지 되었으나 이것은 허균에게 다가오는 죽음의 그림자이었음을 아무도 예측하지 못했다.

이이첨은 이미 대제학에 예조판서를 겸하였고 사위인 박승종의 아들 박자홍을 부제학에 제수하여 수족으로 삼았으며 박승종을 우찬성에, 중전 유씨의 오라비 유희분을 병조판서에 옮겨놓아 인목 대비의 폐모를 성사시키기 위한 포석으로는 완벽했다. 영의정 기자헌은 실권을 잃었고, 우의정 한효순은 산삼을 바치고 얻은 '산삼 정승'이라 하여 허수아비에 불과했으니 조정 대권은 온전히 이이첨의 손아귀에 있었다. 허균은 이이첨의 손아귀를 벗어나지 못하고 그 덕분에 형조 판서의 자리에까지 올라있었다.

폐모론이 비등하게 된 것은 유희분이 병조판서에 제수되면서 인목 대비에 숙배를 거부한 것이 도화선이 되었다. 조정 중신들은 새로운 직분을 맡으면 대비전에 숙배를 드리는 것이 궁중 법도이었다. 이어 사마사 참방이 된 정흡이 숙배를 하지 않음으로써 경운궁(대비 처소) 숙배를 거부하는 풍조가 확산되고 폐모를 주장하는 상소가 줄을 이었다.

이런 일이 있기 전에 이이첨은 허균의 사저를 찾았다. 갑자기 들이닥친 이이첨은 거두절미하고 허균의 사저를 소를 올리는 소청으로 써야겠다고 했다. 명령이나 다름없는 당부를 해온 것이다. 허균

자신이 문장에 탁월할 뿐 아니라 그의 문하에는 젊고 유능한 인재들이 많았다.

　이이첨은 이들을 이용하자는 속셈이었다. 당시 허균은 『홍길동전』을 집필하고 있었기 때문에 이를 완성하기 위하여서는 이이첨의 비위를 거스를 수가 없었다. 이렇게 하여 허균의 집에서도 폐모의 상소가 거듭 올라왔다. 따라서 세인들의 많은 비난이 허균에게 쏟아졌다. 안타까운 일이었다. 조정 중론이 폐모론으로 부풀어있을 때 영의정 기자헌이 폐모의 불가함을 주장하는 상소를 올렸다. 타는 불에 기름을 부은 것이다. 조정 중신들은 물론 종친들까지도 기자헌을 탄핵하는 상소가 쏟아졌다. 급기야 일천 백여 명에 달하는 백관들의 수의(收議: 문무백관들의 총회)가 열렸다. 광해군은 어머니인 인목 대비의 처리 문제를 백관들의 총의에 일임한 것이다. 결론이 뻔한 조정 중신들의 의견에 맡긴 것은 광해군의 의지 또한 폐모에 있음을 말해주는 것이다. 공교롭게도 이 수의를 주재하는 사람은 기자헌이었다. 이쯤 되고 보니 허균마저도 폐모론을 주장할 수밖에 없었다.

　먼저 이항복, 정홍익, 김덕함을 유배시키라는 어명이 내렸다. 배소도 삼사의 계속되는 항변에 따라 떠나기도 전에 좀 더 험한 곳으로 배소가 바뀌었다. 기자헌은 홍원에서 삭주로 다시 회령으로 확정되어 떠났고, 오성 대감으로 유명한 이항복은 흥해에서 창성으로 다시 삼수로 또다시 북청(北靑)으로 변경되어 그곳에서 다음 해인 광해군 10년(1618) 5월에 향년 63세로 세상을 떴다. 정홍익은 길주에서 종성으로, 김덕함은 명천에서 은성으로 각각 배소가 변경 확정되어 유배되었다. 그러나 대비에 대한 임금의 비답은 없었다.

　이 무렵 허균의 『홍길동전』은 완성되었다. 그런데 자기 사저를 상소를 올리는 소청으로까지 정하면서 폐모론에 가담한 허균에게 예기치 못한 일이 발생했다. 허균의 문하에 있는 기준격이 '강변칠우의 역모 사건' 때부터 허균이 연루되어있었으며, 당시 정원군의 동생 의창군(義昌君)을 왕으로 옹립하려 했다는 상소를 올린 것이다. 기준격은 폐모론을 반대하여 유배당한 기자헌의 아들이다. 허균의 문하생임에도 불구하고 아버지가 유배되자 폐모를 주장하는 상소를 올린 허균과 섭섭한 감정이 생긴 것이다. 애제자의 탄핵 상소를 당한 허균은 허탈했다. 악령의 그림자가 서서히 다가오고 있음이었다. 허균은 그대로 당할 수만 없어서 변명의 상소를 올렸다. 양편에서 상소는 이어졌고, 광해군은 이렇다 할 비답이 없었다. 그런 중에도 조정에서는 폐모의 일을 어김없이 진행해가고 있었다. 신임 중신들의 숙배 중지에 이어 광해군 10년 1월 1일 설날에는 대비전에 올리는 신년 조하(朝賀)가 중지되었다. 궁중 법도로는 있을 수 없는 엄청난 사건인 것이다. 사실상 폐모나 다름이 없었다. 사태가 이에 이르고 보니 조정 중신들은 물론이고, 정원군의 이복동생 인성군과 둘째 아들 능원군까지 포함한 종친들까지 폐모론에 가세하게 되었다. 목숨을 부지하기 위한 궁여지책인 것이다. 삼사의 폐모를 주장하는 상소는 임금의 연상에 산처럼 쌓이고 조정은 연일 들끓었다. 동년 2월 11일 드디어 폐비의 절목이 결정되었다.

> 본국의 존호를 깎고 옥책과 옥보를 거두고 대비란 두 글자를 버리고 서궁이라 일컫게 하며 … 조알과 문안에 숙배를 폐지하고, 공물의 상납은 물론 각종 진상물을 폐지하고, 서궁에 공급하는 것은 후궁의 예에 따르고 공주의 급료와 혼인은 옹주의 예에 따른다. 아버지가 역적의 괴수가 되고 자신은 반역모임에 참여하고 자식은 역적의 무리에 추대되어 이미 스스로 종묘와 인연을 끊었으니 장차 죽은 후에는 온 나라의 모든 사람이 곡하지 않고 상복도 입지 않으며 종묘에 들어가지 못하게 하고, 궁의 담을 더 높이 쌓고 2품의 군관 4인과 당상관 무장 4인, 무군관(武軍官) 8인이 서로 번갈아 지키게 하고 맡아 지키는 군사와 보장(堡障)을 설치할 곳은 병조로 하여금 보아 살펴서 결정하게 하고 환관 2인과 별감 2인을 두게 한다.

이 절목에 따르면 광해군은 어미를 후궁으로 내치는 역대 전무후무 패덕한 군주로 전락해버린 것이다. 대비의 입장에서는 씻을 수 없는 너무도 처절한 수모와 고통을 안겨주었고, 이것은 결국 광해군 폐출의 서막이 되었다. 이제는 더 이상 나라가 시끄러운 일은 없겠지! 광해군은 한숨 돌리고 있는데 북쪽에 후금이 일어나 명나라를 유린하면서 조선의 북방영토를 위협했다. 광해군은 이미 짐작하고 있는 일이었으나 큰 우환거리가 아닐 수 없었다.

이런 와중에 풍기 사람 곽영(郭瓔)이 이이첨과 허균을 싸잡아 비난하는 상소가 올라왔다. 이이첨의 경우에는 종사를 전횡함을 비난하는 내용이었으나 허균의 경우에는 지적된 내용이 모두 역모에 해당되는 것들이었다. 경운궁의 '시서 사건'이라든가 기경준의 격서 모두를 허균의 소행으로 몰아갔다. 그러나 허균 수하의 심복들이 연달아 올린 상소로 도리어 곽영이 하옥되고 말았다. 이들을 문초하는 과정에서 곽영의 입에서 해괴한 말이 튀어나왔다.

성불여야 야부여월 城不如野野不如越

성안이 안전하지 못하니 모두 다 한수를 건너야 살 수 있다.

이것을 허균이 지어 퍼뜨렸다는 것이다. 이 말 중에서 지나칠 수 없는 가장 첨예한 부분이 '성안이 안전하지 못하니'라는 대목이었다. 이 알 수 없는 소리가 도성 안을 어지럽히고 있었다. 이이첨의 몸과 마음은 바쁘게 돌아갔다. 마지막으로 자기 주변에서 허균을 떼어낼 절호의 기회가 온 것이다. 당시 이이첨은 판의금부사(判義禁府事)를 겸하고 있었기 때문에 허균의 문초도 이이첨의 손안에 있었다. 그런데 이와 같은 역모의 고변과 문초에서 얻은 공초에도 불구하고 광해군은 아무런 비답이 없었다. 당시 상황이 여기에 신경 쓸 겨를이 없었다고 보아야 할 것이다. 후금의 침략을 받은 명나라에서 황급히 사신을 보내어 구원병을 요청했기 때문이다. 후금의 세력이 만만치 않은지라 파병하게 되면 백성의 희생이 너무 클 것이기 때문에 난처한 입장이 아닐 수가 없었다. 그렇다고 임진왜란 때 파병으로 우리와 어려움을 함께한 명나라의 요청을 거절할 수도 없었다.

결국 진녕군(晉寧君) 강홍립(姜弘立)을 불러 도원수로 삼고 1만 3천의 군사를 주어 요동 땅으로 보내면서 "현지 사정을 살펴 처신하라."라는 밀지를 내렸다. 전투에 임하여 형세를 보아 부대의 향배를 정함으로써 백성들의 희생을 줄이라는 요지였다.

❖ 허균마저 형장의 이슬로

어쨌거나 명나라와 청나라 문제는 당시로써는 가장 적절한 방법으로 매듭지어진 셈이었다. 나라 밖의 일이 미봉책이나마 매듭지어지자 이이첨은 머릿속에 침전되어있는 허균의 문제를 다시 떠올렸다. 이때 허균의 심복인 하인준이 서궁에 던져넣었던 시서와 똑같은 내용의 익명서를 들고 의금부에 신고해왔다. 남대문에 붙어있는 것을 떼어왔다는 것이다. 김윤황이 서궁에 쏘아넣은 시서와 똑같은 내용, 즉 유폐되어있는 인목 대비를 모시고 사직을 도모하겠다는 내용이었다. 엄중한 추국 끝에 이것은 결국 하인준의 자작극임이 드러났다. 하인준은 바로 하옥되었으나 이이첨의 기대와는 달리 끝까지 허균의 이름을 거론하지는 않았다.

하지만 이이첨은 이 기회를 놓칠 수가 없었다. 때가 왔음이라 믿었다. 이이첨은 자신이 직접 나서지 않고 양사를 부추겨 전에 있었던 기준격과 곽영의 상소를 재론하도록 한 것이다. 광해군도 더 이상 지나칠 수 없는 문제라 생각했다. 이이첨의 부추김으로 삼사가 허 균을 탄핵하는 상소도 계속되었다. 드디어 기준격과 허균을 잡아들여 대질신문하라는 어명이 내려졌다. 문초는 당연히 판의금부사 이이첨이 맡았다. 자신을 제거하려는 이이첨의 의중을 모르는 허균은 그를 굳게 믿고 대수롭지 않게 시인하거나 얼버무리는 정도로 문초가 이어졌다. 이이첨이 두 사람의 문초 분위기를 그렇게 이끌어갔다. 이것은 허균을 큰 함정 속에 밀어 넣는 이이첨의 책략임을 허균은 모르고 있었다.

8월 22일 일단 허균에게 삭탈관직의 어명이 내렸다. 이러한 분위기와는 달리 우경방, 현응민, 김윤황 등의 문초는 잔혹했다. 고문을 이기지 못한 김윤황은 경운궁의 투서가 허균의 지시였음을 토해 냈고, 추가로 잡혀 온 하인준은 남대문 흉서가 허균의 명이었음을 추관의 의도대로 뱉어냈다. 공초는 그대로 결안(結案)에 옮겨지고 그것은 광해군에게 전해졌다.

이번에도 광해군의 반응은 대범했다. 그만큼 허균을 아끼고 있음이었을 것이다. 늘 그랬듯이 삼사의 상소가 빗발쳤다. 마침내 광해군의 친국으로 이어졌다. 일을 이만큼 진행시키고 있으면서도 이이첨은 옥에 가둔 허균에게 안심하도록 기별을 넣는 주도면밀함을 보였다. 허균은 믿었다. 조정대사를 한손에 쥐고 있는 이이첨의 다짐이 아닌가? 하여 허균은 크게 저항하지도 않았다. 누가 보아도 자신을 향해 치닫는 옥사임이 분명한데도 허균은 믿고 있었다. 절박한 상황이 허균의 판단을 흐려놓았을 것이다.

결국, 광해군은 안타까운 심정으로 허균에 대하여 능지처참하라는 어명을 남기고 추국장을 떠났다. 국청에 시립한 여러 대신의 주청으로 당연히 이루어져야 할 대질심문도 없이 형이 확정된 것이다.

형의 집행은 당일로 이루어졌다. 영문도 모르고 옥에서 끌려나온 허균은 그제야 자신에게 닥친 운명을 깨달았다.

광해군 10년(1618) 8월 14일 저녁 무렵 서시(西市)의 한 모퉁이에서 허균은 하인준, 김윤황, 우경방, 현응민 등과 함께 형장의 이슬로 사라졌다. 그의 나이 50세였다. 이틀 후에 황정필 등을 마저 처형하고 의창군 광을 위리안치시킴으로써 허균의 옥사는 매듭지어졌다.

'인조반정'으로 광해군 때 희생된 사람들은 모두 사면복권 되었으나 허균은 제외되었다. 다른 사람들은 모두 간신들을 탄핵하다 변을 당했으나 허균은 이이첨, 유희분 등 권력의 핵심에 있다가 이이첨의 배신으로 배척되었기 때문이다.

여느 간신들처럼 이이첨 그도 '인조반정'으로 비참한 최후를 맞는다. 간신의 종말은 누구나 같은 길을 가는 것임을 세상은 다 알고 있는데 난세에 간신의 출현이 계속되는 것은 목전의 영화가 시야를 가리기 때문일 게다. 『연려실기술』에 이런 기록이 있다.

> 임술년 여름 이이첨의 여러 아들이 무당인 맹인을 불러 아버지의 앞날을 물었는데 그의 대답이 계해년 3월이 가장 흉하다고 했다. (계해년 3월은 '인조반정'이 일어난 때) 그러자 여러 아들이 합세하여 그 맹인을 피가 나도록 때리고 옷과 갓을 찢어버렸다.

이이첨이 퇴청하는 길에 피를 흘리며 지나가는 맹인을 만나 그 사연을 물었다. 그 전말을 듣고 나서 이이첨은 하인을 시켜 간호한 후 집에 데려와 위로해주고 사과하면서 물품을 후하게 주어 보낸 뒤 아들들을 불러놓고 꾸짖기를 "내가 영화가 넘치고 죄가 많아 스스로 화를 면하기 어려울 것을 아는데 어찌 한낱 맹인의 점괘를 기다리겠느냐? 맹인은 사실대로 말한 것뿐인데 그 말이 무엇이 죄 될 것이 있다고 피가 나도록 매질까지 하여 행인들까지 놀라게 하느냐? 내가 너희들의 아버지가 되니 이 일만으로도 죽어 마땅하리라." 하고는 여러 날 마음이 불편해있었다 한다.

광해군 치세를 혼조로 몰아간 간신이기는 해도 어느 정도는 자신을 관조할 수 있는 경지에 이른 인물임을 부인할 수는 없을 것 같다.

인조반정으로 이이첨, 윤인, 이홍엽, 이익엽, 조귀수와 '강변칠우옥사' 때 역모를 무고하고 살아남은 박응서는 종루 큰길에서 참형을 당하고 정조(鄭造)와 이위경은 이미 죽은 것을 끌어다 목 베었다. 부관참시를 당한 것이다.

인조 즉위년 4월 3일에는 합천에 있는 정인홍을 끌어다가 처형하고, 다음 날에는 폐중전 오라비 유희분을 교살하였다.

광해군과 개시
상궁의 신분으로 권력의 중심에 서다

❖ 상궁 개시

폐주 광해군에게도 측근에 개시(또는 개똥이)라는 요부가 있었다. 『연려실기술』에 의하면 성은 김(金)인데 사비(私婢)의 신분으로 천출이었으나 선조 임금의 정비 의인 왕후(懿仁王后)에 발탁되어 입궁하게 되었고, 그녀의 뛰어난 미모와 교태로 선조의 성은을 입었다 한다. 개시가 상궁이 되기까지 광해군의 도움이 컸다는 것을 보면 광해군이 세자 시절부터 개시와는 교분을 나누고 지낸 것 같다.

상궁은 내명부 서열 정5품에 해당하며 궁관(宮官) 신분으로는 가장 높은 벼슬에 해당한다. 왕과 세자, 양전의 총애를 받은 김 상궁은 상궁으로서는 최고의 자리인 지밀상궁이 되었으니 대전의 일은 모두 광해군에 전해졌다. 광해군은 명나라로부터 세자 책봉의 고명을 받지 못한 데다 선조 말년에는 인목 대비에게서 영창 대군이 탄생하여 조정이 긴박하게 돌아가고 있었기 때문에 대전에서 일어나는 일은 광해군에게 초미의 관심사가 되었다.

결국, 우려한 대로 개시 김 상궁에게서 선조 임금은 영창 대군에게 양위의 뜻이 있음을 내통해왔다. 이때부터 광해군은 불안과 초조로 더욱 강박관념에 시달리게 되었고, 이미 마음이 바뀐 선조 임금은 사사건건 광해군을 압박해왔다.

어느 날 선조 임금의 성화로 광해군은 울화를 못 이겨 어전에서 피를 토하며 쓰러졌다. 이때 옆에 있던 개시 김 상궁이 부액하고 정성을 다하여 간호하며 뒷바라지를 해준 것을 계기로 세자빈(유씨)의 두터운 신임까지 얻게 되었다.

당시 조정은 구심점이 없었다. 선조 임금은 병약하여 내일을 기약할 수 없는 처지가 되었고, 영창 대군의 탄생으로 소북파들이 적자 세습이라는 명분을 내세워 그 세력을 키워가고 있었으나 영창 대군의 나이 겨우 2살이라 활발한 움직임을 드러낼 수가 없었다.

세자로 책봉된 광해군은 장성하여 왕재로서의 면모를 갖추고 있었지만, 명나라의 고명도 받지 못한 터에 임금의 미움만 사고 있었는데 설상가상으로 대북파의 대표 격인 정인홍, 이이첨도 영변, 갑산으로 각각 유배를 당한 처지에 있었다.

선조의 신임을 받고 있는 소북파의 수장 격인 영의정 유영경이 있었으나 수를 다한 선조 임금과 영아인 대군을 떠안고 있는 당시 상황으로서는 그의 지도력에 한계가 있을 수밖에 없었다. 반면에 와병 중인 주상을 지척에서 모시고 있는 김 상궁의 입지는 보이지 않게 커가고 있었다.

유배의 어명이 떨어지면 즉시 배소로 떠나는 게 당시의 지엄한 법도였는데 갑산으로 떠나야 할 이이첨은 칭병하고 출발을 미루면서 궁중의 소식을 기다리고 있었다.

선조가 승하하면 승습에 관한 권한은 영창 대군의 친모인 인목 대비에게 있었기 때문에 옥쇄가 자칫 임해군이나 인빈 김씨의 아들 정원군에게 전해질 수도 있는 절박한 상황이었기 때문이다. 아무튼, 법질서가 무너져가고 있는 난국이었다. 이런 와중에서 유영경을 필두로 한 소북파들은 정인홍과 이이첨을 유배시킨 데 이어 그들의 잔당을 몰아내는 데 혈안이 되어있었다. 한 치의 앞을 내다볼 수 없는 긴박한 이 시점에 선조는 동궁에서 올린 약식을 들고 갑자기 승하하였다. 약식은 김 상궁이 올렸다. 갑작스러운 선조의 승하로 조정은 잠시 혼란에 빠져있었다.

1608년 초 선조가 잠시 위독할 때는 광해군에 선위한다는 교서를 내렸으나 소북파들의 음모로 감추어진 상태에서 막상 운명할 때 고명이 없었으므로 조정 대신들은 어리둥절할 수밖에 없었다. 선조가 위독할 때 쓴 어찰이 선조가 승하한 다음 날 새벽에 인목 대비의 손에서 이원익의 손에 전해졌다. 감추어진 어찰이 인목 대비의 손에 전해진 경위는 알 수 없으나 이렇게 되기까지 개시 김 상궁의 공이 컸다 한다.

  광해군의 즉위를 촌각도 미룰 수 없는 대북파의 입장에서는 이것만으로 충분했다. 정인홍과 이이첨을 제거하려는 소북파들의 음모가 한참 진행되고 있는 때에 선조의 독살설까지 대두되고 있어 시각이 지체되면 어떠한 돌발사태가 발생할지 모르는 때라 당일 즉위를 서둘렀다. 임금이 승하하면 3일 후에 후계자가 보위에 오르는 것이 궁중 법도이었다. 대개는 5일이 되는 날 국상 중이라 간략하게 즉위식을 가지는 것이 상례로 되어있었다. 그러나 지금은 상황이 다르다. 아무튼, 당일 즉위의 선례를 찾아야 했다. 한음 이덕형은 당일 즉위를 주장하는 최유원에게 실록청에 가서 이러한 선례를 알아보도록 하였다. 그러나 최유원 뒤에 중전 유씨 오라비 유희분이 있었고 유희분 뒤에는 이이첨이 있어서 그는 배소에도 떠나지 않고 선조의 승하 뒤에 있을 우려에 대해 소상한 방도를 유희분에게 일러둔 터라 실록청에 갈 필요도 없었다. 성종 임금이 당일에 즉위하였음을 고했다. 성종이 당일에 즉위식을 올린 것은 위로는 형 월산 대군이 있었고, 승하한 선왕 예종에게 4살 난 제안 대군이 있었기 때문이다. 지금 상황이 그때와 똑같았다. 광해군에게도 위로는 형 임해군이 있고 적자로 세 살 난 영창 대군이 있었다. 거기에 김 상궁의 독살설까지 퍼져가고 있어 자칫 혼조로 빠져갈 위험까지 있었다. 이미 자정을 넘어가고 있어 당일 즉위는 어렵게 되었다. 결국, 다음 날인 2월 2일 신시에 행궁의 서청인 즉조당에서 즉위식을 올리는 데 성공하였다. 이때 광해군의 나이 34세, 중전 유씨는 33세로 광해군이 세자에 오른 지 16년만의 일이다.

❖ 내명부를 장악하다

선조의 계비 인목 왕후는 25세의 어린 나이로 대비의 자리로 물러났는데 슬하에 다섯 살 난 정명 공주와 세 살 난 영창 대군을 안고 있었다. 인목왕후를 지극정성으로 모셨던 선조의 후궁 인빈 김씨는 왕실의 법도에 따라 사가로 나가 살아야 했다. 조선 초기에는 임금이 승하하면 중국 황실의 예에 따라 후궁들은 삭발하고 승려가 되는 것이 상례이었으나 차츰 왕실이 안정되어감에 따라 궁 밖 사가에서 살도록 했던 것이다. 주변이 정리되자 중전보다 연하인 인목 대비는 외로움이 뼛속까지 젖어들었다.

반면 선조의 승하와 광해군의 즉위까지 개시 김 상궁은 촌각도 쉴 새 없이 숨 가쁜 나날을 보내야 했다. 광해군의 뒷바라지와 중전의 오라비인 유희분과 이이첨에게 궁내에서 일어나는 사안들을 빠짐없이 내통하는 역할을 숨이 차도록 해야 하는 입장에 있었기 때문이다. 내명부의 기강이 부지불식간에 무너지고 있음이었다. 중전보다 여덟 살이나 아래인 대비는 말할 것도 없고, 유순하기만 한 중전 유씨마저도 할 일이 별로 없었다. 어떤 사안이든 이이첨과 유희분이 결정을 내리면 그 뜻에 맞추어 광해군을 움직이는 것은 김 상궁의 몫이었다.

심약하고 우유부단한 광해군에게 선조의 독살설은 또 하나의 올가미가 되어 김 상궁의 말을 거역할 수가 없게 되었다. 광해군의 지시 없이 개시 김 상궁이 독단으로 그런 일을 저질렀으리라고 믿는 사람은 아무도 없었기 때문이다. 독살설이 거침없이 번져가는 데는 몇 가지 이유가 있었다.

첫째는 광해군과 가까운 김 상궁이 약밥을 올렸고, 둘째는 마치 두 사람이 공모나 한 듯 이이첨이 귀양지로 떠나지 않고 선조의 승하를 기다렸다 떠난 점, 마지막으로 가장 결정적인 단서는 선비의 신분으로 의원이 된 성협이 선조의 시신을 곁에서 보았는데 "임금의 몸이 검푸른 색깔로 변하였으니 독살 소문이 맞는 것 같다."라고 한 데서 의혹이 더욱 짙어졌다. 그러나 인조반정 후의 인조의 말을 빌려보면 독살설의 진위는 더욱 아리송해진다.

"당시 선조께서 위중하실 때 내가 처음부터 끝까지 모시고 있었으므로 이에 관한 일을 상세하게 알고 있다. 대개 선조께서 병후에 맛있는 음식을 생각할 즈음 동궁에서 올리는 약식이 마침 왔기 때문에 과하게 잡수시고 기도가 막혀 이내 승하하셨을 뿐이니 중간에 어떤 농간이 있었다는 말은 실로 밝히기 어렵다."

이렇게 말한 것을 보면 약식이 선조 죽음의 원인이 되었을지 모르나 독이 들어있었다는 것은 낭설일 수도 있다. 인조의 말에 신빙성을 둔다면 이이첨과 김 상궁은 이러한 유언비어를 광해군을 압박하는 데 요긴한 무기로 사용했을 수도 있다.

임진왜란으로 전국이 초토화되어 백성의 생활이 몹시 궁핍하였으므로 창덕궁 복원 공사를 선조 말년에야 시작하게 되었으나 왕이 노환으로 병약했으므로 궁궐 공사는 광해군이 주도하다시피 한 것인데 광해군이 보위에 올라 정사에 임하고 보니 공사비 조달 문제는 이이첨과 김 상궁 몫이 되었다. 왜란이 너무도 참혹했던지라 상당한 세월이 지난 당시까지도 백성들의 삶은 넉넉하지 못했다. 그러니 우선 관료들의 곳간 문을 열어야 했다.

이런 와중에 광해군 1년 6월 15일 명나라에서는 광해군의 즉위에 대한 정당성을 확인하기 위하여 엄일괴와 만애민이라는 두 차관을 파견하였다. 그들은 우선 임해군을 만나자고 했다. 형인 임해군을 밀어내고 광해군이 보위에 오른 이유를 알고자 함이었다. 서강 백사장에서 면담이 이루어졌고, 이미 죽음을 각오한 임해군이 미치광이 행세로 면담을 무사히 끝냈지만 그것을 믿고 안 믿고는 그들의 의중에 있었다. 언제나처럼 그들의 오만과 횡포는 여전히 걱정거리가 아닐 수 없었다.

이 또한 김 상궁이 차고 나섰다. 탐욕스럽고 이재에 밝은 엄일괴에게 뇌물을 주어 보내자는 것이다. 광해군은 내키지 않았으나 다른 방도가 없었고, 개시 김 상궁의 제안을 거절할 수 없는 입장이 이미 되어있었다. 엄일괴에게 줄 물목을 은 5천 냥과 인삼 50근으로 정하고 유희분을 불렀다. 김 상궁은 신분에 불구하고 왕명을 대신할 수 있는 입장에 올라있었다. 유희분은 김 상궁이 시키는 대로 호조에 달려가 주상에 올릴 징발 내용을 전했다.

    2품 이상은 은 2냥

    4품 이상은 은 1냥

    6품 이상은 은 5전

    그 이하의 현직은 은 3전

    전위관과 사족들은 은 2전

    각 감사와 병·수사는 은 5냥

    목사와 부윤은 은 4냥

    군수는 은 3냥

    현감은 은 2냥

광해군은 호조에서 올라온 내용물을 수정 없이 그대로 수결하였다. 공사비의 조달이라든가 뇌물로 바칠 재물을 모집하는 권한을 가진 자가 탐욕스러우면 본인 몫이 많아진다. 김 상궁의 수중에는 이래저래 재물이 쌓이기 시작했다. 탐욕이 권력을 수반하면 가속도가 붙는다. 처음에는 명분 있는 추렴이었으나 이를 빌미로 재미를 본 세력들은 재물을 긁어모으기 위한 명분을 만들어갔다. 소북파의 세력이 약해짐에 따라 대북파의 권력은 조정의 중심 세력이 되었고, 저물을 긁어모으는 방법도 대담해졌다. 이제는 거칠 것이 없었다. 관료들은 내놓은 재물이 아까워 이를 채우려고 벼슬을 팔았다. 매관매직이 공공연하게 이루어지기 시작한 것이다. 이것은 이이첨이 자기 사람을 필요한 곳에 심는 데도 아주 편리하였다. 정승 판서에서 미관말직까지 돈의 액수에 따라 결정되었다. 인품은 전혀 고려되지 않았다.

이충(李沖)은 잡채를 사사로이 바쳐 호조판서가 되었고, 한효순(韓孝純)은 산삼을 바쳐서 우의정이 되었다 하여 산삼정승이라 했다. 무관과 음관(蔭官)의 임명이 밖에서는 이조에서 추천을 받아 임금의 낙점으로 임용되는데 이조를 움직이는 것은 이이첨이요, 임금의 낙점을 받아내는 것은 김 상궁이다. 벼슬의 높고 낮음은 이들에게 바치는 뇌물의 양에 따라 결정되었다. 나중에는 음관뿐만 아니라 과거시험에도 손을 써 바치는 뇌물의 정도에 따라 몰래 문제를 빼돌려 합격시켰으니 어느 한구석 온전한 곳이 없었다.

광해군도 때에 따라서는 내키지 않을 때가 있어 물리치려 하면 김 상궁은 "전하 큰 덕을 어찌 잊으셨습니까?"라고 엄포를 놓으면 광해군은 할 말을 잃었다 한다. 궁궐 안 대소사는 모두 개똥이 김 상궁의 장중에 있었다. 궁녀가 광해군을 모시는 일까지도 개똥이의 허락 없이는 불가능했다.

임해군의 제거, '김직재의 옥사'로 소북파의 제거, '강변칠우 사건'

으로 인목 대비 유폐와 영창군의 제거 등 연이은 옥사로 조정의 반대 세력을 모두 제거하고 나니 권력은 이이첨, 유희분 그리고 개똥이 김 상궁에 집중되었다. 재물은 나누어 가질 수 있어도 권력은 나누어 가지기 힘든 것이 속성이나 중전의 오라비인 유희분과 광해군의 굄을 한 몸에 받고 있는 김 상궁만은 어쩔 수 없었다. 이이첨은 이들을 품에 안고 적절한 방법으로 활용하고 있었다. 중앙관서의 모든 관리는 물론이고, 지방의 방백과 관속에 이르기까지 이들의 손을 거치지 않고는 등용될 수가 없었다. 그뿐 아니라 돈을 주면 귀양 간 자도 풀려나는 세상이 되었다. 한술 더 떠서 형조로 하여금 귀양 간 사람의 명단을 올리게 하여 그중에서 골라 돈을 요구하기도 했다.

시대가 바뀌면 새로운 풍속도가 생긴다. 장사를 하여 돈을 버는 상인들이 새로운 취리에 맛을 들였다. 매관매직이 성행하게 되면 담당자는 물론 심부름하는 사람 몫까지 지불해야 된다. 그러니 많은 돈이 들어갈 수밖에 없다. 상인들은 가난한 선비들을 물색하여 뒷돈을 대주고 관직을 얻으면 원금의 배 이상을 받아낸다. 매관매직이라는 것이 마침내는 백성들의 수탈로 이어지기 때문에 민초들의 삶은 말이 아니었다.

이러한 풍토 속에서 임금의 재결권을 좌우할 수 있는 개시 김 상궁의 위상은 하늘 높은 줄 몰랐다. 재물이 산처럼 쌓였다. 김 상궁은 대사동(大寺洞)에 엄청난 저택을 마련하여 그 노모를 모셨는데,

진사 성계민(成桂民)을 청직으로 쓸 정도였다. 궁중에서는 임소용(任昭容)을 수족으로 부렸다. 임소용은 부제학 임몽정의 첩이 낳은 딸로 판서 임휘정의 질녀이다. 일찍이 부모를 잃고 그녀의 외가에서 자라 임씨 집과는 인연이 끊어진 처지에 있었는데, 경술년 나이 13세에 궁중에 들어가 광해군의 눈에 들어 내명부 서열 정3품에 속하는 소용의 첩지를 받은 것이다. 내명부 서열 정5품인 상궁이 정3품 소용을 부린다는 것은 상상도 해볼 수 없는 일이었다. 기상천외한 일이 이것으로 끝나지 않는다. 청도 현감 김 아무개는 뇌물을 바치면서 편지를 썼는데 "무슨 물건 몇 가지를 삼가드리니 상감에게 올려주시오." 하고 말미에 "상궁 님의 안부를 알고 싶어서 정을 다해 편지를 씁니다."라고까지 첨가하였는데도 이 편지와 물건을 받은 광해는 대수롭지 않게 여겨 버렸다. 또, 정몽필이라는 자는 김 상궁의 연줄에 붙어서 자비문 안에 들어가 김 상궁과 종일토록 이야기를 나누고 때로는 궁녀들을 간통까지 하였다는 비방이 있었는데도 별 탈이 없었다. 김 상궁의 횡포를 보다 못한 홍문관 서리(書吏) 김충렬이 이를 규탄하는 상소를 올렸다.

『시경』에 이르기를 "빛난 주나라는 포사가 망친다 하더니 조선 삼백 년 종사는 김 상궁이 망치고 있으니 신은 전하를 위하여 통곡합니다."라는 내용이었다.

그러나 소가 승정원에 이르러 한참 논의가 분분하다가 마침내 소를 받아들이지 않으면 그만이었다. 소가 올라오면 승정원에서는 반드시 임금에게 올려야 하는 것이 궁중의 법도다. 비상식이 상식화 되는 거꾸로 가는 세상이 되어버린 것이다.

『상경(商經)』에 쓰여있기를 "하늘은 우리에게 생명을 주었지 재물을 주지는 않았다." 했다. 재물을 생명처럼 여기는 자는 재물보다 더 귀한 생명을 잃을 수 있다는 사실을 모른다.

인조반정으로 그녀는 결국 능지처참을 당했다. 개시 김 상궁은 광해군을 보위에 오르는 데 많은 공을 세웠지만, 본의는 아니나 광해군을 내쫓고 인조를 보위에 오르게 하는 데도 큰 공을 세운 인물이다.

✥ 제 발등 제가 찍어

'인조반정'의 주역인 이귀의 딸이 김자점의 형님 김자겸에게 시집을 갔으나 일찍이 남편을 잃고 과부가 되었다. 그녀는 절간을 돌며 부처를 섬기면서도 품행이 좋지 않았다. 이리저리 굴러다니다가 어떤 인연으로 개똥이 김 상궁과 인연이 닿게 되어 김 상궁을 어머니라 부를 정도로 친하게 되었다. 이 무렵 이귀와 김자점을 탄핵하는 상소가 올라왔다. 역모를 고변하는 상소라 큰일이 아닐 수 없었다. 개시 밑에 있는 이귀의 딸이 나서서 우선 개시를 설득했다. 결단코 무고라는 것이다. 이를 받아들인 김 상궁은 광해군을 설득하여 그들의 역모가 탄로 나지 않았다. 수치로 여겼던 그 딸이 이 중요한 시기에 아비의 생명을 구할 줄을 누가 알았겠는가? 이후 이 딸은 가장 요긴한 첩자로 활용되었다.

'인조반정'이 일어나던 광해군 15년 3월 12일에 김자점은 적지 않은 패물을 개시 김 상궁의 사가에 보내면서 술과 안주까지 곁들였다. 주상전하를 위로해드리라는 것이다. 김 상궁 밑에 있는 이귀의 딸이 이날 저녁의 연회도 부추겼다 한다.

이날도 역사가 뒤바뀔 뻔한 아슬아슬한 순간이 있었다. 반정 세력의 말석에 있던 이이방(李以放)이란 사람이 역모를 고변한 것이다. 이이방이란 사람은 반정 세력에 가담은 하였으나 말석이어서 이 거사가 성공한다 해도 공신 책록에 들기는커녕 변변한 자리 하나 얻기도 쉽지 않겠다 싶었다. 차라리 이 역모를 고변하여 영화를 누리는 편이 훨씬 나을 것으로 판단했다.

거사당일 이이방은 역모를 고하였다. 이것은 빈청에서 신중하게 논의되었고, 중지를 모아 도승지 이덕형(李德泂)이 연회를 즐기고 있는 광해군에 이 사실을 전했다. 김 상궁과 이귀의 딸이 핀잔을 주면서 대수롭지 않게 넘겨 버리는 바람에 광해군도 크게 마음에 두지 않았다. 결국, 이날 반정의 성공으로 정원군의 첫째 아들 능양군이 보위에 오르니 이 이가 인조 임금이다.

이때 개시 김 상궁이 조금만 마음에 두었어도 이 반정은 성공하지 못했을 것으로 보기 때문에 역설적인 이야기이기는 하지만 결국 개시 김 상궁은 인조의 즉위를 도운 셈이었다. 개똥이라 불릴 만큼 천출인 그녀가 조정 대사를 손아귀에 쥐고 있으면서 상궁에 머문 것에 대하여 의문점이 많다. 혹자는 여러 가지 제약을 받는 후궁의 첩지보다 비교적 자유롭게 궐 안팎을 출입할 수 있는 상궁의 입지가 처신하기 편하여 본인의 선택에 따른 것이라는 이야기도 있지만, 언뜻 이해하기 어렵다.

궁중에 들어온 여인들은 어떻게든 임금의 성은을 입어 후궁의 첩지를 받는 것이 당시의 한결같은 염원이었다. 천출인 개똥이가 예외라고 볼만큼 남다른 분별력이 있어 보이지는 않는다. 기록이나 여러 가지 정황으로 보아 선대의 성은을 입은 것이 분명한데 자식 된 광해군이 드러내놓고 후궁의 첩지를 내리기는 어려웠을 것이다.

또 하나는 개시 김 상궁에게는 생리적으로 수태가 불가능하기 때문이 아닌가 싶다. 아무리 상궁 나인이라 할지라도 성은을 입어 수태를 하면 본인의 의사와는 상관없이 후궁의 내명부 첩지가 내려진다. 양대를 받든 것은 중국의 측천무후와 비슷하나 측천무후는 권력을 추구했지만, 개시는 재물만을 추구했기 때문에 천박한 삶을 살다가 한순간에 비참한 최후를 맞아 사라졌다. 그녀는 역사의 뒤안길에서 희미한 흔적만이 아른거릴 뿐이다.

폐주 광해군
철령 높은 재에 자고 가는 저 구름아

❖ 명 황제의 고명을 못 받은 세자

    조선왕조 500년 동안 패덕으로 보위를 빼앗긴 임금은 연산군과 광해군인데, 그중 광해군에 대한 평가는 학자에 따라 조금씩 다르다.

 선조의 정비 의인 왕후에게서는 소생이 없었고, 공빈 김씨 소생으로 임해군과 광해군이 있었다. '임진왜란' 당시 왕비는 37세의 나이로 당시로써는 더 이상 후사를 기대할 수 없는 나이임에도 임금은 세자 책봉을 서두르지 않았다. 어쩌면 총애하는 인빈 소생의 왕자들이 자라고 있어 선조는 좀 더 시기를 기다리고 있었는지도 모른다. 그런데 '임진왜란'으로 인하여 종묘사직이 풍전등화처럼 위태로운지라 서둘러 몽진 길에 약식으로 세자 책봉을 단행하였다. 광해군의 세자 책봉은 이렇게 갑자기 이루어진 것이다. 앞으로 지존이 될 막중한 자리였으나 광해군에게는 시련과 고난의 시작이었다.

1594년 세자에 책봉된 지 2년 만에 세자 책봉 고명을 받으러 윤근수를 명나라에 보냈는데 빈손으로 돌아왔다. 장남인 임해군을 두고 차남인 광해군이 세자에 오르는 것은 불가하다는 것이 그 이유였다. 그런데 당시 명나라 사정도 미묘하게 돌아가고 있었다. 신종황제(神宗皇帝)는 장남인 광종(光宗)을 밀어내고 둘째 아들 업왕(鄴王) 상(商)을 후계자로 삼으려 하여 장남을 옹위하려는 중신들과 첨예한 대립을 하고 있었다.

우리나라도 같은 입장에 있었기 때문에 황제만 만나면 쉽게 해결될 문제이었으나 장자 승계 원칙을 주장하는 명나라 중신들이 황제의 알현을 허락하지 않았다. 번번이 예조의 관원들만 만나고 돌아온 것이다. 우리나라에서는 명나라 관료들이 전하는 사신의 말만 듣고 장자가 아니기 때문에 황제가 고명을 내릴 수 없는 것으로만 알았다.

명나라에서는 결국 중신들의 뜻에 따라 광종을 보위에 올렸는데 1개월여 만에 살해되었다. 이런 사정을 모르는 광해군은 형인 임해군이 큰 부담으로 여겨졌다. 설상가상으로 1606년 선조의 계비 인목 왕후가 영창 대군을 낳으니 광해군은 이제 서열 3위라는 위기감 속에 한동안 불안한 세월을 보내야 했다. 명나라의 세자 책봉 고명만 받아놓았어도 이렇듯 초조한 마음을 가지지 않아도 되었으리라.

이런 와중에서 선조 임금의 갑작스러운 승하는 무력감에 빠져있는 광해를 어리둥절하게 만들었다. 독살설에 휘말려 더욱 그랬다. 숨 가쁘게 움직이는 사람은 이이첨, 중전의 오라비 유희분 그리고 개똥이 김 상궁이었다. 보위에 오를 때까지 광해가 주도한 것은 아무것도 없었다. 그러나 보위에 오른 광해군은 군왕으로서 의욕을 보이기 시작했다. 우선 선조 말에 왕명으로 시작한 창덕궁이 광해 즉위년에 완성되어 왕실의 위엄을 세웠고, 종묘를 새로 지어 선왕의 신주를 다 모셨다. 그리고 대동법을 시행하여 국가 재정에 근간을 이루는 재정제도를 확립하였다.

대동법이란 조선 전기에 농민이 호역(戶役)으로 부담하였던 갖가지 세납, 즉 전세(田稅), 공물(貢物), 진상(進上), 잡세, 잡역 등의 모든 세를 일원화하여 징수 과정에서 일어나는 관리들의 수탈과 갖가지 번거로운 폐단을 줄여 백성들에게 부담을 덜어주기 위함이다. 이들을 모두 전세화(田稅化)하여 1결에 백미 16말씩 징수하고 이를 경외의 각 관청에 배분하여 각 관청에서 소용되는 물품 및 역력(役力)을 민간인으로부터 매입하거나 고용, 사역하게 하는 것을 골자로 하는 내용이다. 이것을 관장하는 관청을 대동청이라 했는데 물가 조절과 백성들을 구휼하는 일을 전담하는 상평청과 합하여 선혜청(宣惠廳)이라 했다. 이 제도는 광해군이 경기도에 처음으로 설치한 것이다. 선혜청은 다시 진휼청과 균역청을 흡수하여 종내에는 호조를 능가하는 최대의 국가 재정 기관이 되었다.

1609년에는 일본과 '일본 송사약조(日本送使約條, 乙酉約條)를 체결하여 장기적으로 사신을 상호 파견하도록 하여 외교 관계를 정상화하였고, 이에 따라 삼포항을 개항하였다.

광해 2년(1610)에는 후금의 위협에 대비하여 묘향산사고를 무주 적상산성으로 옮기는 작업이 시도되었다. 이것은 순안어사(巡按御使) 최현과 무주 현감 이유경(李有慶)의 요청으로 이루어진 것인데, 1614년에 실록전이 완성되어 1618년 9월에 실록이 봉안되기 시작, 인조 11년(1633)까지 묘향산사고의 실록을 모두 적상산사고에 옮기도록 하였다.

1611년에는 충청, 호남, 영남 지방에 양전을 실시하였다. 양전이란 농지의 실태를 조사, 측량하고 실제 작황을 조사, 파악하는 제도로서 중세사회에서 가장 중요한 토지를 매개로 농민을 지배하기 위한 기초 작업이지만, 조세를 합리적으로 징수할 수 있는 자료로 활용될 뿐 아니라 농지 확대를 위한 기초 자료가 되기도 했다. 법제상으로는 20년마다 한 번씩 양전을 실시하고 3부를 작성하여 호조에서 1부, 도와 읍에 각각 1부씩 비치하도록 되어있는데 제때에 제대로 실행하지 못한 경우가 많았다.

1616년에는 북쪽 만주에서 후금이 일어나 나라를 세우고 그 세력이 강성해지자 이에 대비하여 대포를 주조하고 평양 감사에 박엽(朴燁), 만포 첨사에 정충신(鄭忠臣)을 임명하여 국방을 강화하는 데 힘을 썼다. 이때 명나라에서는 후금의 침공으로 나라가 위태로워지자 조선에 원병을 청해왔다. 명나라를 도와야 마땅한 일이나 후금의 세력이 너무 강성하여 백성의 희생이 클 뿐 아니라 자칫 국가의 안위까지 염려되는 상황이었다.

광해군은 궁리 끝에 진녕군 강홍립을 불러 도원수로 삼고 군사 1만 3천 명을 보내면서 전투에 임하거든 형세를 보아 부대의 향배를 정하라는 밀지를 내렸다. 백성들의 희생을 줄이기 위한 유동적인 양면작전이었다. 압록강 건너 부차(富車)라는 곳에서 후금과 전투가 벌어졌는데 은밀한 내통이 잘못되어 정면충돌하는 바람에 7천 명의 군사를 잃고 겨우 6천 명의 목숨을 구했다. 강홍립은 광해의 밀지대로 6천 명의 병사들을 이끌고 후금에 투항했다. 광해군의 외교적 수완이 6천 명의 목숨이나마 구했다고 보아야 할 것이다.

병화로 소실된 서적의 간행에도 힘을 써 『신증동국여지승람』, 『용비어천가』, 『동국신속삼강행실』 등을 다시 간행하고 『국조보감』, 『선조실록』을 편찬하였다. 광해군의 업적이라고 볼 수는 없지만, 이 시대에 출간된 역사적인 저서가 몇 권 있다. 허준이 쓴 『동의보감』, 허균이 쓴 『홍길동전』, 우리나라 최초의 백과사전이라 할 수 있는 이수광이 쓴 『지봉유설(芝峰類說)』이 그것이다. 그 외에 1616년 류구(琉球)에서 담배가 도입된 것도 역사적인 사실로 꼽을 수 있을 것이다. 담배는 남영초(南靈草)라는 이름으로 동래지방에 처음 들어왔는데 이 지방에서 담배 타령이 전해 내려온다.

귀야 귀야 담바귀(담배)야

동래 울산 담바귀야

너국을랑 어디 두고

조선국에 늬 나왔노

조선국에 병이 많아

약주자고 내가 왔다

한 모금을 풋고 나서

부모 맛이 요만 하면

불효 될 이 뉘 있으리

두 모금 풋고 보니

살림 맛이 요만 하면

폐가 될이 뉘 있으리

세 모금 풋고 보니

처자 맛이 요만 하면

이별 할이 뉘 있으리

『조선 왕조 500년』, 신봉승

정국운영에 관해서도 즉위 초에는 당쟁의 폐해를 막기 위하여 중도파라 할 수 있는 이원익(李元翼)을 영의정으로 등용하여 초당파적인 국정운영을 시도해보았다. 이것은 대북파의 계략에 의하여 실패로 돌아갔지만, 아무튼 여러 측면에서 치자로서의 직임(職任)을 다

하려는 노력이 엿보였다. 그러나 심약하고 우유부단한 광해군이 감당하기에는 어려운 문제들이 즉위 초부터 꼬리를 물고 일어났다. 우선 급한 것이 명나라로부터 조선왕 책봉 고명을 받는 일이라 즉위년 2월 23일에 연능부원군 이호민, 동지(同知) 오억령, 호군 이호의를 명나라에 보내어 선조의 부음을 전하고 시호를 내려줄 것을 주문하는 대왕대비의 주본(奏本)을 갖추어 왕위 승계를 청하였다. 이들은 같은 해 5월에 북경에서 돌아왔는데 이들 손에 들고 온 중국 예부의 자문(咨文: 대등한 기관끼리 주고받는 공문서)은 정말 기상천외한 것이었다.

"신민이 모두 추대하였다고 하나 일이 자기 나라에서 생겼으니 멀리서는 결단 짓기 어렵다. 마땅히 실지(實地)를 사실하여 확실한 처치를 하여야 할 것 같은데 조칙(詔勅)이 예부에 내리기를 전국 신민을 모아 의논하여 자세하고 명백하게 아뢰기를 기다리고, 일변으로는 요동 직무관에게 통첩하여 곧 적당한 관원을 가려서 그 나라에 보내어 신민이 추대한 진상을 자세하게 사실한 뒤에 중국 조정에서 회의하여 결정짓게 할 것이다."

또, 예부예과 도급사중(都給事中) 호흔(胡炘) 등의 소본(疏本)에 "…그 나라의 기구대신(耆舊大臣)에게 문서를 보내어 군민(軍民)을 모아서 공도(公道)를 잡아 자세하게 의논하도록 하여 만구일담(萬口

一談)으로 신(神)과 사람이 서로 합치된 다음에 아뢰어서 결정짓기를 정하오며…"라 하였다. 감당하기 어려운 이 치욕적인 자문을 받은 조정은 들끓었다. 우선 전무후무한 일이라 격식과 절차가 전례가 없으므로 더욱 당혹스러웠다. 결국, 왕대비의 명에 따라 영의정 이원익이 나서서 연판장을 받았다. 문관직, 무관직, 산반(정한 업무가 없는 벼슬), 금군, 겸사복, 동부군민, 서부군민, 남부군민, 북부군민, 성균생원 등 모두 18,580명이 연명하여 주문(奏文) 한 벌을 갖추어 이덕형에게 보내고 종실부(琈: 元宗) 등 225명을 모아 주문 한 벌을 갖추어 이필영에게 보내어 길을 재촉하도록 하였다. 이어 명나라에서는 차관 2명을 파견하여 임해군을 면담하고 광해군이 왕위에 오른 전후 사정을 조사한 뒤에 떠났다. 이와 같은 일련의 조선왕 책봉을 위한 복잡한 절차가 진행되는 동안 도성안은 긴장과 번잡함으로 1년여 동안 한숨 돌릴 틈도 없이 흘러갔다. 이어 강화에 위리안치된 임해군의 갑작스러운 죽음으로 또 한 차례 도성 안은 들끓었고, 1612년 김직재의 무옥으로 1백여 명의 소북파가 처단되는 대옥사가 있었다. 이때 선조의 서자인 순화군이 양자로 들인 진능군이 희생되었다. 진능군은 광해군의 조카가 된다. 이로 인하여 이제 완전히 대북파의 세상이 되었는데도 이에 그치지 않고 소북파의 잔당을 제거하는 작업이 계속되어갔다. 거기에다 1613년에 이어지는 '강변칠우 사건'은 인목 대비를 유폐시키고 대비의 아버지 되는 김재남을 처형하였으며 대비의 아들 영창 대군이 살해되었다. 잠잘 줄 모르는 태풍이었다. 이 사건이 거의 매듭지어 갈 무렵 1615년 소명국의 무고로 '색문동 왕기설'에 따라 정원군의 셋째 아들 능창군이 죽었다. 능창군 역시 광해군의 조카가 된다.

❖ 역모라는 누명을 씌워

이와 같은 모든 사건이 역모라는 죄명으로 다스려졌다. 그럼에도 불구하고 광해군은 형인 임해군, 동생 영창 대군, 조카 진능군과 능창군에게 죽음을 내린 적이 없었다. 그런데 이들은 자살 또는 원인 모를 죽음으로 광해에게 보고되었다. 이미 법치의 나라가 아니었다.

결국, 광해군은 동기간을 죽인 패덕한 임금이 되어버렸다. 광해군은 이제 무력감에 빠져있었고, 심신이 지쳐있었다. 자신도 모르는 사이에 철벽같은 인의 장막에 갇혀버린 것이다.

『조선왕조실록』에는 광해군이 이미 심화병을 앓고 있었다고 기록되어있다. '강변칠우 사건' 때 영창 대군이 연루되므로 인하여 서서히 피어오르던 인목 대비의 폐모론이 1618년 이이첨 등이 주도하여 본격적으로 현실화하기 시작하였다. 조정 중신들은 물론이고 종친들까지 폐모론에 가담하는 판국이 되었다. 살아남기 위함이었다. 비록 계모라 할지라도 어머니라는 위치가 벼슬이나 작위처럼 오르내리는 직분이 아님을 삼척동자도 다 아는 일이다.

  광해군은 1618년 2월 11일 드디어 폐비의 절목을 정했다. 대비를 후궁으로 낮춘 것이다. 인목 대비는 선조의 계비인 만큼 광해군에게는 계모가 된다. 법도 상 어머니인 것이다. 어머니를 후궁으로 낮추는 인륜 도덕상 있을 수 없는 패륜을 저질렀다. 이렇게 그의 재위 후반기를 넘어가고 있었다. 이제 명색이 왕인 자신이 스스로 할 수 있는 일은 아무것도 없었다. 허탈감에 젖어있는 광해는 그의 허허한 마음을 달래기 위하여 술과 여색을 가까이할 수밖에 없었다. 이러한 광해군의 마음을 잘 헤아리고 있는 김 상궁은 입안의 조청처럼 광해군 곁에서 그를 감미롭게 해줄 수 있는 유일한 사람이었다. 자연히 궁 안에 왕의 향락을 위한 주연이 잦았다.

  인간은 자신의 능력에 한계를 느끼면 초월적인 어떤 힘에 의존하려는 것이 본능적인 성정일 게다. 광해군이 곁에 술사나 무당을 가까이 두고 수시로 그들의 점괘에 마음을 썼던 것도 같은 맥락일 것이다. 광해군이 가장 신임하는 술사(術師)가 둘 있었는데 하나는 성지(性智)라는 사람이고, 또 하나는 시문용(施文用)이라는 사람이었다. 성지는 승려인데 한문을 전혀 몰라 언문으로 풍수를 논하였으며, 시문용은 중국인으로 '임진왜란' 때 명나라 원군에 편성되어 참전하였다가 탈영하여 영남 지역에 살았는데 어떤 경로를 통하여 왕에 발탁된 자로 알려졌다.

  여러 술사의 입을 통하여 창덕궁의 터가 흉하다는 말을 들은 광해군은 천도까지도 각오하고 길지를 찾으라는 명을 내렸다. 어느 술관은 한양의 터가 쇠하였으므로 천도할 것을 권하였으나 임진년의 참혹한 전란에다 이어지는 공역으로 백성들이 탈진 상태에 있었기 때문에 천도는 거의 불가능한 일이라고 광해는 생각하고 있었다.

그러던 차에 광해군 8년(1616)에 성지라는 승려가 인왕산은 인왕(仁王)이란 두 자가 좋은 뜻을 가지고 있어 역수(曆數)가 이어지고 나라가 태평성대할 것이라는 첨사(籤辭)가 있으므로 도성을 옮기지 않고도 신궁만 세우면 된다 하여 인왕산 밑에서부터 인경궁 공사가 시작되었다. 이 공사는 광해군 9년에 들어서면서부터 시작하여 담장공사는 5월경에 마무리되었는데 이때 이미 민가 수백 채가 헐려 나갔다. 그러던 중 새문동에 있는 정원군의 집터에 왕기가 있다는 첨위설이 떠돌아 그 왕기를 누르기 위하여 7월에 갑자기 정원군 집터에 경덕궁 공사를 시작하였다. 결국, 두 개의 궁궐 공사를 동시에 시행함으로써 국가 재정은 물론 백성들이 겪어야 하는 고통은 이루 말할 수 없었다. 반면에 치부에 혈안이 된 간신배들에게는 축재(畜財)의 좋은 기회인지라 수탈이 극심해지고 노역까지 더해야 하는 백성들은 뼈를 깎는 고통을 감내할 수밖에 없었다. 조정에는 낙향해버리거나 유배를 당하여 혼탁해진 조정을 걱정하는 충신이나 양신(良臣)은 남아있지 않았다. 간신들로 북적대는 대북파들의 횡포만 난무할 뿐이었다.

무력해진 광해군은 이제 주색에 빠져버린 날이 많았다. 후궁만 해도 종2품 숙의가 여섯 명, 정4품 소원이 열 명 모두 열여섯 명이나 되었다. 군왕은 9명까지 후궁을 거느릴 수 있었다. 궁중 법도가 지켜지는 곳은 어느 곳에도 없었다. 군왕은 존재가 없고 조정은 온통 이이첨의 장중에서 움직였으며, 내명부를 관장해야 할 중전은 어데 가고 개시 김 상궁이 내명부를 장악하고 있었다. 외로움을 씹으며 진정 무료한 세월을 보내고 있는 사람은 중전 유씨였다. 그녀는 궁중에 금부처를 모셔놓고 불심을 닦기에만 여념이 없었다. 부처님께 기도하기를 후생에는 절대로 중전으로 태어나지 않기를 기원했다 한다. 궁중에서 온전한 사람은 중전 한 사람밖에 없었던 것 같다. 이제 조정에는 단 한 사람의 충신도 남아있지 않았다. 이항복, 이원익, 정홍익, 김덕함이 모두 유배당하고 한음 이덕형은 벼슬을 버리고 낙향해버렸다. 조정의 기강이 무너지고 내명부의 위계질서가 곤두박질치고 있으니 국정은 혼조를 넘어 파국으로 치닫고 있었다.

광해군 자신도 자기의 앞날을 염려했던지 놀이로 핑계 삼아 가끔씩 숨바꼭질을 하였다. 궁중의 깊숙한 곳에 몸을 숨기고 사람을 시켜 찾아보게 하여 찾지 못하면 기뻐하고 찾으면 기뻐하지 않았다 한다. 이는 변이 있을 때를 대비한 연습이었다 하며 또 개시 김 상궁을 시켜 은 수백 궤(櫃)를 궁중에 쌓아놓았는데 이 또한 만약 위(位)를 잃으면 중국에 뇌물을 주어 복위하기 위한 대비책이었다고 하니 이 얼마나 어리석고 치졸한 발상인지 모를 일이다. 무력감에 빠진 광해는 자신이 하고 있는 지금의 처신이 군왕의 도리가 아님을 알고 있기 때문에 뼛속까지 스미는 외로움을 술로 달래고 있는 것이다. 연회 중에 한 궁녀가 노래를 불렀다.

> 철령 높은 재에 자고 가는 저 구름아
> 고신원루를 비 삼아 띄워다가
> 임 계신 구중궁궐에 뿌려본들 어떠리

광해군이 그녀를 불렀다.
"사연 있는 노래구나. 누가 지은 것이냐?"
"오성 대감 이항복이 지은 것이옵니다."
궁녀의 대답에 광해는 어두운 얼굴로 한참을 묵묵히 앉아있더니 흐르는 눈물을 주체하지 못하고 연회를 파해버렸다.

이 시는 광해 9년(1617) 12월 16일 이항복이 인목 대비 폐모론에 반대하다 죄를 얻어 북청(北靑)으로 가는 귀양길에 철령을 넘으면서 지은 시조이다.

행인지 불행인지 모르겠으나 광해군 재위 연간에는 흉년이 별로 없었다. 성군을 만났다면 백성들은 태평성대를 누렸을 것이다. 그런데 광해에게는 이것이 도리어 화근이었다. 한 늙은 궁인이 말하기를 "풍년이 광해의 원수였다."라고 했다. 후금의 침략으로 위기에 처한 명나라에서 원군을 청하러 조선에 온 사신 조도사(趙都司)가 남긴 시가 남아있다.

    천향지주 천인혈 淸香旨酒千人血
    세절진수 만성고 細切珍羞萬姓膏
    촉루락시 민루락 燭淚落時民淚落
    가성고처 원성고 歌聲高處怨聲高

    향기로운 좋은 술은 천 사람의 피요
    곱게 썰어놓은 안주는 만백성의 기름일세
    촛불이 떨어질 때 백성들의 눈물 떨어지고
    노랫소리 높은 곳에 원성도 높구나

이 칠언 절귀는 『춘향전』에 나오는 시와 내용은 똑같으나 기(起) 부분의 '청향지주(淸香旨酒)'와 승(承) 부분의 '세절진수(細切珍羞)'라는 글자가 춘향전에서는 '금준미주(金樽美酒)'와 '옥반가효(玉盤佳肴)'로 바뀐 점이 다를 뿐이다.

어찌 되었건 거듭된 풍년은 광해를 안일에 빠지게 하여 마침내는 패덕한 군주로 퇴출당하는 비운을 맞게 만든 원인이 된 것도 사실인 것 같다. 얼마나 한심한 일인가? '인조반정'이 있던 날 밤 광해군은 여전히 주연에 빠져있었다. 주연이 무르익은 한밤중에 역모의 고변과 함께 화광이 충천한 것을 보고 광해는 어느 곳이 타는지 급히 알아오라 했다. 만일 종묘가 불타면 역성혁명(易姓革命)으로 사직이 끝장나는 반정(叛正)이나, 다른 전각이 불타면 자신 하나만 물러나면 수습되는 반정(反正)이어서 다행이라 생각했던 것이다. 그러나 이 불은 창덕궁 정문인 돈화문 안 뜨락에 장작을 쌓아놓고 불을 붙인 것으로 반정의 성공을 알리는 군호였다. 광해군의 시대는 이렇게 막을 내렸다.

❖ 36가지 죄목으로

'인조반정'을 주도한 사람들은 이귀, 김류, 김자점, 이괄 등 주로 서인이었다. 그들은 소북파처럼 핍박받지는 않았어도 소외되어있었다. 영화를 누리며 만용을 부리던 간신들이 줄줄이 잡혀왔다. 광해군은 의관 안국신(安國臣)의 집에 세자와 함께 숨어있다가 붙들려왔다.

중전 유 씨가 보이지 않았다. 인조반정이 일어나자 그날 밤 유씨는 여러 궁녀와 함께 어수당에 숨어들었다. 어수당(魚水堂)은 창덕궁 후원 주합루 북쪽에 두 연못 사이에 있었다.

이틀 동안 이곳에 갇혀있던 유씨는 모든 것을 체념하고 보향(保香)이라는 한씨(韓氏) 성을 가진 궁녀로 하여금 자신이 여기에 있음을 알리도록 했다. 반군의 대장이 달려오자 보향이 유씨의 뜻을 받들어 물었다. "이 일이 종묘사직을 위한 것이요? 아니면 부귀영화를 위한 것이요?" "종묘사직이 거의 망하게 되었기에 우리들이 새 임금을 받들어 반정을 하지 않을 수 없으니 어찌 부귀영화를 위한 것이라 할 수 있겠소?"

"이미 의거라 한다면 어찌 전왕의 비를 굶겨 죽이려 하오?"

보향이 외치니 인조는 후하게 음식을 차려 보내주었다고 한다.

'인조반정'으로 난정의 주역들은 처형되었고 광해 15년(1623) 3월 21일 광해군은 경운궁 즉조당 앞에 꿇어앉아 인목 대비가 내린 36가지 죄목이 적힌 비망기를 큰 소리로 읽어 내려갔다.

불충한 죄, 종묘사직을 공경하지 않고 저버린 죄, 임금이 병환을 당하자 위협하여 갑자기 훙거하게 했으니 아비를 죽인 죄, 무고로 형의 역옥을 일으켰으니 형을 죽인 죄, 집안에서 난을 꾸미며 적자를 시해한 죄, 모후를 감금한 죄, 간당과 모의하여 모후를 협박한 죄, 부도한 마음으로 모후를 폐해 쫓아낸 죄, 간사하고 교활하여 군친(君親)을 기망한 죄, 스스로 권모술수를 부려 모후를 독해한 죄, 호위병을 엄중히 배치하고 공갈하여 모후를 죽이려 한 죄, 항상 앙심을 품고 죽이고자 하여 귀신을 모후의 처소로 몰아넣은 죄, 모후를 빙자한 죄, 거짓 대역론(大逆論)을 꾸며 부원군을 죽이고 모후를 없애려던 죄, 하늘을 기만한 죄, 천자를 기만한 죄, 예를 버리고 의를 무너뜨린 배은망덕한 죄, 천도를 어기고 악을 취하며 패도(悖道)를 자행한 죄, 조종의 큰 제도를 어긴 죄, 선왕을 경홀히 한 죄, 백성의 고혈을 착취한 죄, 옥(獄)을 팔고 벼슬을 팔아서 뇌물을 공공연히 오가게 한 죄, 올빼미 부엉이 같은 심술을 부려서 자기 골육을 잡아먹고 종자(宗子) 지손(支孫)을 제거한 죄, 무고한 생명을 많이 죽인 죄, 토목의 역사를 하여 백성에게 지은 죄, 외척에게 반대하고 자기 종족을 저버린 죄, 간당을 모아 법제를 개혁한 죄, 선왕의 애첩과 음란한 죄, 군부의 첩을 살해한 죄, 부왕과 모후의 궁인을 수없이 살해한 죄, 궁중을 수색하여 음녀로 하여금 잠자리 들게 하여 형용할 수 없는 욕을 보인 죄, 중한 형을 받은 죄수를 궁중에 들여보내어 협박하고 욕보여 놀라게 한 죄, 아비 능침의 흙을 파내게 한 죄, 젖먹이 아이를 데려다 죽인 죄.

그리고는 한성판윤이 된 이괄의 호송을 받으며 강화도로 떠났다. 폐비 유씨와 폐세자 그리고 폐세자빈 박씨가 뒤따랐다. 폐세자와 폐세자빈은 같은 곳에 위리안치되었는데 폐빈 박씨는 폐세자 질(侄)을 탈출시키기 위하여 담장 밑으로 굴을 파고 1623년 5월 21일 3경쯤 담을 빠져나왔으나 군졸들에게 붙잡히고 말았다. 이로 인해 폐빈 박씨는 3일 만에 스스로 목메어 죽었고, 질은 다시 위리안치되었지만 삼사의 끈질긴 상소로 같은 해 6월 25일 자진의 명을 내렸다.

  뒷날 사가들은 '인조반정'을 정당화하기 위한 책략과 명분으로 광해군이 패륜적인 혼군으로 매도되었지만, 실은 당쟁의 희생물이라고 한다. 그 부분도 인정할 수는 있지만, 광해군의 실정은 우유부단하고 심약한 그의 성정 때문에 자초한 결과라고 보인다. 이 점이 광폭한 연산군과는 성격이 다르다. 폐중전이 된 유씨는 유배되던 해 10월 8일 사망했다. 강화도에 유배된 광해군은 '이괄의 난' 때 태안으로 옮겼다가 난이 평정된 뒤 다시 강화도로 돌아와 인조 14년(1636) 겨울에 강화 교동으로 옮겼다. 인조 15년(1637) 2월에 제주도로 옮겨 그곳에서 살다 67세에 죽었다. 양주 적성동에 장사지냈는데 지금은 부인 유씨와 함께 쌍분으로 묻혀있다.

남경, 경무대
지금의 청와대

경무대(景武臺)는 경복궁의 북문인 신무문 밖에 있는 경복궁 후원을 말한다. 이곳은 원래 고려 시대에 설치한 삼경(三京) 중의 하나인 남경(南京)이었다. 평양을 서경, 송도를 중경, 한양을 남경이라 했다. 남경은 고려 문종 21년(1067)에 처음 설치되었는데 궁궐이 완성된 것은 그 이듬해 일이다. 이 남경을 설치한 동기는 『도선기(道詵記)』, 『삼각산명당기(三角山明堂記)』 등에 기록되기를 삼각산 아래 지역이 제왕의 도읍으로 적지라는 '지리도참설'에 따른 것이다.

그러나 이때 남경은 몇 년 못 가 폐지되었다가 고려 숙종 9년(1104)에 부활되었다. 부활된 동기도 '지리도참설'이 다시 부각된 데에 원인이 있었다. 고려 숙종 1년(1096)에 음양관으로 있던 김 제위가 여러 가지 예언서를 인용하여 삼각산의 남쪽 목멱산(남산)의 북쪽 평지에 남경 도성을 건립하고 수시로 서경, 중경, 남경을 돌아가며 머물러야 나라에 재앙이 없어진다고 상소를 올린 데서 비롯되었다.

숙종은 차제에 아예 도읍을 옮겨볼 생각으로 같은 해 9월에 왕비, 왕자, 군신 그리고 왕사인 스님을 대동하고 승가사에서 공양드린 다음 도읍터를 물색하도록 하였다. 숙종이 도읍을 옮겨보려 한 것은 그해 5월에 혹심한 가뭄으로 논밭이 거북등처럼 갈라지더니 6월에는 큰 장마로 논과 밭이 유실되고 집이 떠내려가는 천재지변이 이어졌고, 따라서 백성들이 초근목피로 생계를 이어가다 보니 민심이 흉흉해지기 시작했기 때문이었다. 어떻게든 국면전환을 시도해보아야 할 절박한 현실에 직면해있었다.

우선 최사추, 윤관 등을 남경에 보내어 현지 조사를 해오도록 했는데, 그들이 돌아와 아뢰기를 "신 등이 노원역(蘆原驛), 해촌(海村), 용산(龍山) 등지에 가서 산수의 형편을 살펴보았는데 도읍지를 삼기에 적당하지 않으며, 오직 삼각산 면악(面嶽) 남쪽에 산의 모양과 물의 형세가 옛글에 부합하니 그 주간(主幹) 중심지 임좌병향(壬坐丙向) 되는 곳에 형세를 따라 도읍으로 삼고, 지형에 의하여 동쪽은 대봉(大峯)에 이르고 남쪽은 사리(沙里)에 이르며 서쪽은 기봉(岐峯)에 이르고 북쪽은 면악에 이르게 경계를 정하시기 바랍니다."라고 하였다. 2년 뒤 9월에 이 보고서에 의하여 남경 개창도감(南京開創都監)을 설치하고 최사추, 윤관 등을 보내어 역사(役事)를 시작하였다. 이리하여 1104년 5월에 남경궁 연흥전이 완성되었다. 그러나 고려 숙종은 결국 천도를 못 하고 말았다.

조선 왕조가 들어서고 태조 이성계는 천도를 서둘렀다. 권중화를 시켜 우선 남경터를 먼저 알아보도록 하였는데 태조 3년 9월 그의 보고에 의하면 "전조 고려 숙종 때에 지은 궁궐은 너무 협소하여 남쪽으로 보다 내어 북악을 주산으로 북북동에서 남서향으로 지으면 좋을 듯합니다." 하여 고려 때 지은 연흥전보다 남쪽으로 내려와 지었기 때문에 연흥전 일대는 경복궁 후원이 되었다.

『신증동국여지승람』에는 연흥전 외에 서현정, 취로정, 관저정, 충순당 등이 있었던 것으로 기록되어있는데, 임진왜란으로 경복궁이 불타기 전까지는 이 일대에 적지 않은 전각이 있었던 것으로 보인다.

태조 이성계가 한양으로 도읍을 옮길 때 궁궐을 미처 짓지 못하고 서둘러 옮겼기 때문에 이 남경을 시어소로 삼아 경복궁이 완성될 때까지 여기서 국정을 다스렸다. 경복궁이 완성된 뒤에 이 후원을 상림원으로 부르고 풀과 나무를 많이 옮겨 심어 새와 짐승들을 길렀는데 마음이 여리고 인자한 세종은 진기한 꽃이나 새를 좋아하는 것은 백성의 원한을 살 표적이 된다 하여 상림원의 꽃과 풀을 없애고 새와 짐승들을 풀어주었다.

경복궁의 궁성 북쪽으로 난 길을 막아서 사람들의 왕래를 금한 것은 태종 15년(1415) 7월 18일로 이때부터 이 지역이 경복궁 영역에 포함된 것이다.

세종 9년(1426) 세종은 경복궁 북쪽에 신무문을 창건하고 경복궁의 후원을 조성하여 이곳을 경무대라 하였다. 왕궁을 지키는 어영(御營)을 이곳에 두어 병사들의 연무장으로 활용하고 무과의 과거시험도 주로 이곳에서 치렀다. 그뿐만 아니라 친히 농사를 체험하여 농사의 시범을 보이는 친경(親耕) 의식도 여기서 행하였다. 이러한 전각이나 모든 시설이 임진왜란으로 전부 소실되어 273년 동안 이 빈터는 어전(御田)으로 활용되었다. 그동안에도 몇 차례 복원을 시도했으나 이어지는 국난과 천재로 실현되지 못하고 고종 2년(1865) 4월 13일에야 비로소 경복궁 복원 사업이 시작되었다.

고종 4년(1867) 8월에 당시 허약했던 국가 재정에도 불구하고 왕실의 권위와 위엄을 갖추는 것이 선결이라는 흥선대원군 이하응의 고집으로 웅장한 경복궁이 완성되었다. 새로 지은 경복궁은 태조 때 지은 것보다 규모가 컸다. 경복궁에서 경무대로 통하는 문도 신무문 외에 건청궁 동편 녹산(鹿山) 쪽에서 출입할 수 있는 계무문과 작은 광무문(廣武門)이 있고, 광무문을 나가면 동북쪽으로 금위군직소(禁衛軍直所)가 있다. 그리고 후원 동쪽과 서쪽에 담장을 치고 동쪽에 춘생문, 서쪽에는 금화문과 추성문을 내었다. 금화문 가까이 서북쪽으로 마구간인 마랑(馬廊)이 있다. 이와 같이 경무대는 고종 때 재건된 후에도 그 명칭이 암시하는 바와 같이 무과시험을 보거나 궁전을 수비하는 군사시설 등 주로 무관 등을 양성하는 시설이나 기관들이 배치되어있었다. 경무대 안의 주요시설로는 금위군직소, 융무당(隆武堂)과 융문당(隆文堂), 경농재(慶農齋) 그리고 군사용 마구간이 있었다. 이들은 1927년 일제에 의하여 모두 헐리고 일제는 그 자리에 조선 총독의 관저를 지었다. 이 관저에서 7, 8, 9대의 조선 총독이 살았고, 광복이 되어서는 조선 주둔군 사령관 하지 중장이 관저로 사용하였다.

1948년 8월 대한민국 정부가 수립되어 한국 정부로 이관됨에 따라 초대 이승만 대통령이 관저로 사용하면서 경무대란 이름을 다시 사용하게 되었다.

1960년 8월 윤보선 대통령이 입주하여 청와대(靑瓦臺)로 이름을 바꾸었다. 명칭 그대로 지붕이 청기와이기 때문이기도 하지만 부정부패와 경직되고 살벌한 독재의 이미지를 벗어버리려는 의도의 일환이었을 것이다.

부차 전투의 패배와 포로 생활
준비 없는 장수는 나라에 엄청난 재앙을 몰고 온다

1619년(광해군 11) 2월 광해군의 밀지를 받은 도원수 강홍립(姜弘立)은 평안도 창성에서 부대를 편성했다. 부원수는 평안감사 김경서(金景瑞)다. 이들은 경기도, 전라도, 충청도, 황해도, 평안도 등지에서 차출된 병사들로 모두 13,000명이었다. 전군을 중영, 좌영, 우영 세 부대로 나누고 도원수와 부원수 직할 부대 그리고 후방 병참 부대로 편성했다.

이 군사작전은 명나라의 지원 요청으로 시작된 것인데 임진왜란 때 명나라의 도움을 받은 우리 조선의 입장에서는 이 요청을 거부할 수도 없었다.

청나라를 건국한 누루하치(努爾哈赤)는 처음에는 건주(建州) 소자하(蘇子河) 상류에 있는 조그만 여진족의 부족장이었다. 그는 1603

년에 군사를 일으켜 10년만인 1613년에 여진족을 통일하여 1616년에 칸(汗)에 올라 건원(建元) 함으로써 후금을 건립했다.

처음에는 명나라에 순종하는 태도를 보여 도독첨사(都督僉事) 용호장군(龍虎將軍) 등의 직함을 맡기도 했지만, 세력이 강성해지자 야욕을 드러내기 시작했다.

1618년 4월에 누루하치는 무순(撫順)과 청하(淸河)를 점령해버렸다. 노골적인 반란인 것이다. 이에 놀란 명나라는 서둘러 12만 명의 토벌군을 편성하여 출병하면서 조선과 몽골에도 원병을 요청해 왔다.

명나라 군대를 총지휘한 요동경략(遼東經略) 양호(楊鎬)는 명군(明軍)을 모두 네 개의 군단으로 나누어 배치하였다. 주력부대는 서로군(西路軍)인데, 산해관 총병 두송(杜松)이 지휘했다. 두송은 원래 문관 출신이지만 무예와 전략에 뛰어나 발탁된 인물로 용감하기는 해도 다소 무모 한 편이었다. 그리고 요동 총병 이여백(李如栢)이 지휘하는 남로군(南路軍), 개철 총병(開鐵摠兵) 마림(馬林)이 지휘하는 북로군 그리고 요양 총병 유정(劉綎)이 지휘하는 동로군이 있었다.

1619년 2월에 이와 같이 공격군을 편성한 양호는 3월 1일에 허투알라에서 집결하기로 하고 네 갈래로 나누어 진격시켰다.

1619년 2월 19일 우리나라 지원군은 좌영과 우영을 필두로 하여 압록강을 건넜다. 22일에는 중영도 마저 강을 건넜다. 입춘이 지나긴 했어도 아침저녁으로는 살을 에는 냉기가 병사들을 괴롭혔다. 아무리 명나라의 독촉이 열화 같다 해도 보급은 충분히 확보하고 출발했어야 했다. 그러나 강홍립은 마음이 느긋했다. 출발하기 전에 "형세를 보아 향배를 정하라"는 광해군의 밀지를 받아 가지고 있었기 때문에 방심했던 것이다. 13,000명의 우리 백성들의 생명을 아끼는 안타까운 심정에서 내린 밀지였지만 정말 고도의 전략과 지혜가 필요한 전술인데 강홍립은 방심했다. 우리 병사들은 23일 '팔렬박'이란 곳에서 집결하여 계속 북쪽으로 진격하여 압록강을 건넌 지 7일만인 26일 '진자두'에서 명나라 군대와 합류했다. 명나라 군대는 유정 제독이 이끄는 동군이었다. 원래 1만 명의 유정이 거느린 병사는 23,000명이 되었다.

반면 누루하치는 명나라 주력부대 서군이 있는 '사르후'에 집중하고, 다른 세 곳에는 500여 명 정도의 소수 병력만을 배치하여 감시 겸 지연작전을 펴도록 했다. 결과 누루하치는 '사르후' 전투에서 명나라 주력부대인 서군을 완전히 궤멸시키고 후금의 수도인 '허투알라'로 진격해가고 있었다.

3월 4일 7시경 명나라 군대가 먼저 출발하고 조선군의 좌영, 중영, 우영이 뒤따랐다. 부차(副車) 평원에서 후금의 군사들과 부딪혔다.

후금의 수도 노성(奴城)과 불과 60리 떨어진 곳이다. 부차는 혼강의 지류 심하(深河)에 인접한 평원이다.

메케한 연기가 하늘을 가렸다. 앞서가던 명나라 군사들이 여진

부락 100여 채를 불태웠기 때문이다. 우리 병사들도 처음부터 보급이 부족하여 약탈로 끼니를 이어가기를 일상으로 여겨온 지 오랜데 명나라도 마찬가지였다. 이것은 정말 졸장부도 피해야 할 무모한 전술이었다. 아무리 누루하치가 여진족이라 할지라도 이곳 백성들도 명나라 지배를 수백 년 받아온 명나라 백성일진대 이토록 무차별적으로 불태우고 도륙하는 것은 적의 원한과 결집을 강화하는 것 외에 얻을 것은 아무것도 없다. 애초부터 지는 전쟁을 시작한 것이다.

도원수 강홍립과 중영은 길 왼쪽에 있는 높은 언덕으로 올라가고, 좌영은 앞쪽에 있는 높은 봉우리에, 우영은 남쪽 언덕에 진을 치도록 했다. 그런데 명령이 도착하기도 전에 좌영에 적의 기병이 들이닥쳐 순식간에 궤멸되고 말았다. 잠시 후 앞서가던 명나라 군사들도 1만여 명이 전멸하고 제독 유정이 전사했다는 소식이 전해 왔다. 조선군 잔여병은 이제 겨우 전투 대열이 만들어졌다 싶더니 적의 기병이 거센 파도처럼 돌진해왔다. 엄폐물이 하나 없는 들판에서 조선의 보병은 후금의 철갑기병대에 의해 무참하게 무너졌다. 좌영과 우영이 궤멸되고 이 전투에서 조선 병력은 김하응 등 7,000명이 전사했다. 무너진 좌우영과 중영까지의 거리는 불과 1킬로미터 남짓했지만 도와줄 겨를도 없이 창졸간에 벌어진 일이었다.

후금의 기병들은 승리의 여세를 몰아 중영으로 짓쳐 올라왔다. 중영은 비교적 높은 언덕에 있었으므로 쉽게 점령하지 못하고 포위된 상태에 있었다. 조선군은 싸우려 해도 굶주림에 지쳐 더 이상 싸울 기력이 없었지만, 도망치려 해도 퇴로가 끊겨 도망칠 수도 없었다.

이때 강화교섭이 시작되었다. 우선 부원수 김경서가 적진에 들어가 뜻을 전한 뒤 다음 날 도원수 강홍립이 무장을 풀고 적진에 들어가 강화를 성립시켰다. 6,000명이 남았어야 할 병졸은 어느 틈에 2,000명은 달아나고 4,000여 명이 남았다. 조선의 패잔병은 1619년 3월 5일 후금의 허투알라로 압송되었다. 다음 날 6일 노성 밖 10리쯤 떨어진 곳에 도착하여 두 원수와 이민환 등 장수 여덟 명과 하인들은 도성 안에 수용소를 마련하여 거처하게 하고, 나머지 병졸들은 성 밖 민가에 분산 수용했다. 누루하치는 조선 군졸들을 다 죽이려 했으나 둘째 아들 귀영가(貴永哥)가 말려 중지했다. 3월 9일 조선 장수들을 조금 넓은 집으로 옮겨주고 술과 음식을 보내주기도 하고 기생까지 보내어 회유했다.

당시만 해도 전쟁터에서 포로란 없다. 먹여 살려야 하는 문제가 있기 때문에 포로란 큰 짐이 아닐 수 없었다. 그래서 전원 참수하거나 생매장해버리는 것이 상례로 되어있었다.

그러나 후금의 입장은 달랐다. 명나라로 진격해야 하는 누루하치는 배후에 있는 조선의 존재가 마음에 걸렸다. 확실하게 우호 관계를 맺던지 재기불능 상태로 초토화시키던지 하지 않고서는 마음 놓고 명나라로 진격할 수가 없었다. 이를 간파한 광해군도 암암리에

손을 쓰고 있어서 조선의 잔여 병력은 목숨을 부지할 수가 있었다. 그러나 뜻하지 않은 일이 또 벌어졌다. 성 밖에 머무르던 양반 무리가 전장에서 벤 오랑캐의 수급 셋을 보관하고 있다가 여진족들에게 빼앗겼다. 또 양반 출신 몇몇이 한 집에 함께 머물다가 밤을 틈타 그 집주인 여자를 죽이고 도망친 일이 있었다. 여진족 여자를 강간하다 현장에서 발각된 자도 있었다.

1619년 3월 23일 칸의 명령으로 양반 출신만 400~500명을 또 죽였다. 이때도 누루하치는 모두 죽이려 했지만, 둘째 아들 귀영가가 만류하여 양반 출신들만 죽였다.

이 무렵 누루하치가 조선에 보낸 차사에게서는 오랫동안 소식이 없었다. 3월 말에야 차관으로 온 사람은 평안도 말단 군관인 양간(梁諫)이었다. 그는 조선 국왕의 국서가 아닌 평안도 관찰사의 서신을 가지고 왔다. 내용도 후금이 기대했던 것과는 달랐다. "조선과 명나라는 부자 관계와 같아서 관계를 끊을 수 없으니 후금과 조선이 함께 명나라를 잘 섬겨서 평화를 유지하자."라는 내용이었다. 이에 후금의 관리들이 몹시 흥분했으나 강홍립이 설득했다.

당시 조선은 후금과의 왕래가 자유로울 수가 없었다. 명나라의 사신 또는 관리들이 늘 조선에 와있는 데다 압록강의 뱃길도 명나라 병사들이 지키고 있어 외교문서나 서신 왕래가 여간 어려운 일이 아니었다. 이런 불가피한 실정을 설명한 것이다.

누루하치는 6월에 개원(開原)을 함락했고, 7월에는 철령을 점령했다. 후금은 계속 전쟁 중이라 포로들의 감시가 철저할 수가 없었다. 도망자가 속출하자 7월 15일 장(長)에 딸린 사람이 너무 많다 하여 장 1명당 군관 1명, 종 1명만을 남겨두고 골라내더니 이들 50여 명을 또 처형하고 말았다. 철령을 점령한 누루하치는 수도를 자편성(者片城)으로 옮겼다. 이곳은 명군의 본진인 서군이 무참하게 패배한 사르후 북쪽으로 노성에서 120리 서쪽에 있는 곳이다.

조선인 포로들도 같이 옮겨갔다. 1619년 8월 12일 미시(오후 1~3시)에 자편성에 도착하여 한 오랑캐의 집에서 머물다가 21일에야 산성 안으로 옮겨 목책을 세워 가두고 밤낮으로 지켰다.

8월 22일 누루하치는 두 개의 성이 딸린 북관을 함락했다. 누루하치는 약탈을 절대 금지하고 백성들을 보살피는 바람에 정예군사 1만 명을 더 얻었다. 때는 전시 중이라 확인되지 않은 루머도 많이 떠돌았다. 목책에 갇혀있는 조선의 포로들은 그 루머에 따라 대우가 달라졌다. 죽을 고비도 여러 번 넘겼다.

1620년 5월 28일 조선 통사 하서국이 광해군이 누루하치에게 보낸 구두 메시지를 전하면서부터 포로들의 대우가 달라지기 시작했다. 명나라의 감시가 심하여 정식 외교문서를 작성하지 못하고 구두로 뜻을 전한다면서 귀순해온 여진족을 받아들이지 않고 함께 돌려보낸 것에 누루하치는 아주 만족해했다. 6월 20일 누루하치는 여러 장수와 회의를 열어 포로들을 모두 돌려보내자고 했으나 홍타이치 등이 극구 반대하였다.

7월 4일 도원수 종사관 이민환, 중영장 정주 목사 문희성, 우영장 순천 군수 이일원과 하인 7명만 돌려보내겠다고 통지를 해왔다. 이들은 제비를 뽑아 귀환이 결정된 사람들이다. 그들은 7월 17일에 황성(집안)에서 압록강을 건너 조국으로 돌아왔다. 당초 포로로 잡힌 사람들은 4,000여 명이었는데, 이때를 전후하여 귀국한 사람은 2,700여 명에 불과했다.

　후금에 남아있는 사람은 도원수 강홍립과 부원수 김경서, 오신남, 박난영 그리고 통역관과 종 10명뿐이었다.

　조선에서는 서인들이 득세하여 광해군이 쫓겨나고 인조가 보위에 올랐다. 이들은 친명배금(親明背金) 정책으로 돌아서 누루하치에게 협조하지 않았다.

　1627년 1월 후금의 아민(阿敏)은 3만의 병력을 이끌고 조선을 침공하였다. 이때 후금의 선도자(先導者)는 강홍립이었다. 후금은 남진을 계속하여 안주성을 점령하더니 파죽지세로 평양을 거쳐 황주까지 진출했다.

　전세가 극도로 불리하자 김상용(金尙容)이 유도대장(留都大將)이 되어 서울을 지키고 소현 세자는 전주로, 인조는 강화로 들어갔다. 국난을 당하니 분조(分朝)한 것이다. 결국, 강홍립의 주도로 같은 해 3월 3일 화의가 성립되어 큰 희생 없이 국정은 평온을 되찾았으나 강홍립은 그 후 역모로 삭탈관직 되었다가 죽은 후에야 복권되는 비운의 삶을 살았다. 이 정묘호란은 결국 9년 뒤 우리 민족에게 씻을 수 없는 삼전도 치욕을 안겨준 병자호란으로 이어진다.

숙종과 희빈 장씨
미나리는 사철이요, 장다리는 한 철일세

❖ **역관의 딸**

장옥정은 역관 장형(張炯)의 딸이다. 장형은 현종 때 사신을 따라 북경에 갔다가 청국 황제에게 말을 잘못 전했다 하여 돌아와 사약을 받았다. 사촌 동생 장현(張炫)도 역관이었는데, 심기가 곱고 사리가 밝아 형수와 조카 장희재(張希載) 그리고 조카딸 옥정(玉貞)을 여러 가지로 보살펴주었다. 장현은 장통방 하량교(河湸橋) 부근에 살면서 역관으로 중국을 오가며 개인 무역으로 재산을 모았다. 그러던 중 인조 때 병자호란이 일어나 소현 세자가 청나라에 볼모로 끌려갈 때 봉림 대군이 세자를 호종하였는데 그때 장현이 봉림 대군을 따라나섰다. 병자호란 때는 역관들이 볼모로 가는 이들을 호행하는 것을 몹시 꺼리는 시기였다. 언제 돌아올지 모르기 때문이다. 장현은 봉림 대군이 청나라에 볼모로 가 있는 9년 동안 호행원으로써 대군과 생활을 같이하게 되었다. 봉림 대군이 귀국하여 보위에 오르게 됨으로써 장현의 입지는 아주 좋았고, 재력도 갖추고 있어서 도성 안에서 부러울 것이 없었다.

장옥정은 숙부의 권유로 학문을 익히면서 부덕을 쌓아가고 있었으나 옥정의 오라비 희재는 날마다 시정잡배들과 어울려 다니며 방탕한 세월을 보내고 있었다.

어느 날 장 희재의 안내로 허견이 박찬영과 함께 장현의 집을 찾아왔다. 허견은 당시 남인의 우두머리인 영의정 허적(許積)의 소실에게서 난 아들이고, 박찬영은 첨지 벼슬을 하고 있었다. 당시 역관은 중인 계급이라 허견이 비록 서출이라 하나 영의정의 아들이요, 높지 않은 벼슬이라도 첨지의 신분을 가진 박찬영인지라 장현에게는 흔쾌히 만날 수 있는 인물들이었다. 그 후 이들은 두터운 교분을 나누고 지내게 되었다.

배오개에 있는 정원노 집에서 허견과 복선군(福善君) 남(柟)이 모여 세 사람이 의형제를 맺었는데 그 자리에서 허견이 하는 말이 "임금께서 춘추가 한창이신데 옥체가 편하지 않으시고 또 세자가 없으니 만약 불행한 일이 있으면 대감(복선군)을 두고 왕위가 어디로 가겠습니까?" 하면서 맹세하는 서약서를 써서 두 조각을 내어 허견과 복선군이 한 조각씩 나눠 가졌다. 복선군은 인평 대군의 둘째 아들로 시중에 자신에게 왕기설이 있음을 은근히 자랑하고 다니는 좀 경박한 사람이었다. 그런 일이 있은 후에 이들은 자주 어울려 다니면서 거사에 필요한 인물들을 만나고 다닌 것이다. 그러나 이들의 움직임이 병조판서 김석주의 감시망에 걸려들었다. 이때 예기치 않은 사건이 발생하였다.

숙종 6년(1680) 3월 28일 왕은 허적의 조부인 허잠의 시호를 충정(忠貞)이라 하여 내려주었다. 가문의 영광인지라 이날 허견의 아버지 허적은 큰 잔치를 벌이게 되었다. 그런데 이날 오후 잔치가 한창 무르익어가는데 갑자기 큰비가 내려 잔칫집이 아수라장이 되었다. 허적은 경황 중에 허락도 없이 내수사에서 장막과 차일을 가져와 쳤다.

내수사는 왕의 재산을 보관·관리하는 곳이다. 그렇지 않아도 숙종은 날씨를 보고 장막과 차일을 보내려고 내관에게 시켰는데, 알아보니 이미 가져갔다는 것이었다. 이 말을 들은 주상은 크게 진노했다.

숙종은 당일로 광성부원군 김만기, 훈련대장 유혁연, 포도대장 신여철을 패초(牌招: 패를 들고 가 신하를 불러옴)한 후 유혁연이 늙었으므로 김만기를 훈련대장에 제수하고, 포도대장 신여철을 총융사에 재수함과 동시에 영의정 허적을 체직할 뿐 아니라 그의 측근들을 모두 퇴출해버렸다. 졸지에 남인이 몰락하고 서인이 다시 득세하는 순간이었다.

영의정에 김수항(金壽恒), 좌의정에 정지화(鄭知和)를 제수하고,

김만기의 아우 김만중을 귀양에서 풀어주었다. 제주도에 위리안치 되어있는 송시열은 부처 지를 그대로 둔 채 위리안치에서 중도부처로 완화시켜주었다.

이때 정원노의 고변으로 마침내 허견과 복선군의 대역 모반죄도 백일하에 드러나고 말았다. 당일로 허견은 군기시 앞에서 처형되고, 복선군 남은 교살하고 그의 처자를 종으로 만들었으며 가산을 모두 적몰하였다. 그 외 역적으로 처형된 사람은 이경의(이태서의 아들), 김만송(견의 처남), 이경명, 복창군 정(楨), 박상원, 박찬영, 이태서, 강윤석, 홍유화, 정언구, 신후징, 최서린 등이다. 그러나 장옥정의 숙부 장현은 먼 곳으로 유배되었다. 허적은 5월에 71세의 나이로 사약을 받았다. 이것을 '경술 대출척'이라고 한다. 장현이 함경도 땅에 유배된 것은 허견과 복선군을 만나 교분을 나누고 지낸 것이 화근이었다.

장현의 가세가 몰락하자 장옥정의 가족 생계가 암담해졌다. 식솔은 어머니 윤씨, 올케인 작은아지(者斤阿只) 그리고 강보에 싸인 조카 휘(輝)이었다. 오라비 희재는 역모 사건 이후 어디론가 사라져버렸다. 궁리 끝에 옥정은 연산군 때 장녹수를 떠올리며 궁녀가 되어보리라 결심하고 교동에 있는 대사헌 조사석(趙師錫)의 집을 찾아갔다.

조사석은 전 형조판서 조계원의 아들로 인조의 계비 장렬 왕후의 사촌 동생이 된다. 장옥정의 생모 윤이례라는 여인은 원래 조사석의 장인 권후의 집에 하녀로 있었기 때문에 잘 아는 사이였다. 장현의 형 장형이 본처 고씨가 희재를 낳고 죽자 윤이례를 후처로 맞아 옥정을 낳았다. 이러한 인연으로 옥정은 조사석을 떠올린 것이다. 조사석은 옥정을 숭선군(崇善君)에게 소개해주었다. 숭선군은 인조의 후궁 조 귀인의 아들이다. 조 귀인은 청나라에 인질로 잡혀갔다가 돌아온 소현 세자 내외를 인조를 부추겨 죽게 만든 여인이다. 이런 연유로 봉림 대군 효종은 보위에 오른 지 2년여 만에 조 귀인을 사사해버렸다. 이렇게 어려서 어머니를 잃은 숭선군은 이를 불쌍히 여긴 장렬왕후 조씨의 귀여움을 받고 자랐다. 장렬 왕후(대왕대비, 인조의 계비)는 자신에게 자식이 없는지라 숭선군을 친자식처럼 돌보아주었으므로 궁 밖을 나와 살면서도 숭선군은 대왕대비 전에 자주 문안을 드리고 있었다.

숭선군은 군부인 신씨(申氏)와의 사이에서 아들 하나를 낳았는데 이 사람이 동평군(東平君) 항(杭)이다. 장렬 왕후에게는 후사가 없는 데다 보위를 이은 효종도 정실부인(인열 왕후: 仁烈王后) 소생인지라 효종이 딴에는 신경을 쓴다 해도 소외감을 떨쳐버릴 수가 없었다. 더구나 인조가 승하할 때 장렬 왕후 나이 겨우 21살로 며느리인 효종 비 인선 왕후보다도 연하였다. 마음을 붙일 곳이라고는 숭선군 집안 식구들밖에 없었다.

장렬 왕후는 군부인 신씨와 신씨의 아들 동평군과 만나 정담을 나누는 것이 유일한 낙이었다. 장옥정은 조사석의 편지를 들고 숭선군 부인 신씨를 찾아갔다. 신씨는 옥정이 얼굴이 고울 뿐 아니라 품성이 좋아보여 마음에 꼭 들었다. 이 무렵, 숙종 비 인경 왕후가 천연두를 앓다가 숙종 6년 10월 26일 경덕궁 회상전에서 세상을 떠났다.

❖ 숙종의 눈에 들다

이로부터 4개월 뒤 군부인 신씨의 소개로 옥정은 장렬 왕후 거처에서 궁녀살이를 시작하게 되었다. 미모와 영민함 그리고 조신한 몸가짐에 반한 장렬 왕후는 궁녀라기보다는 친손녀처럼 총애하였다. 이 무렵 대비전(현종 비 명성 왕후)에서는 국상 중임에도 불구하고 중전 간택이 진행되었다. 왕이 보령 21세가 되었음에도 아직도 후사가 없기 때문에 서두른 것이다. 숙종은 내키지 않았다. 자기의 심중과는 상관없이 국상 중에 중전 간택을 서두르는 대비전이나 중신들에 대하여 야속한 마음만 들었다.

숙종이 취선당에 들러 술과 벗한 것은 중전이 몸져누운 때부터이었는데, 중전이 승하한 후에는 더욱 잦았다. 중전을 잃은 허탈함으로 외로움이 컸기 때문이었을 것이다. 그러면서도 숙종은 효성이 지극한지라 대비전이나 대왕대비 전에 매일 거르지 않고 문후를 드렸다.

그러던 어느 날 대왕대비전에서 장옥정이 눈에 띄었다. 주상이 몹시 외로운 때라 옥정에 대한 열정이 쉽게 달아올랐다. 장렬 왕후도 모르는 척 넌지시 옥정을 주상에게 넘겨주었다. 궐내 사정이 자기 뜻대로 되어가지 않자 숙종은 취선당에서 주안상을 차려놓고 무료한 시간을 보내는 때가 많았다. 옥정에게 한눈에 반한 숙종은 다음 날 밤 장옥정을 취선당으로 불러 그날로 잠자리를 같이하였다. 옥정은 너무도 쉽게 성은을 입은 광영을 얻은 것이다. 그 후부터 숙종은 밤마다 취선당에 장옥정을 불러내어 술자리와 잠자리를 같이하였다.

숙종 7년 5월 13일 주상은 어의동 별궁에서 민 규수와 대례를 올렸다. 민 규수는 여양부원군 민유중(閔維重)의 딸로 어머니는 은진 송씨 송준길의 딸이다. 나무랄 데 없는 사대부가의 규수이었다. 이 민 규수가 바로 비극의 주인공 인현 왕후이다. 이 민 규수와의 혼사는 현종 비 명성 대비와 송시열, 김석주, 김만기, 민정중 등이 밀어붙여 강요된 혼사라서 숙종은 마음에 내키지 않았다. 겉으로 내색은 안 해도 마음속으로 반발하고 있었다.

숙종은 효성이 지극한 임금이어서 명성 왕후에게 정면으로 반항하는 것은 상상도 못 할 일이기에 그 불똥은 인현 왕후에게 떨어졌다. 그것은 대례를 올리고도 인현 왕후를 가까이하지 않은 것으로 표출되었다. 현종이 승하하자 아들 숙종이 14세의 어린 나이에 보위에 올랐으므로 현종 비 명성 왕후(明聖王后)가 수렴청정을 하게 되었다.

 그때에 명성 왕후가 정계 일선에 나서서 조정 대소사를 주도했으므로 국정에 미치는 영향력이 대단했다. 서인인 김석주와 김만기가 남인 세력 속에서 살아남을 수 있었던 것도 명성 대비의 힘이 컸고, 숙종의 혼사도 전적으로 대비의 지시에 따라 결정된 것이다.

 인현 왕후는 낯선 궁중에 들어와 처음부터 고통스러운 세월이 시작되었다. 처음에는 까닭을 몰라 원래 궁중 생활이 이런 것인가 보다 생각했으나 차츰 그것이 아님을 알고서도 어릴 적부터 쌓아온 부덕으로 중전의 소임을 다하고 있었다. 숙종은 아랑곳없이 취선당에서 장옥정과 시간을 보내고 있었다. 옥정의 아름다운 미모, 적당히 습득한 학문 그리고 천박하지 않은 몸놀림과 교태로 숙종은 여색의 깊은 수렁에 빠져버렸다. 이를 크게 걱정한 대비는 오라비 김석주를 시켜 장옥정 일가의 내력을 소상하게 조사하도록 은밀하게 지시를 내렸다. 조사 결과 옥정의 부친과 숙부가 모두 역모에 연루되어 처벌된 사실이 드러났다. 대비는 크게 노하여 주상을 불러들였다. 대비는 주상을 앞에 앉혀놓고 장옥정을 궐 밖으로 내치라고 호통을 쳤다. 역적의 자식을 궁 안에 들여놓을 수 없다는 것이 그 이유였다.

 숙종은 망연자실하여 어찌할 바를 몰랐다. 중전까지 나서서 만류해 보았지만, 대비의 진노는 꺾이지 않았다. 이때 장옥정을 내쳐야 한다는 간관들의 상소가 올라왔다. 역적의 자식이라 하지 않은

가? 숙종은 더 이상 버틸 수가 없었다. 잠시 나가있도록 옥정을 설득하면서 세월이 좋아지면 다시 부르겠노라는 약속까지 덧붙였다. 미행이 잦은 숙종은 궐 밖에서도 얼마든지 만날 수 있지 않겠느냐 싶었다.

❖ 성은을 입고도 궁에서 쫓겨나

숙종 7년(1681) 8월에 장옥정은 대궐을 나왔다. 옥정은 승선군 집 별당에 은거하면서 군부인 신씨의 지극한 보살핌을 받았다. 장옥정이 궁궐에 들어가기 전 잠시 승선군 집에 머물고 있을 때에는 하녀처럼 부렸는데, 이제는 성은을 입은 막중한 몸이라 상전으로 모시게 된 것이다. 불과 몇 개월 동안에 일어난 엄청난 변화였다. 아직도 숙종의 꾐을 받고 있는지라 가까이 두면 언젠가는 출세의 발판이 될지도 모른다는 아들 동평군의 배려가 있었기 때문이었다.

미행을 나가 옥정을 만날 수 있을 거라는 기대를 하고 있던 숙종에게 뜻하지 않은 일이 일어났다. 성균관에서 실시한 감시(監試: 생원 진사를 뽑는 과거)에 이상한 답안지가 올라왔다.

"용산 마포 등지에 사는 전직 고관들이 부운계(浮雲稧)를 만들어 불궤를 도모하고 있다."라는 내용이었다. 그런데 고변자의 이름이 없는 익명서였다. 익명서는 원래 불태워 없애버리고 불문에 부치는 것이 당시의 법도이었으나 익명서가 올라온 장소도 그렇고, 사안이 심각한지라 그에 대한 내사를 김석주에게 맡겼다. 김석주는 현종비 명성 왕후의 친정아버지 김우명의 아우 김좌명의 아들이다. 그러니 숙종의 사촌 처남이 된다. 이때 김석주는 병조판서의 지위에 있었다. 김석주는 밤길이 심히 우려된다는 이유로 내사가 끝날 때까지 미행을 중지해줄 것을 간곡하게 소청하여 숙종이 이를 받아들였다. 장옥정과 만날 기회가 막힌 것이다. 숙종과 장옥정의 사이를 오가며 서로의 소식을 동평군이 전했다. 그러면서 동평군은 조사석에게 부탁하여 장희재를 포도부장에 앉혀놓았다. 이 무렵 숙종이 마마에 걸렸다. 당시 마마는 생명을 위태롭게 하는 무서운 병이었다. 대비 명성 왕후는 하늘이 무너지는 것 같았다. 만백성을 다스리는 지존이기 전에 하나밖에 없는 만큼 같은 아들이 몹쓸 병에 걸리지 않았는가? 대비는 동짓달인데도 냉수로 목욕재계하고 제단 앞에 앉아 밤새워 치성을 드렸다. 명성 왕후는 그만큼 당차고 모진 데가 있는 여인이었다. 그녀의 치성이 하늘에 닿았음인지 숙종은 차츰 차도를 보이더니 이내 쾌차하였다. 너무 무리한 탓이었을까? 이제 명성 왕후가 자리에 눕고 말았다. 중전인 인현 왕후가 대비의 병수발을 들어 온갖 정성을 다했으나 차도가 없자 저승전으로 피병하였다.

1689년 12월 5일 숙종 내외의 지극한 간병에도 불구하고 명성왕후는 42세의 나이로 저승전에서 눈을 감았다. 대왕대비 장렬 왕후의 회갑을 맞은 지 한 달여 만이었다.

당시 노론의 거물이라 할 수 있는 대비 명성 왕후의 오라버니 김석주는 대비의 죽음으로 큰 힘을 잃은지라 깊은 수심에 빠졌다. 그 우려는 오래지 않아 나타났다. 소론의 영수 남구만이 우의정에 제수되고 김석주가 물러난 것이다. 마음의 충격이 컸던지 김석주는 대비가 승하한 다음 해 숙종 10년 9월에 51세로 세상을 떠났다. 11월에는 민정중이 물러나고 정지화가 좌의정에 올랐고, 숙종 11년 5월에는 남구만이 승차되고 7월에는 조지겸이 세상을 떠났다.

숙종의 보령 25세. 세월은 무심코 흘러가는데 이때까지 왕실에 후사가 없으니 큰 걱정이 아닐 수가 없었다. 원비 인경 왕후가 후사 없이 죽고 뒤이어 들어온 인현 왕후마저 보령 19세인데도 후사가 없고 보면 왕실에 이보다 더 큰 근심이 어디에 있겠는가?

인현 왕후는 궁리 끝에 장옥정을 거론하고 나섰다. 먼저 대왕대비와 이 일을 의논하였다. 대왕대비 장렬 왕후가 반대할 까닭이 없었다. 죽은 대비가 장옥정을 궐 밖으로 내칠 때도 장렬 왕후는 몹시 아쉬워했었다. 주상이 후궁 간택 문제를 먼저 꺼냈다. 예조의 관리들을 시켜 대신들의 의견을 물어오도록 지시를 내렸다. 주상의 하교는 분명히 장옥정을 염두에 두고 내린 것이었다. 중전이 몇 차례 권고를 해옴으로써 이제는 시도해볼 만한 때가 되었다고 숙종은 판단했다. 중신들도 만만치 않았다. 주상의 의중을 알아차린 영의정 김수항, 판부사 정지화, 영부사 김수홍, 판부사 민정중 등이 나서서 주상의 뜻이 종사를 위하여 백번 옳은 말씀이나 후궁을 뽑아두고도 후사를 잇지 못한 경우도 과거에 종종 있었으며, 여자에 빠져 국사를 그르쳤다는 비방을 들은 경우도 있었으나 이 경우는 주상께는 추호도 염려 될 바 아니지만 옥체를 상할까 염려되니 덕 있는 후궁을 뽑았으면 좋겠다는 의견을 우회적이지만 간절한 마음을 담아 조심스럽게 주청을 올렸다.

주상으로서도 중신들이 이름은 거론하지 않았으나 누구를 염두에 두고 한 말인가는 알 수 있는 내용이었다. 숙종은 그대로 밀어붙일까도 생각했으나 승하하신 모후께서 내친 여인이고, 모후의 탈상도 지나지 않았기 때문에 옥정의 환궁은 잠시 미루어두기로 했다. 보다 못한 대왕대비는 조사석이 나서주기를 바랐다. 그러나 조사석도 그간에 장옥정의 어미 윤이례와의 염문이 심심치 않게 오르내린지라 이번에 옥정의 재입궐을 찬성하는 주장을 한다면 삼사의 탄핵이 빗발치듯 할 것이 분명한 일이므로 대신들과 뜻을 같이하지 않을 수 없었다. 결국, 장옥정의 입궐 문제는 일단 보류되고 말았다. 대비의 죽음으로 바로 입궁이 될 것으로 알았던 장옥정의 가슴은 탔다. 조정의 분위기가 후궁 간택 쪽으로 기우는지라 숙종은 일단 후궁을 간택하는 것으로 결정을 내렸다. 김수홍의 손녀가 물망에 올랐다. 조정 안팎에서는 비난의 여론이 들끓었다. 그만한 집안에서 태어난 딸을 중전도 아닌 후궁으로 들인다는 것은 노탐이라고 뭇사람들의 입에 오르내렸다. 비난의 여론이 빗발치자 김수항은 형 김수홍과 의논한 후 주상과의 접견을 요청했다. 주상과 독대한 자리에서 김수항은 물망에 오른 김 규수는 자신의 형님인 김수홍의 딸인데 덕이 없고 어려서부터 배앓이를 심하게 한 데다 경도가 고르지 못하니 합당한 규수가 아니며, 이를 아뢰는 것은 후일에 임금을 기만했다는 불충을 저지르지 않기 위함이라 하면서 사실상 간택을 사양하는 주청을 올렸다. 숙종은 애초에 후궁 간택을 주장한 사람이 김수항이었던지라 크게 진노하여 불가하다는 어명을 내리고 김 규수를 내명부 서열 종2품인 숙의에 봉했다. 숙종 12년(1686) 3월 23일이었다. 김 숙의의 아버지 김창국을 이조정랑에 제수하여 내직으로 불러들였다. 김수항은 이때부터 윤 4월 26일까지 17번째 사직상소를 올렸으나 주상은 끝내 가납하지 않았다. 숙종은 심사가 뒤틀려 김 숙의의 거처를 찾지 않을 뿐 아니라 경연에조차 나가지 않았다. 김 숙의의 아버지 김창국은 마음이 답답하여 숙부인 김수항을 찾아가 장옥정을 궐내로 불러들이는 것이 주상의 심기를 편하게 하는 것이 아닌가 싶어 의논했다. 김수항은 어쩔 수 없이 이 문제를 민정중, 김만기 등의 척족들과 의논하기에 이르렀다. 대궐 분위기는 장옥정의 재입궁을 받아들이는 쪽으로 결말이 났다.

 동평군 집에서 거처하고 있는 옥정은 왕실에서 후궁 간택 쪽으로 결말이 나자 가슴이 막히는 통한을 견딜 길이 없어 한없이 눈물을 쏟고 있었다. 옥정은 동평군으로부터 재입궐이 될 것이라는 희망적인 이야기를 들었다. 그러나 옥정은 무덤덤했다. 현실로 이루어지기 전에는 믿을 수가 없었다. 죽음까지 각오했던 장옥정의 가슴에는 이제 원한만이 쌓였다.

✤ 한을 품고 취선당에 들어

숙종 12년(1886) 5월 옥정은 마침내 재입궐하여 취선당에 들었다. 취선당은 숙종이 세자 시절부터 애용하던 곳으로 보위에 오르고서도 한가한 시간이면 자주 들러 무료함을 달래던 곳이다. 옥정이 처음 입궐하여 장렬 왕후 곁에 있을 때는 대궐이 생소하고 조심스러워 조신한 마음으로 운신했었다. 대궐에서 쫓겨날 때도 섭섭함과 아쉬움 그리고 그리움만 있었다. 궐 밖에서 오랜 세월을 기다리며 애태우는 동안 옥정의 마음에는 한이 쌓였고, 그 한은 복수의 독을 품고 있었다. 재입궁하여 숙종의 지극한 사랑을 확인한 옥정은 위세의 날을 세웠다. 궁에 들어온 지 두 달이 못되어 상궁에게까지 매질을 했다. 벌써부터 내명부의 위계질서가 무너지고 있을 뿐만 아니라 교만해지고 방자함이 이루 말할 수가 없었다.

하루는 임금이 희롱하려고 하자 옥정은 피해 달아나 왕비 앞에 뛰어들어가며 "날 살려주세요."라고 응석을 부렸다. 그녀의 행동은 왕비의 기색을 보려는 것이었다. 왕비가 정색하고 조용히 타일렀으나 공손히 듣지 않았으며 혹시 부르는 경우에도 응대도 하지 않았다. 참다못한 왕비는 결국 옥정의 종아리를 때렸다. 옥정은 이후 중전에 대하여 더욱 앙심을 품게 되었다.

7월 초순 부교리 이징명(李徵明)이 군왕이 여색을 가까이하면 화가 미침을 우려하여 장옥정을 다시 궁 밖으로 내쳐야 된다는 상소를 올렸다. 숙종은 불문곡직하고 이 징명을 삭탈관직하여 문외 출송하였다. 너무도 오랫동안 그리워하다 만난 옥정인지라 그녀를 비방하는 어떠한 말도 왕은 들으려 하지 않았다. 뒤이어 홍문관의 신진사류 김창집, 박태만, 김두명 등이 이 일로 숙종의 배알을 청했으나 단호하게 거절해버렸다. 이런 와중에도 옥정은 취선당이 협소하다고 불평을 하자 숙종은 취선당 뒤뜰에 별채 하나를 지어 주었다.

대사성 김창협이 백성들이 재앙을 당하여 어려움을 겪고 있으니 군왕으로서 삼가고 근신해야 함을 간했다. 공사를 맡은 관리들이 민간 마을로 다니면서 목수를 구하는 일이나 재목을 실어 나르되 반드시 새벽과 저녁에 하는 것은 장씨의 별당을 짓는 데 외부 사람들의 귀에 들어가지 않도록 하자는 것이었지만, 그것은 군왕으로서 안으로는 긴급하지 않은 공사를 벌이고 겉으로는 그것을 가리는 말을 함으로써 자신을 속이고 남을 속였다고 신랄한 비판을 쏟아냈다. 그뿐 아니라 일개 상궁에 불과한데 이것은 너무 과분한 처우라고 이국화, 원진택, 이덕성이 연명으로 상소를 올렸다. 이로 인하여 이국화는 파직되고 원진택, 이덕성은 지방관아로 좌천되어 나갔다. 숙종은 내친김에 장옥정을 내명부 서열 종4품인 숙원에 봉하고 숙원 방에 노비 100명을 내려주었다. 숙종 12년 12월 10일 재입궁한 지 6개월 만이다.

한성우, 민진주에게서 이의 부당함을 주장하는 상소가 또 올라왔다. 정언 한성우는 지난번 옥정을 궁 밖으로 내쳐야 한다고 상소를 올린 이징명과 가까운 사이이고, 민진주는 인현 왕후와 사촌 간이었다. 이로 인해 그 불똥이 서서히 인현 왕후 민씨에게 튀기 시작하였다.

인현 왕후의 인자하고 후덕한 배려로 입궁하게 되었는데도 중전에 대한 미움이 가시지 않는 것이 장옥정의 뒤틀린 심사였다. 주변의 질책과 따가운 시선이 느껴질 때마다 옥정은 오기와 투기의 가시가 돋아났다. 내명부의 분위기를 알고 있는 인현 왕후 친정아버지 민유중은 병석에 누워서도 근심이 컸다. 자칫 장숙원으로 인하여 가문에 큰 화가 미치지 않을까 염려되어 아들, 조카들을 불러놓고 궁중의 일에 일체 개입하지 말 것을 간곡하게 당부하고 인현 왕후에게는 따로 서찰을 보내어 후덕한 마음을 잃지 말고 투총으로 성총을 흐리게 하지 말 것을 당부했다.

장숙원은 숙종의 총애를 믿고 이제 정사에도 관여하기 시작했다. 조사석을 이조판서의 자리에 올려놓고 오라비 희재를 내금위로 끌어들였다. 그리고 동평군 항을 혜민서 제조로 제수했다. 제조(提調)라는 제도는 책임자가 당상관 이상의 관직이 없는 부서에 타 관직을 가지고 있는 정3품 이상이 겸임하는 자리이므로 일약 통정대부에 오르는 파격적인 인사였다. 더구나 종친이 이를 맡는 것은 법도에도 없는 일이었다.

 숙종 13년 3월에 숙종의 원비인 인경 왕후의 아버지 광성부원군 김만기가 55세로 별세하였다. 그의 죽음은 숙원 장씨에게는 또 하나의 걸림돌이 사라진 것이다. 이래저래 숙원 장씨의 위세는 날로 높아갔다. 좌의정 남구만이 조정 돌아가는 꼴이 한심스러우므로 칭병하고 물러나니 우의정 이단하를 좌의정으로 올리고 비어있는 우의정 자리에 조사석을 승차시켰다. 조정은 혼조로 치닫고 있었다. 조사석이 옥정의 생모와 석연치 않은 관계라는 것이 관료들의 입방아에 오르내린지라 조정이 들끓었다. 김만기의 아우 김만중, 김수창의 아들 김창협, 대사간 이수언 등이 앞장서서 이의 불가함을 간하는 상소를 올렸다. 숙종은 가차 없이 이들을 하옥한 후 김만중은 선천에 부처하고 김창협과 이수언은 체직시켰다. 이러한 일련의 사건으로 인하여 영의정 김수항, 우의정 조사석이 사직상소를 올리니 이를 가납하고 영의정에 남구만, 좌의정에 이단하 그리고 이숙을 우의정에 승차시켰다.

 5월에 숙종의 여동생 명안 공주가 별세하고 6월에 인현 왕후 아버지 민유중이 56세의 나이로 별세하였는데 김만기, 홍두원, 한태동까지 세상을 떠났다. 명성 왕후가 승하한 후 4년 동안에 노론의 거두들이 이렇게 사라져갔다. 9월에는 만수전이 화재로 소실되었다. 조정에는 하루도 편할 날이 없었다. 그러나 장숙원에게는 만수전 화재 말고는 그녀의 행보에 걸림돌이 하나씩 사라지는 사건들이었다. 조정 분위기는 침울할 수밖에 없었다. 이때에 숙원 장씨를 소의(昭義)에 봉하라는 어명이 내렸다. 이 또한 내명부 서열 종4품에서 정2품으로 무려 4단계나 뛰어오른 파격적인 성은이었다. 소생이 없는 후궁으로서는 더 오를 수 없는 최고의 자리에 오른 것이다. 조정은 더욱 침체의 국면으로 빠져들고 있었다.

영의정이 된 남구만은 이 난국을 극복할 수 있는 참신한 인물이 필요했다. 여러 사람을 머리에 떠올렸으나 적당한 사람이 떠오르지 않았다. 고심 끝에 박세채를 이조판서에 천거하였다. 숙종 14년(1688) 6월이었다.

그런데 한 달 전 5월에 장 소의의 수태 사실이 알려졌다. 얼마나 기다리던 기쁜 소식이던가? 숙종의 입장에서는 종사를 위하여 엄청난 일을 해낸 것이다. 숙종의 기쁨은 하늘을 찌르는데 조정 대신들의 분위기는 무겁게 가라앉아 있었다. 장 소의의 그간의 행실로 보아 앞으로 그녀의 위세가 어떤 풍파를 몰고 올지 몰라 두렵기 때문이었다.

7월 13일 이런 분위기에 휩싸인 대궐에 박세채가 입궐하였다. 그는 입사에 앞서 미리 준비한 차자부터 올렸다. 그간에 있었던 장 소의의 행실과 그녀를 둘러싼 동평군을 비롯한 주변 인물들을 날카롭게 규탄하는 내용이었다.

남구만과 여성체도 이에 동조하고 나섰지만, 숙종은 크게 진노했다. 영의정 남구만은 경흥에 위리안치하고, 우의정 여성체는 경원에 위리안치되었으며, 이조판서 박세채는 자리에 앉아 보지도 못하고 도성 밖으로 쫓겨나는 문외 출송을 당하였다. 때가 때인 만큼 모두가 예측한 결과였다.

❖ 왕자를 낳고 희빈으로

숙종 14년 8월 26일 장렬 왕후가 인현 왕후의 지극한 간병에도 불구하고 65세로 승하하였다. 그리고 두 달 후 장 소의의 산고가 시작되었다. 난산이었다. 1688년 10월 28일 유시에 장 소의는 오랜 산고 끝에 왕자를 낳았다. 후에 경종이 될 왕자이다. 숙종은 가슴이 벅찼다. 사랑하는 장 소의가 종사의 큰 근심 하나를 덜어준 것이다. 일급을 제외한 모든 죄인을 방면하라는 대 사면령이 내렸다.

출산 후에 장 소의는 친정어머니가 보고 싶어 친정어머니를 부르도록 윤허를 청했다. 숙종은 이를 허락하고 문안비를 사가에 보냈다. 문안비는 내명부에서 사가에 문안드릴 때 대신 보내는 궁녀를 말하는데 이때는 장 소의의 어미가 입궐할 때 수행하여 안내하도록 배려한 것이다. 장 소의의 친모는 팔인교를 타고 건양문 앞에 당도했다. 문지기는 외명부의 입궐을 허락하는 명패를 요구했다. 문안비가 나서서 어명이라고 으름장을 놓았으나 문지기는 요지부동이었다. 할 수 없이 장 소의의 모 윤이례까지 나서서 호통을 쳐보았으나 언성만 높아졌을 뿐 말이 통하지 않았다. 그 사이 지평 이익수가 당도하여 사정을 들어보더니 역시 문지기와 똑같은 대답을 했다. 사헌부의 강골로 알려진 이익수는 결국 가마를 부수고 말았다. 장 소의에 대한 궐내 분위기를 말해주는 한 단면이기도 했다. 장 소의의 모 윤이례는 어쩔 수 없이 걸어서 취선당에 이르게 되었고 주상에게 이 사실을 낱낱이 고하였다.

숙종은 크게 진노하여 이익수를 하옥시키고 배종했던 나졸들을 문초했는데, 문초 중에 매에 못 이겨 2명이 죽었다. 이익수에 대하여는 삼사와 여러 중신이 나서서 숙종과 격론 끝에 죄가 없다는 결론을 내리고 방면하였다.

숙종 15년(1689) 1월 16일 원로대신들의 반대에도 불구하고 왕자 균을 원자로 정함과 동시에 원자의 생모인 옥정을 소의에서 내명부 서열 정1품인 희빈(禧嬪)으로 올렸다. 후속 조치로 희빈 장씨의 아버지 장형을 영의정에, 할아버지 장수를 좌의정에, 증조부 장응인을 우의정에 추존했다.

숙종 조에는 서인과 남인, 노론과 소론이 갈라져 심한 당파싸움에 휩싸였는데 희빈 장씨의 부침에 따라 환국이 몇 차례 있으므로 해서 돌풍 같은 피바람이 일어 정국이 혼조로 치닫고 있었다. 그래서 이때의 당쟁을 조금 언급하는 것이 당시의 시대 상황을 이해하는 데 도움이 될 것 같아 부언한다.

이때 조정은 남인이 몰락하고 서인들이 장악하고 있었는데, 서인들은 송시열과 윤증의 불화로 노론과 소론으로 갈라져 심한 대립을 하고 있었다. 윤증은 본관이 파평이고, 아버지 윤선거와 어머니 공주 이씨 사이에서 태어났다. 병자호란 때 가족들이 강화도로 피신하였는데 강화도가 적에 점령되자 어머니 이씨는 몸을 더럽힐까 염려되어 자결하고 아버지 윤선거는 평민 복장으로 가장하여 강화도를 빠져나왔다. 윤선거는 그 후 강화에서 자결하지 못하고 몰래 빠져나온 것을 평생 후회하면서 모든 벼슬을 사양하고 오직 학문에만 열중한 올곧은 선비였다. 윤증은 아버지 윤선거의 권유로 송시열의 제자가 되었다. 윤선거와 교분을 가지고 있는 사람 중에 윤휴라는 사람이 있었다. 윤휴와 송시열은 주자의 이론을 놓고 가끔씩 대립하는 일이 있어서 사이가 비교적 좋지 않았다. 송시열은 주자의 경전에 비교적 충실한 사람이었고, 윤휴는 그 해석에서 가끔 이견을 보이는 비판적인 인물이었다. 효종이 승하하자 일 년 복제를 주장하는 송시열과 삼 년 복제를 주장하는 윤휴와는 돌이킬 수 없는 적대 관계가 되고 말았다.

이때 윤증의 아버지 윤선거는 송시열의 편에 있었기 때문에 윤휴와는 멀어지고 송시열과 가까운 사이가 되었다. 그러는 중에 윤선거가 죽었다. 거상을 하고 몇 해가 지난 뒤에 윤증이 송시열에게 비문을 써달라고 부탁했다. 그때는 송시열의 마음이 몹시 언짢아 있었다.

송시열은 윤선거의 상중에 조문을 갔었는데 윤휴가 자기보다 앞서 조문 와서 제문을 지어 바치고 돌아간 것을 알고 마음이 착잡했다.

윤선거가 자기편으로 알고 있었는데 실은 윤휴와 가까이 지낸 것을 알고 나서는 마음이 허탈했다. 윤증은 그런 줄도 모르고 스승이기 때문에 송시열에게 비문을 부탁한 것이다. 비문을 부탁하면서 아버지 윤선거가 기유년(현종 10년 1669) 간에 송시열에게 보내려던 서찰까지 소매에서 꺼내주었다. 그 글 가운데는 윤휴 등이 쓸 만하니 버려서는 안 된다는 말도 들어있었다. 심사가 뒤틀린 송시열은 자기의 견해를 담은 글을 쓰지 않고 박세체가 지은 행장에 있는 말을 가지고 글을 엮어놓았다. 윤증이 이것을 받아보고 박세채의 글을 쓸 바에는 박세체에게 부탁해야 하는 일인데 구태여 스승인 송시열에게 부탁할 게 무엇인가 싶어 윤증은 몇 차례 고쳐줄 것을 부탁했으나 송시열은 끝내 응해주지 않았다.

윤증은 송시열이 본래 엄하고 준열하여 너그럽게 용서하는 일이 없고 안색이 쉽게 변한다는 것을 그의 문하에 들기 전에 아버지 윤선거를 통하여 알고 있었다. 그 후부터 윤증은 송시열의 잘못을 낱낱이 들어 맹렬하게 공격하기 시작하였다. 두 사람 모두 당대의 큰 인물들이라 숙종도 우려가 컸으나 어찌할 도리가 없었다. 결국, 이것이 서인이 노론과 소론으로 갈라지는 시발점이 되었다. 송시열을 따르는 사람을 노론이라 하고 윤증을 따르는 사람을 소론이라 하였다. 윤증은 조선 왕조 500년 동안에 임금의 용안을 한 번도 보지 못하고 삼공의 지위에 오른 인물이었다.

숙종 9년 호조참의에 제수했을 때 윤증은 겨우 과천까지 올라왔다 사양하고 돌아갔다. 숙종 10년에 대사헌에 제수되고, 숙종 11년에 우참찬, 숙종 12년에 우찬성에 제수되었으나 모두 거절하고 평생 학문에만 열중한 사람이었다.

민장도는 서인들을 제거할 구실을 촌각도 방심하지 않고 찾고 있을 때인데 마침 원자 책봉을 거두라는 송시열의 상소가 올라왔다. 중전이 아직 보령이 유충하니 더 기다려야 한다는 것이 그 이유였다.

송시열은 노론과 소론이 갈라질 무렵 청주의 화양동 계곡에 들어가 은거하고 있는 중이었다. 숙종은 상대가 송시열인지라 이것을 크게 문제 삼지 않았다. 그런데 취선당에서 하룻밤을 지낸 숙종은 태도가 돌변해버렸다.

차제에 우부승지 이현기가 숙종의 배알을 청하여 송시열의 상소를 반박하고 나서자 교리 남치훈이 이에 가세하였다. 마침내 송시열에게 삭탈관직과 문외 출송의 처벌이 내렸다. 영의정 김수홍이 파직되고, 좌의정 조사석이 체직되었으며 양사의 간관들도 교체되어 서인들이 대거 퇴출당하고 말았다. 그리고 남인들이 다시 집권하게 되니 이 사변을 '기사환국(己巳換局)'이라 한다.

새로 대사간이 된 이항이 송시열을 다시 탄핵하였는데, 대사헌 민중도가 이에 가세하여 송시열은 결국 제주도에 유배 위리안치되었다. 이어서 서인들에 대한 처벌이 뒤따랐다. 영의정 김수항은 진도에 위리안치되고, 김익훈, 박빈, 김환, 양지엽, 이광한 등은 참수되었으며 중전 인현 왕후의 중부(仲父) 민정중이 절해고도에 위리안치되고 김만중이 다시 남해로 유배되었다. 서인의 철저한 몰락이었다. '기사환국'으로 인현 왕후는 절해고도에 위리안치된 거나 다름없는 외로운 신세가 되었다. 신분은 달라도 중전과 똑같은 처지에 있는 여인이 또 한 사람 있었다. 후궁에 간택되어 궁에 들어온 김 귀인이었다. 그녀의 조부 김수홍과 종조부 김수항도 세상을 뜨고 아버지 김창국마저 유배되어 떠났다. 중전이나 김 귀인은 숙종의 의사와는 상관없이 전적으로 승하한 대비의 뜻에 따라 간택된 여인들이라 두 여인은 동병상련(同病相憐)의 처지가 되었다. 그러다 보니 자주 만나 정담을 나누게 되고 쌓인 회한을 가끔씩 토해내기도 하였다.

어느 날 중전이 김 귀인에게 꿈 이야기를 한 일이 있었다. 그것도 당시에 꾼 것이 아니고 병인년 장옥정이 숙원에 봉해지던 그해 어느 날의 꿈이었다. 현종과 현종 비 명성 왕후가 현몽하여 이르기를 중전과 귀인은 복록이 길어 선조조와 같이 아들을 많이 낳을 것이다. 반면 장숙원은 아들이 없고 박복할 것이며, 경신년에 뜻을 잃은 사람들과 결탁하여 망극한 일을 꾸며서 종사를 크게 불안하게 할 것이니 조심하라는 내용이었다. 그러면서 그때 무슨 수를 써서라도 장숙원을 경계해야 했었다는 후회의 말도 덧붙였다.

이 이야기는 늘 중전 주변을 맴돌면서 정탐하던 설향이 엿듣고 희빈에게 전했다. 희빈에게서 이 말을 들은 숙종은 이것을 중전의 투기로 받아들였다. 내전으로 달려간 숙종은 한바탕 화를 쏟아내면서 중전 폐출의 환영이 순간 머리를 스쳐 감을 느꼈다. 사실 장희빈은 중전 폐출을 위한 음모를 서서히 시도해가고 있는 중이었는데 이것이 중전 폐출의 서막이 되었다.

어느 날 숙종이 들었을 때 희빈은 중전이 지어 보낸 원자의 옷 속에서 원자를 저주하는 부적이 들어있었다고 고했다. 숙종이 그 부적을 보자고 하였으나 가지고 있으면 원자에게 해가 될까 보아 태워버렸으며, 그것으로 인해 궐 안이 시끄러워질까 보아 함구하기로 했다면서, 자신의 도량을 은근히 과시했다. 이야기는 그것으로 끝나지 않았다. 중전이 원자의 속옷을 보내던 날 밤 취선당 뒤뜰에 있는 물푸레나무 밑에 희빈과 원자를 닮은 목각 인형이 가슴에 비수를 꽂은 채 묻혀있는 것을 설향이란 아이가 캐내어 왔다고 고변하면서, 그동안 차마 말 못하고 넘어간 사연들이 많았음을 암시하는 사설들을 늘어놓았다. 숙종이 보기에는 이토록 마음이 넓고 아름다운 여인에게 중전의 투총은 도를 넘어 더 이상 용납할 수 없는 지경에 이르렀다고 판단했다. 이제 주상은 국왕이라기보다 희빈의 의도대로 움직이는 꼭두각시에 불과했다.

희빈의 기쁨은 숙종의 기쁨으로 이어지고 희빈의 분노는 숙종의 분노로 이어졌다. 숙종의 분노는 중전 폐출을 결행하기 위한 방안을 모색하는 단계에까지 이르렀다. 우선 귀인 김씨부터 궐 밖으로 내쳤다. 그러나 중전의 폐출은 쉽지 않았다.

이 무렵 삼사의 간관들이 제주도에 유배되어있는 우암 송시열의 논죄를 극렬하게 주청하고 이에 대한 비답을 기다리고 있었다. 숙종 15년(1689) 4월 21일 참다못한 중신들은 송시열에게 극형을 상주하기 위하여 주상의 배알을 청하였다. 중신들의 이야기를 다 들은 숙종은 그보다 더 중요한 일이 있으니 잘 들어라 전제하고 중전의 이야기를 꺼냈다. 숙종은 꿈 이야기부터 시작하여 부적 이야기, 목각 인형 이야기 등 희빈이 들려준 인현 왕후의 죄상을 설명하면서 중전의 폐출을 입에 담았다. 중신들은 아연실색하지 않을 수가 없었다. 송시열에 대한 비답은커녕 조정 중신들의 분위기는 황망함, 그것이었다.

이틀 후 23일은 중전이 23번째 맞는 생일이었다. 숙종은 내관을 시켜 중전의 생일 하례를 중지하라는 어명을 내렸다. 그렇지 않아도 작년 8월 승하한 장렬 왕후의 상중이고, 친정아버지 영양부원군 민유중의 탈상이 얼마 남지 않은 데다 큰아버지 민정중이 중벌을 받은 일로 해서 이번 생신은 검소하게 지내려고 마음먹고 주변에 일러둔 바 있었다. 그런데도 막상 중전 생일 하례를 중지하라는 명을 받고 보니 몹시 서운하고 야속했다. 인현 왕후는 왕명에 따라 평소대로 지내고 있는데, 사가의 친정어머니가 딸의 생일에 그냥 말 수 없어 음식을 만들어 보내왔다. 친정어머니가 정성들여 만든 음식마저 거절할 수가 없어 받아들인 것이 화근이 되었다. 때마침 들린 숙종이 이를 본 것이다. 빌미를 찾던 숙종에게는 더 할 수 없는 좋은 기회였다.

그날로 폐출 명령이 떨어졌다. 아무리 남인의 세상이 되었다고 하나 중전의 폐출까지 흔쾌히 받아들일 중신들은 아무도 없었다. 조정 중신들은 이의 부당함을 항변하고 정청(庭請)으로 맞섰다. 정청이란 관료들이 퇴궐하지 않고 궐내에 남아서 항의하는 시위의 일종이다.

정청이 계속되던 4월 25일 오두인(吳斗寅)을 비롯한 전참판 유헌, 이세화, 전응교, 박태보 등 서인 80여 명이 집결하여 연명으로 인현 왕후의 폐출이 부당함을 간하는 상소를 올렸다. 상소문은 박세당의 아들 박태보가 지었는데 성품이 강직하여 소의 내용도 격했다. 그리고 오두인은 숙종의 매부인 오태주의 아버지이다. 다시 말하면 숙종의 누이 명안 공주의 시아버지가 된다. 그 때문에 서인임에도 불구하고 삭탈관직을 면한 것이다. 오두인 등 상소를 올린 자들은 금호문 밖에서 숙종의 비답을 기다리다가 날이 어두워지자 거의 다 집으로 돌아가고 오두인, 이세화, 박태보, 전참의 심수량, 전정자(正字) 조대수, 목사 이돈, 전수찬 김몽신, 전한림 이인영, 전정언 김덕기 등 몇 사람만 남았다. '기사환국' 때 쫓겨난 사람 중 한양 부근에 사는 사람들이었다. 이를 본 남인들은 인현 왕후가 서인들에 의해 간택된 인물이기 때문에 서인들 만큼 절실한 마음이 없는지라 정청을 거두어버렸다.

　진노한 숙종은 남아있는 사람 모두에게 족쇄와 항쇄(목에 싸우는 칼)를 채우라 하고 인정문에서 문초를 시작하였다. 숙종이 친국하는 자리인지라 문초는 혹독했다. 모든 것을 자신이 떠안아버린 박태보에게 고문이 집중되었다. 압슬형에 화형까지 가해졌다. 심한 문초 끝에 박태보는 진도에 유배 위리안치, 오두인은 의주에 위리안치, 그리고 이세화, 유현은 정주로 유배를 떠났다. 압슬형에 화형까지 받은 박태보는 함거에 실려 귀양길을 떠났으나 너무도 위중하여 한강을 건너 노량진에 이르러 가족과 백성들의 통곡 속에 5월 4일 숨을 거두었다. 36세의 젊은 나이에 세상을 떠났다.

　한편 창덕궁에서는 인현 왕후의 옥책과 금보를 거두어 불태우고 중외에 폐비를 알리는 반교문을 반포하였다. 이때가 5월 2일이다. 왕명이 떨어지면 잠시도 지체할 수 없는 것이 지엄한 궁중 법도이다. 폐비 민씨는 소복으로 갈아입고 대전을 향해 4배를 올린 후 왕실에서 배려해준 궁녀 7인을 거느리고 흰 가마를 타고 요금문으로 나가 안국동 사저로 옮겨갔다.

　비록 폐비가 되어 돌아왔지만, 어미 된 자의 마음으로는 이를 받아들일 수 없었다. 국모를 사랑채에 모실 수가 없어 친정어머니는 본채를 비워주고 소의문 밖에 있는 애오개(阿峴)의 민 정중의 집으로 거처를 옮겨갔다.

그러나 폐비 민씨는 본채의 문을 모두 걸어 잠그고 사랑채에 들어 살면서 매일 마당에 멍석을 깔고 궁궐을 향해 4배를 올린 후 잠자리에 들었다. 음식도 잡곡을 섞고 찬을 줄였으며, 옷은 항상 소복을 입었다. 그녀는 시종 죄인의 길을 가고 있을 뿐이었다.

❖ 희빈이 왕비에 책봉되고

5월 6일 희빈 장씨에게 왕비 책봉의 전지가 내렸다. 비록 상중이기는 하나 우선 거처를 중궁으로 옮기고 책비례(册妃禮)는 탈상 후로 미루면 그만이었다. 숙종은 권대운의 주청으로 2품 이상의 훈구 대신들을 불러놓고 이에 대한 후속 조치를 의논하였다.

그 결과 5월 7일 장희빈의 아버지 장형에게는 옥산 부원군(玉山府院君)이란 군호가 내려지고 장형의 전처 희재의 친모 고씨에게는 영주 부부인(瀛州府夫人)으로, 희빈의 친모 윤씨에게는 파산 부부인(坡山府夫人)으로 봉했다.

5월 13일 장희빈은 가채를 올리고 대례복으로 갈아입은 후 예관들의 인도를 받아 종묘에 들러 중전의 자리에 오르게 되었음을 고하고 사직단에 고제를 드린 후에 중궁전에 들었다. 그리고 벅찬 가슴으로 원자를 안았다. 중전의 아들이니 명실상부한 원자로서의 위치를 확보하게 되었으므로 지존이나 다름없었다.

조정 대소사는 이제 주상 중심에서 장옥정 쪽으로 옮겨가기 시작하였다. 그것은 장희재, 동평군, 민장도의 세상이 되었음을 의미한다. 동평군은 옥비책봉주청사라는 대임을 맡아 청나라로 떠나고 장희재는 내금위장, 민장도는 호조 좌랑에 제수되었다. 이 세 사람이 곁에 있고, 조정 중신들이 남인으로 채워졌으니 세상은 이제 장옥정의 것이었다.

장옥정은 예조와 공조에 일러 부친 옥산 부원군의 묘소를 넓히고, 국구의 신분에 맞는 석물을 세우라고 했다. 중인인 역관의 신분으로는 꿈엔들 엄두도 못 낼 일이 사실로 이루어지고 있었다.

이때 장옥정의 득세에 절치부심하고 있는 청년 한 사람이 있었다. 광성 부원군 김만기의 손자요, 전교리 김진구의 아들 김춘택이 바로 그 사람이었다. 김진구는 숙종의 첫 번째 왕비 인경 왕후의 오라버니이니, 춘택은 숙종의 처조카가 된다. 당시 춘택의 나이 20세, 어릴 때부터 박세채의 문하에 있다가 이제 막 스승과 이별하고 떠나온 것이다. 조부 광성 부원군 김만기의 죽음과 아버지 김진구의 제주도 유배, 종조부 김만중의 남해 유배 등이 모두 장옥정으로 인하여 비롯되었다. 김춘택의 작은 할아버지 김만중은 2년 전 조사석과 장옥정의 모친 윤이례와의 심상치 않은 관계를 규탄하는 상소를 올렸다가 남해로 귀양을 갔는데 원자 탄생으로 사면을 받았지만 '기사환국'으로 다시 남해로 귀양을 갔다. 김춘택이 5월 하순경 종조부 김만중을 찾아뵈러 남해로 떠났다. 김만중은 학문을 좋아하고 곧은 성품을 가진 김춘택을 몹시 사랑했다.

　이 무렵 우암 송시열을 사사하라는 어명이 내려왔다. 숙종은 송시열의 제거를 집요하게 밀어붙이는 남인들에 못 이겨 인현 왕후의 폐비를 묵인하는 조건으로 그들의 요구를 수용한 것이다. 처음에는 송시열을 잡아 올려 문초하여 처형하려 하였으나 영의정 권대운, 좌의정 목내선, 우의정 김덕원, 병조판서 겸 판의금 민암 등이 나서서 어차피 그를 처형할 바에는 도성까지 끌어와 소란을 피울 까닭이 무에 있겠느냐며 국문 없이 사사하도록 상소를 올렸다. 숙종은 사약을 가지고 가는 의금부 관원에게 만나는 자리에서 사사하라는 명을 내렸다. 그곳이 바로 정읍 관아였다.

　이 소식을 들은 김춘택은 허탈한 가슴을 부여안고 남해 유배지에 당도하여 병색이 짙은 김만중을 보자 하염없이 눈물이 쏟아졌다. 효성 지극한 김만중은 어머니를 위하여 『구운몽(九雲夢)』이라는 소설을 썼다. 김춘택이 가져온 『구운몽』이라는 소설책을 접한 김춘택의 증조할머니는 아들을 본 것처럼 반기며 읽고 또 읽었다. 며느리가 읽어주고 손자며느리가 읽어주고, 시간 가는 줄 몰랐다. 그러다 그해 김만중의 어머니는 75세로 세상을 떠났다. 그 무렵 시중에는 이상한 노래가 아이들 입에서 번져가고 있었다.

미나리는 사철이요, 장다리는 한철일세.
철을 잃은 호랑나비, 오락가락 노닐으니.
제철가면 어이놀까. 제철가면 어이놀까.

미나리는 폐비 민씨요, 장다리는 장옥정임을 바로 알 수 있는 가사였다. 세태를 풍자한 노래는 인위적 노력 없이도 스스로 확산되어간다. 김춘택이 지어 퍼트린 이 노래는 애쓰지 않아도 빠른 속도로 번져가고 있었는데, 언제부터인가 도성 안에는 『사씨남정기』라는 소설이 나돌고 있었다. 줄거리는 이러했다.

명나라 가정 연간에 금릉 순천부에 사는 유현이라는 명신이 늦둥이 아들 연수를 낳았다. 연수는 15세에 과거에 응하여 장원급제 하고 한림학사를 제수받았으나 아직 연소하므로 10년을 더 수학하고 나서 출사하겠다고 했다. 천자는 특별히 본직을 그대로 둔 채 6년 동안의 여가를 주었다.

유 한림은 덕성과 재학을 겸비한 사씨(謝氏)와 결혼하였으나 9년 동안에 아이를 갖지 못했다. 하다못해 사씨는 남편에게 후처를 맞이하도록 권했으나 금슬 좋은 남편은 여러 차례 거절한다. 결국, 사씨의 성화에 못 이겨 교씨라는 여인을 맞아들이게 된다.

교씨는 천성이 간악하고 질투와 시기심이 강한 여자로, 겉으로는 사씨를 존경하는 척하나 속으로는 증오하고 있었다. 그러다 교씨가 아이를 낳게 되니 이제는 정실이 되려고까지 마음을 먹는다. 자기 집을 드나드는 동청과 모의하여 남편에게 온갖 참소를 다한다.

　유 한림은 처음에는 믿지 않았으나 교씨가 자기가 낳은 아이를 죽여놓고 그 죄를 사씨에게 뒤집어씌우니 유 한림도 믿지 않을 수 없게 도고, 결국 사씨를 내쫓고 교씨를 정실로 맞이한다.

　교씨는 이에 그치지 않고 문객 동청과 간통하면서 유 한림의 재산을 빼돌려 도망칠 궁리까지 한다. 유 한림을 천자에 참소하여 유배시키는 데 성공한 동청은 그 공으로 지방관이 되는데 이들은 자신의 지위를 이용하여 백성들을 착취하며 갖은 악행을 다 저지른다.

　백성들의 원성이 높아지자 이를 안 천자는 충신을 참소한 동청을 처형하고 유 한림을 유배지에서 불러들인다. 유 한림은 이때 비로소 교씨와 동청의 간계에 속은 것을 알고 죄를 뉘우친다.

　유배가 풀려 고향에 돌아온 유 한림은 사씨를 찾아 나선다. 한편 퇴출당한 후 산사에 틀어박혀 살던 사씨는 남편이 석방되었다는 소식을 듣고 산사를 나와 남편과 만난다. 유 한림은 사씨에게 전죄를 사과하고 고향으로 돌아와 교씨를 처형한 후 사씨를 다시 정실로 맞아 전과 같이 잘 살게 되었다.

　무대를 중국 명나라로 한 것은 긴박하게 돌아가고 있는 현실의 예봉을 피하고자 한 것이 아닌가 생각된다. 국문본으로는 목판본, 필사본, 활자본이 있고 김춘택의 한역본이 남아있다.

　이 책은 김만중이 폐비 민씨를 위해 썼고, 김춘택이 도성 안에 뿌렸다. 한문본과 국문본을 별도로 필사하여 사대부가에는 한문본을, 글을 아는 백성들에게는 언문본을 뿌렸다. 야밤에 담 너머로 던지니 그 출처를 알 길이 없었다. 누군가 또 다른 복사본을 만들어 돌리니 그 연쇄적 확산은 오래지 않아 도성 안 곳곳에 퍼졌다.

　1690년 10월 22일 중전 장씨의 책비례가 화려하게 거행되었다. 이제 명실상부한 중전이 된 것이다. 한 여인으로서 국모의 자리에 오르고 주상의 총애를 한 몸에 받으며 세자의 어미가 되었으니 이보다 더한 영화가 어디에 또 있을까? 가까이에는 오라버니 장희재와 그 곁에 민장도가 있고, 조정 중신들은 자신을 감싸줄 남인들이 포진하고 있다. 그야말로 철옹성이라 생각했다. 중전 장씨의 사치와 낭비벽은 극에 달했다. 그뿐 아니라 상궁 나인들에게 매질은 보통이고, 조정 중신들까지 중궁전에 불러들여 호통을 치고 있었다.

　포도대장 장희재의 위세는 어떤가? 가렴주구는 말할 것도 없고, 매관매직이 공공연하게 이루어지는가 하면 그의 비위를 거슬리고서는 벼슬살이도 제대로 할 수 없는 세상이 되어있었다.

　중전 장씨는 상궁 나인들한테 매질을 할 때 옷을 벗겨놓고 알몸에 곤장을 치는 변태적인 잔인함이 있었다. 매일 비명 소리가 궐 안을 진동하니 이 소리가 숙종의 귀에 들어가지 않을 리가 없었다. 이들의 횡포를 어느 정도 감지한 숙종은 양미간이 조금씩 좁아지기 시작했다. 숙종이 몇 번은 타일렀으나 중전은 내명부 일이니 왕은 간섭하지 말라며 막무가내였다. 숙종의 마음은 점점 무거워지기 시작하였다. 저토록 간악한 여인이었던가? 장옥정은 착각하고 있었다.

　자신이 처한 곳이 철옹성이 아니라 숙종의 총애라는 동아줄에 매달려있음을 깨닫지 못하고 있었다. 그 동아줄 한 가닥이 끊어지고 있었다.

❖ 미나리와 장다리

　이때 대궐 안팎에서 나돌던 『사씨남정기』가 숙종보다 중전 장씨의 손에 먼저 들어왔다. 중전 장씨는 경련을 일으킬 정도로 분노했다. 심복 설향이를 시켜 상궁 나인들의 숙소를 샅샅이 뒤져 몇 권의 책을 입수했으나 그 출처는 알 길이 없었다. 중전은 총융사 장희재를 불러 불호령을 내렸다. 총융사(摠戎使)는 수원, 광주(廣州), 양주, 장단, 남양 등 각 진을 살피는 종2품의 막중한 직위의 무반이다. 장희재가 도성 안을 샅샅이 뒤져 『사씨남정기』를 찾아 불태웠으나 그 역시 출처를 알 길이 없었다. 중전 장씨에 대한 인식이 차츰 바뀌면서 숙종은 정신이 들었다. 한동안 치자의 도리를 망각하고 있었음을 깨닫기 시작한 것이다. 경연을 다시 시작하여 조강, 주강, 석강을 열고 야대까지 자청하였다. 밤새워 책을 읽고 미행도 다시 시작하였다.

숙종 18년(1692) 4월 23일 폐비 민씨의 26번째 생일이었다. 이날도 숙종은 밤에 미행을 나갔다가 대궐에 들어와 침전으로 가는 중에 어느 무수리의 침방에 불이 켜져있는 것을 보았다. 시각이 모두 잠들어있을 때라 이상하게 여겨 가까이 다가가 안을 들여다보았다.

한 무수리가 상을 차려놓고 치성을 드리고 있었다. 무슨 사연인지 알아보기 위해 숙종은 문을 열고 방안으로 들어섰다. 갑작스러운 임금의 출현에 최 무수리는 소스라치게 놀랐다. 그리고 모든 것을 각오했다.

오늘이 폐비 민씨의 생일이라 폐비가 중전으로 있을 때 모시고 있었으므로 그분이 그리워 생일상을 차려놓고 축원하는 중이라고 눈물을 쏟으며 고백했다. 폐비를 그리는 그 애틋한 마음이 얼마나 갸륵한가! 숙종은 이미 중전 장씨와의 지난 과거를 뉘우치고 있었으므로 오히려 자신이 부끄러웠다. 숙종은 승전색을 시켜 주안상을 가져오라 하여 그날 밤을 그곳에서 머물렀다. 그때 『사씨남정기』 한문본이 숙종에게 전해졌다. 최 무수리의 사가에서 은밀히 구해와 깊숙이 감추어놓은 것이다. 숙종도 대강은 알고 있었으나 서책은 처음 보았다.

심복 설향이의 고자질로 장옥정이 이 사실을 알게 되었다. 눈이 뒤집힌 중전 장씨는 최 무수리를 잡아오라 하여 옷을 벗기고 형틀에 매어놓고 다짜고짜 매질로 다그쳤다. 네 방에 출입하는 갓 쓰고 도포 입은 사내가 누구냐고 추궁하였다. 그것은 숙종이 미행할 때 입는 미복이다. 모를 리 없지만 옥정은 모르는 척 억지를 부렸다. 이 사실을 내시의 고변으로 알게 된 숙종이 현장으로 달려갔다. 숙종은 최 무수리를 구하여 약방으로 옮겨 치료하라 명하고 대전으로 돌아왔으나 마음은 착잡했다. 최 무수리를 그대로 두었다가는 또 무슨 사단이 벌어질지 모를 일이었다.

숙종은 그해(1692) 초겨울에 최 무수리를 숙원에 봉했다. 최 숙원의 나이 24세였다. 무수리가 상궁도 거치지 않고 일약 종4품 후궁의 반열에 오른 것이다. 숙종의 총애 또한 지극하였다. 이듬해 숙종 19년(1693) 2월 최 숙원의 회임 소식이 전해졌다. 적적한 세월을 보내고 있던 숙종에게는 큰 기쁨이 아닐 수 없었다. 중전 장씨는 당황했다. 만약 최 숙원이 왕자를 낳을 경우에는 어떤 변화가 생길지 아무도 예측할 수 없기 때문이었다. 중전 장씨는 희재를 불러 대책을 의논해보았으나 별다른 묘책이 없었다. 희재는 민장도를 만나 그의 머리를 빌렸다. 최 숙원과 가장 가까운 사람 중에 호구지책이 어려운 사람을 물색했다. 이때 걸려든 사람이 최 숙원의 내 사촌 형부 김해성(金海成)이라는 사람이었다. 장 희재는 김해성을 불러 앉혀놓고 돈 50냥을 내놓으며 설득했다. 일이 성사되었을 경우 재물은 물론 벼슬까지도 보장하는 영화의 꿈을 심어주었다. 이 정도의 조건이라면 어떤 부탁이라도 들어줄 수 있겠다 싶었다.

이어 장희재가 지시한 내용은 최 숙원에게 보약을 올리는데 그 속에 독을 넣으라는 것이었다. 너무도 엄청난 일이라 선뜻 대답이 나오지 않았으나 선택의 여지도 없었다. 만약 거절하면 목숨을 내놓아야 하기 때문이다. 이러한 음모가 진행되고 있는 동안 최 숙원은 숙종 19년 10월 6일 왕자를 낳았다. 중전 장씨는 몸이 달았다.

숙종 20년(1694) 3월 29일 새벽 숙원 최씨의 독살음모 사건이 고변되었다. 고변자는 성균관 유생 김인, 서리 박귀근, 보인(保人) 박의길 등 세 명이었다. 조정이 발칵 뒤집혔다. 결국, 약을 전달한 김해성이 잡혀와 숙종 앞에서 모든 것을 자백하였다. 숙종은 훈련대장 이의징의 고신부터 거두고 그 자리에 신여철(申汝哲)을 대신하였으며, 윤지완(尹趾完)을 어영대장에 제수하고 승지와 옥당을 모두 파직시켰다. 이때가 새벽 2시경이었다.

동년 4월 17일 민암, 민장도, 장희재, 이의징, 오시복, 목창명 등을 잡아들여 문초하기 시작하였다. 이로 인하여 남인들이 모두 물러나고 다시 서인들이 등용되는 '갑술환국'이 일어났다. 밤사이에 큰 바람이 불었다. 남구만을 영의정에 제수하고 호위대장을 겸하도록 했다. 이조판서에 유상운, 병조판서에 서문중, 형조판서에 윤지선, 공조판서에 신익상, 이조참판에 박태상을 제수하였다. 폭풍이었다.

이튿날 아침 세상이 뒤집힌 것을 안 도성 안 사람들은 장희재의 집으로 달려가 가재도구를 모두 깨부수고 창고를 열어 산더미처럼 모아놓은 금은보화를 분탕질해갔다. 민암, 이의징은 처음에는 원찬 되었으나 종내는 사약을 내렸고, 장옥정의 모사로 활약한 민장도는 곤장 300대를 이기지 못하고 숨을 거두었다. 그리고 장희재는 제주도에 부처되었다. 김춘택의 아버지 김진구를 비롯한 김진규, 김진서, 김만채, 이언강 등이 귀양에서 풀려나고 우암 송시열의 작위도 복위시켜주었다. 사태가 여기에 이르자 중전 장씨는 세자를 찾았다. 이제 의지할 사람은 세자밖에 없었다. 세자의 나이 일곱 살이었다. 세자가 오자 중전 장씨는 세자를 데리고 대전으로 가기 위해 나섰다. 그러나 중전은 이미 연금 상태에 있었다. 내금위 병사들이 중궁전을 둘러싸고 있어 나갈 수가 없었다. 중전은 다시 돌아와 세자를 안고 한없이 울었다.

✤ 인현 왕후의 복위

숙종은 승지 황재명을 폐비 민씨에게 보내어 복위되었음을 알리고 속히 환궁할 것을 권했다. 인현 왕후는 이미 죄짓고 쫓겨난 사람이 무슨 염치로 다시 국모의 자리에 오를 수 있겠느냐며 자신보다는 새로운 중전을 맞으심이 왕실의 번창을 위하여 옳은 일이라 주청을 올리고 복위를 극구 사양하였다. 그러나 숙종의 계속되는 간곡한 당부를 마냥 거절할 수만은 없어 1694년 4월 13일 6년 동안의 유폐 생활을 청산하고 폐비 민씨는 환궁하였다. 꿈에도 생각하지 못했던 감격의 순간이었다. 지난날이 주마등처럼 지나갔다. 『인현왕후전』에서 전하는 그녀의 사가에서의 생활을 보자.

　인현 왕후가 거처하는 곳은 마당에 잡초가 무성하고 쓰지 않는 창문은 찢어지고 곳곳이 거미줄이 무성하였다. 다소 손을 보자는 시녀들의 성화에도 막무가내였다. 어느 날 난데없는 개 한 마리가 들어와 거두어주었더니 새끼 세 마리를 낳아 네 마리의 개가 집 주위를 지켜주어 마음이 놓였다.
　날마다 적적함을 이기지 못하다가 민정자(閔正字)의 딸을 데려다 소학과 열녀전을 가르치고 말벗 삼아 지내면서 누구를 원망하거나 탓하는 법 없이 천연 자약하게 지냈다. 부원군의 삼 년 상도 사가에서 마쳤는데, 그 후 본가에서 채색 옷을 들여왔으나 거절하고 무명옷만 입고 죄인을 자처하며 살았다. 가끔씩 담 너머로 채소나 먹을거리를 던져주는 사람도 있었다.

인현 왕후가 입궐할 때 숙종은 창경궁 경복당(구 선원전 후방 터)까지 나아가 중전을 맞이하였다. 주상은 그만큼 미안하고 염치가 없었던 것이다. 귀인 김씨도 다시 복위시키고 장옥정을 희빈으로 내렸다. 장씨에게서는 옥새를 거두어 파쇄해 없애고 장희빈의 부모 옥산 부원군과 부부인의 작호와 교지를 모두 거두어 불태워버렸다. 그리고 이후부터 후궁이 왕비에 오르지 못하도록 국법으로 정하라는 왕명을 내렸다. 희빈의 거처는 다시 취선당으로 정하고 세자의 조석 문안만은 허용하였다.

숙원 최씨는 또다시 임신을 했다. 작년 10월 6일에 출산했던 왕자 영수는 몇 개월 못 살고 죽었다. 6월 2일 이 소식에 접한 숙종은 숙원 최씨를 내명부 서열 종2품인 숙의에 봉했다. 이때도 무려 4등급이나 오른 파격적인 승차였다. 숙의 최씨는 9월 20일 왕자를 낳으니 이 왕자가 후에 영조 임금이다.

장희재가 제주도에 유배되어 떠나는 동안에 궁중에서는 또 한 차례 큰 소란이 일어났다. 중궁전을 수리하던 중에 벽 틈에서 장희재가 중전 장씨에게 보낸 편지가 발견되었다. 그 내용이 최 숙원 독살 음모 사건에 관한 것인데 거사 계획이 자세히 적혀있고, 폐비 장씨도 은자를 낸 기록이 명백하게 적혀있었다.

숙종은 배소로 가는 장희재를 다시 끌어올려 문초를 시작하였다. 영의정 남구만이 숙종을 만류하고 나섰다. 모두가 의외로 받아들였다. 사려 깊은 남구만은 이 사건을 다시 추국하여 확대시키면 희빈 장씨를 죄주지 않을 수 없고 그리되면 세자가 무사할 수 없음이었다.

숙의 최씨가 낳은 왕자가 있으니 세자가 바뀌는 사단이 일어나면 자칫 피바람을 몰고 올 수도 있기 때문이었다. 숙종은 남구만의 깊은 속을 아는지라 그의 소청을 받아들여 국청을 중지하고 장희재를 다시 제주도로 유배시켰다.

숙종이 각성하여 마음을 다잡고 장옥정의 폐위로 대궐 안팎이 이제 한시름 덜은 데다 영의정 남구만이 숙종의 뜻에 따라 파당을 극복하려는 탕평책이 주효하여 조정 중신들도 자리를 잡아가는 조용한 세월이 흘러가고 있었다.

숙종 22년(1696) 3월, 좀 이르기는 해도 9살 된 세자의 배필을 정하는 빈의 간택을 서둘러 4월에 삼간까지 마치고 가례식은 5월로 정했다.

그 무렵 '갑술옥사' 때 사사된 훈련대장 이의징의 집에 아들 홍발(弘渤) 앞으로 익명서가 한 장 날아들었다. 서찰의 내용은 서인을 몰아내고 남인들이 재기할 수 있는 묘책이 적혀있었다. 홍발은 처음에는 서인의 농간이 아닐지 의심하였으나 내용이 절묘하여 한번 시도해볼만한 것으로 판단하였다. 한 번 죽으면 그만 아닌가! 며칠 뒤에 양사는 생원 강오장(姜五章)이라는 사람에게서 변괴를 알리는 상소가 올라왔다.

"왕세자의 외조부 장현의 묘가 마구 파헤쳐져 있고 그 흙 속에 세자를 저주하는 목패와 나무로 만든 칼 찬 인형이 두 개가 파묻혀있었습니다."

형조판서 최석정이 관원을 이끌고 현장을 가보았더니 과연 장현의 무덤이 형편없이 무너져 있었다. 관원 한 사람이 주변을 살피다가 누군가 흘리고 간 호패 하나를 주어왔다. 병조판서 신여철의 집종 응선(應先)의 것이었다. 아무 영문도 모르고 의금부 나졸들에 의해 끌려온 응선은 국문을 받았으나 매에 못 이겨 죽고 말았다. 사건은 미궁으로 빠져들었고 서인들은 좌불안석이었다. 특히 노론의 입장은 더했다. 잘못하면 또다시 피바람이 불 수도 있는 일이 아니던가! 그러니 범인 색출에 혈안이 될 수밖에 없었다.

이때도 남구만과 유상운은 주상과 입장이 달랐다. 장희재 사건 때와 마찬가지로 이 일도 희빈 장씨와 연루될 가능성이 크기 때문에 세자의 안위를 위하여 일이 확대되는 것을 바라지 않았다. 그러나 이번에는 주상의 의지가 확고했다. 범인을 찾아내는 자에게 후한 상금까지 걸었다. 수사는 활기를 띠었다. 그러던 중 장 가의 문지기들한테서 뜻밖의 제보가 들어왔다.

"장희재의 종 업동이 얼마 전에 묘소에 머물면서 하는 말이 '수일 뒤에 대궐에 큰 변괴가 있으리라.' 하면서 떠들어댔습니다."라는 고변이었다. 충분히 단서가 될 만한 제보였다. 이 사건도 남구만의 간곡한 만류가 있어 숙종은 접으려 했으나 삼사의 간관들과 노론계의 신료들이 극열하게 들고 일어나 업동을 추국하여 진상을 밝혀야 한다고 간청해왔다. 세자 가례를 한 달 앞두고 조정이 심한 혼란 속으로 빠져드는 것이 염려되어 숙종은 서둘러 업동을 엄중하게 추국하였다. 결국, 이 사건은 이홍발의 단독 범행임이 드러났다. 응선의 호패는 이홍발의 지시로 업동이 응선을 술집으로 유인하여 훔친 것이고, 묘지에서 일어난 모든 상황은 이홍발의 각본대로 만들어진 것이었다. 이홍발은 군기시 앞에서 처형되고 업동은 원지로 유배하는 것으로 이 사건은 매듭지어졌다. 이것은 병조판서 신여철에게 죄를 뒤집어씌워 그 병권을 제거한 뒤 서인들을 일망타진하기 위한 계책이었다. 무고를 주장하며 국청을 중지해줄 것을 주청한 남구만은 영중추 부사로 체직되었다.

김춘택은 민암, 장희재 등의 무고로 자칫 큰 고초를 당할 뻔하였으나 최 숙의의 독살음모 사건이 터지는 바람에 무혐의로 풀려났다. 그러나 김춘택은 이 사건으로 장희빈과의 소식선이 단절되어버렸다. 그렇다고 이대로 가만있을 장희빈, 장희재가 아님을 김춘택이 잘 알고 있었다. 여러 가지 궁리 끝에 장희재의 본처 작은아기를 떠올렸다. 장희재는 관직에 오르자 장악원 기생 숙정에게 마음이 끌려 동평군을 앞세워 숙정을 기적에서 빼낸 뒤 소실로 맞아들였다. 말이 소실이지 이미 본처를 내쫓고 본처 행세를 하고 있었다. 옛날 대비가 살아있을 때 대비의 지시로 김석주가 장씨 일가를 조사한 일이 있었다. 그 내력 중에 작은아기에 대해서는 입놀림이 가볍고 행실이 경박하다는 사실을 알아둔 바 있었다. 한마디로 분별력이 없는 천박한 여인이었다. 김춘택은 매파를 놓아 손쉽게 작은아기에 접근할 수가 있었다. 그럼으로써 적어도 희빈 사가 쪽의 동태는 어렵지 않게 파악할 수 있었다. 제주도에 부처되어있는 장희재는 숙정에게 서찰을 보냈는데, 동평군 항을 비롯한 남인 잔여 세력과 척분들을 규합하라는 내용과 더불어 숙정에게는 무당의 힘을 빌려 중전을 위해하고 희빈의 복위를 꾀해보라는 내용을 별도로 담았다. 바람 많은 제주도에 또 하나의 바람이 일고 있었다.

희빈에게는 이제 세자의 문안도 끊겼다. 문안 오면 꼬집고, 때리고 하면서 어미의 복위를 서두르라 채근하며 안달하였으므로 이 소식을 들은 숙종은 세자의 취선당 출입마저 금했다. 이제 희빈의 유일한 말벗은 희재의 소실 숙정밖에는 없었다. 숙정은 입궐하여 희빈에게 무고(푸닥거리)를 권하는 장희재의 편지를 전했다.

❖ 사악한 푸닥거리

그렇지 않아도 무언가 심사를 풀 수 있는 일거리를 찾고 있는 희빈에게 인현 왕후를 저주하는 푸닥거리는 해볼 만한 것이라 생각되었다. 사악한 자들에게 평온은 지옥과 같은 적막이었다.

오례(五禮)라는 무당에게 숙정을 보냈다. 무당에게는 일확천금을 얻을 수 있는 기회라 쉽게 설득이 되었다. 취선당 별채 서편에 천의신당(天儀神堂)이라는 제단을 차려놓고 밤낮없이 인현 왕후에게 저주를 퍼부었다. 이 대목을 『인현왕후전』은 이렇게 적고 있다.

"… 영숙궁 서편에 신당을 배설하였고 그곳에 각색 비단으로 흉한 귀신을 만들어 앉히고 후(后)의 성씨, 생일, 생시를 써서 축사를 만들어 걸고 궁녀에게 화살을 주어 하루 세 번씩 쏘게 하였다. 종이가 해어지면 비단으로 염습하여 중전의 신체라 하고 못 가에 묻고 또 다른 화상을 걸고 쏘아 이러한 지 삼 년이 지났으나 후의 신상이 반석 같으시니 더욱 앙앙하여 요악한 저주를 그치지 않았다. 희재의 첩 숙정은 창녀로 요악한지라 죄가 극심하니 정실(正室)을 모살하고 정처가 되었던 것이라. 희빈 장씨가 청하여 의논하니 유유상종이라. 궁흉극악한 저주 방정을 다하여 흉한 해골을 얻어 들여 오색비단으로 요귀, 사귀를 만들어 밤중에 정궁 북벽 섬돌 아래 가만히 묻고 또 채단으로 중전의 옷 일습을 지어서 해골 가루를 솜에 뿌려 두었으니 누군들 그런 흉모를 알았으리오. 옷 사이와 실마다 극악한 방자를 하여 거짓 공손한 체하고 중전께 드리니 간곡하신 말씀으로 그 정성을 위로하고 받지 않으시거늘 장씨 다시 기회를 얻으려고 더욱 열심히 신당 저주와 요술 방정을 그칠 줄 몰랐다."

인현 왕후는 마침내 병을 얻었다. 장희빈의 저주에서 비롯되었다기보다 지난 6년간 폐가나 다름없는 곳에서 식생활도 빈약한 데다 불결하고 열악한 환경 속에서 생활했던 것이 원인이었을 것이다. 마음고생 또한 얼마나 컸겠는가?

『숙종실록』에 나타난 중전의 환후를 보면 "허리와 다리에 살갗이 성한 데가 없을 정도로 종기가 났다가 없어지고 반복하기 17삭이나 계속하였으니 종래는 백설 같은 피부가 소삭하여지고 누런 진이 엉기기도 하였다. 때때로 한열이 왔다 갔다 하며 밤중이면 뼛골이 쑤시다가도 평소같이 평안할 때도 있었다."

바로 그리된 것은 아닐지라도 아무튼 장희빈의 저주와 방술이 있은 후에 인현 왕후는 몸져눕게 되었다. 백약이 무효라 궐 안에서는 모두 숨을 죽이고 있었다. 취선당의 신당에서는 더욱 방술에 열을 올렸다. 무당 오례의 말에 따라 대전마마의 정기가 취선당으로 들게 하기 위하여 대조전 섬돌 밑에 각시와 인골을 묻었다. 희빈 자신이 활을 잡고 인현 왕후 화상에 화살을 날렸다. 신당을 차려 인현 왕후를 저주해온 희빈 장씨는 그것으로 그치지 않고 수하 나인들을 시켜 중궁전을 염탐하였다. 후궁에 소속된 상궁 나인들은 함부로 중궁전을 드나들 수 없는데도 희빈에 소속된 것들은 늘 침전까지 왕래하면서 문구멍까지 뚫고 엿보는 일이 많았다. 중전의 병이 심해질수록 희빈 장씨의 상궁 나인들의 안색이 밝아지고 희희낙락하는 것을 숙종이 직접 목격하기도 했다.

김춘택은 작은아기의 염탐으로 무당 오례가 자기 집에서 사라지고 숙정이 궁궐에 자주 드나든다는 사실을 알았다. 김춘택은 희빈이 신당을 차렸음을 직감했다. 이 사실은 숙빈 최씨의 아버지 최효원을 통하여 숙빈 최씨에게 전해졌다. 숙빈 최씨는 인현 왕후의 간병에 정성을 다하고 있었다. 아버지로부터 정보를 들은 숙빈은 궁인 한 사람만을 데리고 한밤중에 취선당을 몰래 염탐하였다. 모든 것이 분명했다.

숙종 27년(1701) 8월 14일 축시(새벽 2시경) 숙빈 최씨의 지극한 간병에도 불구하고 인현 왕후는 창경궁 경춘전에서 보령 35세로 승하하였다. 숙종은 통한의 눈물을 쏟았다. 부사직 유 봉정이 장씨에게는 인현 왕후 복상 문제를 어떻게 했으면 좋겠냐고 주상께 여쭈었다.

복상은 중전이 상을 당했으니 상중에 입을 상복을 말한다. 희빈은 중전이 병중에 있는 동안 한 번도 문병한 일이 없었고, 희빈의 입에서 중궁전이란 말을 들어본 일이 없을 뿐 아니라 그동안 민씨라고만 불렀다면서 숙종은 희빈의 복상 문제를 일축해버렸다. 희빈은 목적을 달성했으니 신당부터 없애려 했다. 무당 점쟁이들이 나서서 갑자기 신당을 없애면 세자와 세자빈에게 해로우니 9월 7일 굿하고 없애는 것이 좋겠다 하여 신당을 그대로 두었다.

❖ 결국, 사약을 받고

　　　　　　　희빈이 신당을 없애기로 한 날 숙종은 석전에 참례하고 고단하여 잠깐 졸았는데 죽은 내시가 앞에 와서 아뢰기를 "궁중에 사악한 잡귀와 요귀가 성하여 중궁이 비명에 참화를 입으시고 앞으로 큰 화가 불 일어나듯 할 것이오니 바라옵건대 성상은 깊이 살피소서." 하면서 한 손은 취선당을 가리키고 상감을 모시니 후(죽은 민씨)의 혼전이라. 중궁이 시녀를 거느리고 앉아계시는데 안색이 참담한 채 슬피 통곡하며 상께 고하기를 "신의 명이 단(短)하오나, 독한 병에 걸리었지만 올해 죽을 것이 아니로되 장녀가 천백 가지로 저주 방자하여 요얼의 해를 입어 비명사한(悲命死恨)하니 장녀는 불공대천의 원수라. 원혼이 운간(雲間)에 비껴 한을 품었으니 내가 직접 맡아 장녀의 목숨을 끊으려 하였지만, 그보다 성상께서 친히 분별하시어 흑백을 가려 원수를 갚아 요사를 없이 하여야 궁내가 평안하리이다." 하였다. 주상이 황망히 옷을 잡아 더 물으려 하였으나 침상일몽이라 허망했다.

　때는 초경, 주상은 내시 한 사람만을 데리고 옥교를 타고 취선당으로 들이닥쳤다. 7, 8년 동안 한 번도 찾은 일이 없었던지라 주상이 납시리라고는 아무도 생각하지 못했다. 때마침 희빈 장씨의 생일이라 상감이 들리신 줄로 알고 야반 수라를 성대하게 차려드리니 주상은 냉소를 금하지 못했다. 몸을 일으켜 청사를 나오니 맞은편에 병풍이 쳐있거늘 "치우라." 하니 궁녀가 할 수 없이 병풍을 거두자 벽상에 민 후와 닮은 화상이 걸려있고, 그 화상에 무수한 화살 구멍이 나있었다. 주상은 내관을 앞세우고 신당으로 들어가 중전을 저주해온 음험한 현장을 확인하였다. 때마침 장녀의 생일이라 가까이 지내던 궁녀들과 그간에 신당에서 종사했던 무녀와 숙정까지도 와있었다. 주상은 청사에 앉아 모두를 잡아 가두고 문초하라 일렀다. 주상은 그간 최 숙의를 통하여 이 사실을 어느 정도 짐작하고 있었으나, 세자의 친어머니라 후에 닥칠 우려 때문에 신중을 기하고 있었다. 남구만을 비롯한 중신들의 뜻도 자칫 큰 환란을 일으킬지도 모르는 일이기 때문에 좀 더 신중을 기했으면 하는 간곡한 주청도 있어 희빈 장씨만 그대로 자중해 준다면 더 이상 문제 삼지 않으려 한 것이 주상의 마음이었다. 주상의 안전에서 모든 것이 확연하게 드러난 마당에서 국법이 지엄한데 그대로 넘어갈 수도 없는 일이었다.

문초가 시작되었다. 숙정, 설향, 시영, 오례, 큰 무수리, 칠생 등은 처음에는 입을 열지 않거나 완강하게 부인하다가 고문이 계속되자 차츰 자초지종을 자백하기 시작하였다.

궁녀 설향은 세 번 문초에 자백하였는데, 숙종 21년(1695)부터 신당을 배설하고 무녀 술사로 발원하기를 중궁이 망(亡)하시고 장씨 복위를 꾀하기 위하여 중전의 화상을 걸고 활을 쏘아댄 사실을 자백하였다. 여러 사람의 문초로 장희재의 사주가 있었고, 이들의 출입패를 동평군이 해준 사실도 밝혀졌다. 대조전 동쪽 침실과 통명

전 섬돌 밑에 각시, 쥐뼈, 해골 등을 묻어둔 것도 드러났다. 대조전은 중전의 침전으로 침실이 동쪽과 서쪽에 각각 하나씩 있다. 중전은 보통 때는 서쪽 침실에서 취침을 하나 주상과 같이할 때는 동쪽 침실을 쓴다.

주상을 해하려는 역모나 다름없었다. 제주도에서 장희재를 잡아 올리라 하고 동평군 항도 끌어왔다. 국문 끝에 숙정은 군기시 앞에서 처형하고 시영, 설향, 숙영, 칠생, 오례 등은 능지처참의 형에 처했다. 희재의 본처 작은아기는 문초 중에 매에 못 이겨 죽었다. 숙종 27년 10월 8일 장희빈에게 자진하라는 전교를 내리고 사약을 보냈다.

"희빈 장씨는 중궁을 미워하고 원망하여 남몰래 모해할 것을 도모하였으며, 신당을 안팎에 차려 밤낮으로 방술하고 저주하면서 더러운 물건을 두 궁전에 낭자하게 묻었다. 이를 지금 처단하지 아니한다면 뒷날에 세력을 얻게 되었을 때는 국가의 걱정이 실로 형용하기 어려울 것이라, 이제 내가 종묘와 사직과 세자를 위하여 부득이 이런 조치를 취하는 것이다. 어찌 좋아서 하겠는가? 장씨는 저 스스로 목숨을 끊도록 하라. 아! 아! 세자의 심정을 내가 어찌 염려하지 않으리오 마는 일이 이미 이 지경에 이르렀으니 이 처분을 제외하고는 실로 다른 도리가 없다. 이에 내 뜻을 좌우에 효유하노라."

『실록』과『연려실기술』에는 왕명대로 자진한 것으로 기록되어있다. 그러나『인현왕후전』을 보면 희빈은 자진하지 않았다. 이틀 후 10월 10일 숙종은 취선당에 감금되어있는 장희빈에게 사약을 내렸다. 희빈은 사약을 받지 않고 약 소반을 내던져버렸다. 이 사실을 보고받은 숙종은 교자를 타고 친히 형장에 임했다. 왕이 직접 지휘하여 상궁 나인들이 달려들어 희빈의 팔다리를 잡고 사약을 먹이려 하였으나 입을 벌리지 않아 먹일 수가 없었다. 막대기를 물리고서야 약을 입에 넣을 수가 있었다. 연이어 세 사발을 부으니 크게 한 번 소리를 지르고 섬돌 아래로 고꾸라져 유혈이 샘솟듯하여 검은 피가 땅에 고였다. "전대미문의 독부라 아니할 수 없는 여인이었다."라고 기록되어있다.『숙종실록』은 희빈의 친아들인 경종 때 기록한 것이기 때문에 친어머니의 죽음에 대하여 드러내고 싶지 않은 부분을 춘추관 신료들이 알아서 처신한 것 같다.

『인현왕후전』은 작자는 미상이나 그때 당시 시무했던 상궁의 기록으로 보고 있는데, 장옥정의 패덕한 성정으로 보아 이 기록이 맞는 것으로 보인다. 이때의 옥사를 '신사무옥(辛巳巫獄)' 또는 '무고의 옥(巫蠱之獄)'이라 한다.

장희재는 11월에야 한양에 압송되어 군기시 앞에서 참형에 처하고, 동평군 항은 서소문 밖에서 사사되었다. 항의 어미 신씨는 죽었지만 봉작을 깎아내렸고, 장희재의 외사촌 아우인 윤순병은 장살되었다. '신사무옥'으로 남인은 정계에서 모두 사라졌다. 그러나 바람은 자지 않았다. 소론은 노론의 영수 격인 김춘택이 희재의 처를 간통했음을 비방하는 상소를 올렸다. 결국, 김춘택은 부안현에 중도부처 되고, 장희재를 두둔한 남구만은 노론의 탄핵을 받아 아산에 중도부처되었으며, 유상운은 직산에 중도부처되었다.

숙종 28년(1702) 10월 13일, 숙종은 순안 현령 김주신의 딸(인원왕후)과 어의동 별궁에서 가례를 올리고 새 중전을 맞이했다. 이때 대사면령이 내려져 김춘택, 남구만, 유상운이 부처에서 돌아왔다.

숙종 46년(1720) 6월 8일, 숙종은 60세의 보령으로 승하하였다.

숙종은 후대에 선정을 베푼 임금으로 남았다. 그러나 장희빈이 득세하여 몰락할 때까지 백성들은 혹독한 가렴주구에 갖은 고초를 다 겪어야 했다. 이것은 패덕한 장옥정의 탓이라기보다 숙종의 실정으로 보아야 한다. 숙종은 무엇에 몰입하면 옆을 돌아보지 않는 독선적인 성정을 지니고 있었으나, 자신의 잘못을 깨달으면 곧바로 뉘우치고 속죄할 수 있는 과단성과 결단력이 있는 담백한 성품도 가지고 있었다.

장희빈의 출현과 종말은 노론과 소론의 극한 대립이라는 정쟁의 동기가 되어 남은 재임 기간 내내 숙종을 괴롭혔다. 이 정쟁은 세자 중심으로 더욱 치열해졌다. 소론은 세자 중심으로 당을 운영하였고, 노론은 숙빈 최씨의 소생 영인군을 염두에 두고 당을 이끌어 갔다.

숙종 사후 소론의 지지를 받고 있던 경종이 보위에 올랐으나 병약하고 마음이 여려 세제인 연잉군에게 대리청정을 허락했다 거두었다 하는 과정에서 그때마다 노론과 소론의 대립이 극심하여 국정의 난맥상을 초래한 때가 한두 번이 아니었다. 이 분쟁은 고종까지 이어지는데 국왕의 한때 실수가 역사에 씻을 수 없는 상처로 남는 교훈이다.

영조와 사도 세자
네가 나를 위해 울어야 하거늘 내가 너를 위해 울다니

❖ 작은 의심이 부자를 갈라

　　　　　　　사도 세자 선(愃)은 영조 11년(1735) 정월 21일 창경궁 집복헌(集福軒)에서 태어났다. 정빈 이씨 소생의 효장 세자 행(緈)이 홍역으로 세상을 떠난 후 7년 만에 얻은 왕자라 선이 두 살 되던 해 정월에 세자로 책봉하였다. 세자는 창경궁 저승전에서 거처하였는데, 나면서부터 매우 영특하여 세 살 때 부왕과 대신들 앞에서 『효경』을 외웠고, 7세 때 『동문선습』을 떼었다. 세자가 머물고 있는 저승전에는 화평 옹주와 가례를 올리기로 한 금성위(錦城尉) 박명원(朴明源)이 세자와 같이 지내기로 한 후부터 조석으로 찾던 영조의 발걸음이 뜸해졌다. 세자의 교육을 위한 배려였을 것이다. 세자의 친모 영빈 이씨는 세자궁이 염려되어 자주 찾아보려 하였으나 세자궁에서 일하는 최 상궁, 한 상궁이 마음에 걸렸다.

 최 상궁은 잡념이 없고 뜻이 굳세어 충성심이 있으나 성품이 과격한 데다 시기심이 많고 음험한 편이다. 한 상궁은 손재주가 있어 일을 잘하는 편이나 수단이 좋고 간사스러우며 거짓이 많은 인물이다. 그런 데다 영빈 이씨가 나인으로 있을 때, 두 사람을 모시고 가르침을 받았던 사이라서 아직도 서먹하였다. 그들이 '영빈마마'라는 호칭을 쓰지만 공손함이 없는 데다 때에 따라서는 헐뜯는 일까지 있었다. 영빈 이씨가 저승전을 왕래하는 데 멈칫거리지 않을 수가 없는 이유가 여기에 있었다.

 화평 옹주마저 금성위 박명원과 가례를 올리고 난 후 궁 밖으로 나가 살게 되자 저승전에는 주로 상궁 나인들만 있게 되었다. 상궁 나인들은 공부 쪽보다는 세자를 어르고 노는 쪽에 시간을 많이 보냈다. 패를 나누어 주로 싸움놀이를 하는데 장난감 칼과 창을 주로 가지고 놀았다.

 손재주가 있는 한 상궁이 놀이용 활과 칼을 모두 만들어주었다. 매일 이렇게 소일하다 보니 어쩌다 부왕이 하루 일과를 물으면 꾸중을 들을까 봐 거짓말을 할 수밖에 없었다. 거짓말을 해야 하는 상대를 만나면 피하게 되고 가능하면 아예 만나지 않으려는 것이 인지상정이다.

 영조는 세자의 동복누나인 화평 옹주를 지극히 사랑하였다. 어쩌다 화평 옹주를 사랑하는 부왕의 모습을 볼 때면 세자는 소외감을 느꼈다. 그러던 어느 날 세자는 영조 임금이 세자 시절에 선왕 경묘(경종)께 게장을 올렸는데 그것을 먹은 경종이 승하했다는 풍문에 대하여 두 상궁에게 물었다. 최 상궁과 한 상궁에게서 그 전말을 들은 사도 세자는 학업을 더욱 소홀히 하게 되었다. 부왕에 대한 잠재된 저항감이 부왕의 과거 이야기를 들은 후로는 다소 남아있는 부자간의 정과 존경심이 사라지고, 부왕의 뜻과 다른 길을 감으로써 앙갚음의 쾌락을 즐기기 시작하였다. 세자는 전쟁놀이를 할 때만 명랑한 모습이었다. 이렇게 3, 4년이 흘렀고 세자의 나이 일곱 살이 되었다.

  이 사실을 안 영빈 이씨는 자식이 걱정되어 영조에게 조심스럽게 고했다. 이것이 영조의 기대를 무너뜨린 첫 번째 사건이었다. 동궁의 내관과 상궁 나인들을 모두 불러내어 곤장을 쳐서 벌을 주고 경계했다. 그리고는 모두 다 내쫓고 새 분위기를 만들어주었어야 하는데 한 상궁만 쫓아냈다. 영빈 이씨는 공연한 짓을 했나 싶어 가슴을 조였으나 이쯤에서 끝난 것이 다행이라 생각되어 안도했다. 이런 일이 있은 후로는 영조 임금이 가끔씩 세자궁에 들러 세자에게 무엇을 물으면 주눅이 들어 대답도 제대로 하지 못했다. 부자간의 정보다는 군왕의 위엄이 세자의 마음을 짓눌렀다. 세자는 옷고름 매는 것까지 상궁 나인들이 다 해주니 자기 스스로 할 수 있는 것은 아무것도 없었다. 영조 임금은 찾아올 때마다 시원함보다는 답답한 마음만 가지고 돌아섰다. 이것은 차츰 분노로 변해갔다. 그러나 세자의 마음을 괴롭히고 있는 것은 선왕을 독살했다는 부왕 영조에 대한 의구심과 섬뜩함이었다.

소란이 있었던 그 날 밤, 영조는 숙종의 계비 인원 왕후의 부름을 받았다. 뜻밖에 세자의 가례를 권하는 당부가 있었다. 무언가 새로운 변화를 주면 세자가 달라지지 않을까 싶은 생각에서 나온 방책이었을 것이다. 가례 이야기가 나오자 세자는 더욱 난감했다. 아직 아무것도 모르는 세자는 그것이 싫었던 것이다.

✤ 주눅 든 아들, 영특한 며느리

영조 20년(1744) 1월 9일 세자의 의중과는 상관없이 세자빈을 책봉하고 1월 11일 참봉 홍봉한(洪鳳漢)의 여식과 가례를 올렸다. 별궁에서 초례를 올리고 인정전에서 대례를 올린 뒤, 이튿날 대전에서 폐백을 올렸다. 세자빈의 나이 10세, 세자와 동갑이다. 세자빈 홍씨는 참봉 홍봉한의 딸로 영조 11년(1735) 6월 18일 세자보다 5개월 늦게 태어났다. 홍봉환의 아내 이씨가 수태했을 때, 할아버지 홍현보가 용꿈을 꾼 데 이어 아버지 홍봉한도 흑룡 꿈을 꾸었다. 꿈에 흑룡이 나타난 것은 무언가 불길한 앞날을 예시해준 것으로 보이는데, 홍봉한은 용이라는 것에만 비중을 두었다. 훌륭한 인물이 될 아들이 태어날 거라 기대가 컸다. 그러나 그 시절 용꿈은 입 밖에 낼 수 없는 금기로 되어있기 때문에 홍봉한은 극도로 말을 아꼈다.

　달이 차 이씨가 출산을 하고 보니 아들이 아니라 딸이었다. 홍봉한은 크게 실망했다. 이름을 아옥(兒玉)으로 지었다. 언니가 여섯 살 때 홍역으로 사망했으므로 맏딸이다. 청빈을 자랑으로 여겨온 홍문(洪門)인지라 간택에 입고 갈 옷조차 변변치 않았다. 아옥은 효심이 지극하고 자애심이 많은 미녀로서 현모양처의 부덕을 쌓은 규수로 자랐다.

　가례는 올렸으나 아직 성년이 되지 못했으므로 합방하지 못하고 각방에서 지내다가 15세가 되어서야 합례를 올리고 동침하게 된다. 그러니 세자빈을 맞이한 사도세자에게 가례는 아무 의미도 없었다. 혼자서 삭이지 못할 걱정을 안고 있는 세자의 마음이 차츰 비뚤어지기 시작하였다. 세자의 사부 박필주가 이 사실을 알고 영조에게 귀띔을 해주었다. 나이 어린 세자는 특히 영조 앞에서 주눅이 들어 영조가 칭찬을 해도 고개를 들지 못했고, 영조의 하문에도 아는 것조차 대답을 제대로 못 하였다. 빈이 대답하면 빈이 하는 대답을 너는 왜 못하느냐 꾸중하고, 빈에 대한 칭찬은 세자에게는 수모가 되니 이래저래 속이 탔다. 세자는 침묵으로 일관하여 영조의 마음을 아주 답답하게 만들었다. 영조의 꾸중에 세자는 울기만 하니 세자빈 홍씨는 숨이 막혔다. 그나마 다행인 것은 세자가 아내 홍씨에게만은 고분고분한 것이었다.

처음에는 세자빈 홍씨는 아직 세자의 나이가 어리기 때문이라고 자위하고 있었으나 차츰 세자의 성격이 병적인 것을 느끼고 걱정이 쌓여갔다. 세자는 특히 대전으로 문안드리기 위하여 몸단장하는 일을 극도로 싫어하였다. 이런 병적인 짜증은 사부들이 시강하려 할 때면 세수하고 머리를 빗겠다고 일어서버리는 저항적 성벽으로 변했다. 세자빈 홍씨는 그와 같은 세자의 성벽을 누구에게도 속 시원하게 털어놓을 수 없는 외로움이 뼛속까지 사무쳤다.

어느 봄날, 세자 내외와 뒤따르는 민 상궁 그리고 복례 이렇게 넷이서 저승전 후원을 산책한 일이 있었는데 세자가 갑자기 걸음을 멈추더니 네 사람의 그림자를 하나하나 내려다보았다. 잠시 고개만 갸웃거리더니 다시 걸음을 걷기 시작하여 개울물이 흘러내리는 숲 속 어귀에 서서 빈의 손을 펼쳐보았다. 그 위에 아른거리는 새순이 돋아 난 나뭇가지 그림자를 유심히 바라보다가 갑자기 괴성을 내며 손바닥을 뿌리쳤다. 민 상궁이 부액하여 거처로 인도하였는데 세자는 무엇에 놀란 듯한 얼굴이었고 몸은 와들와들 떨고 있었다. 그리고 극심한 신열에 시달리고 있었다. 조울증이었다.

영조가 달려와 잠든 세자의 모습을 보더니 시강원에 나가기 싫어서 하는 꾀병이라고 단정해버렸다. 그만큼 세자에 대한 영조의 믿음이 뒤틀려있었다. 세자는 한잠을 자고 나더니 신열이 내렸다. 세자의 병세가 좋아지자 홍봉한의 공으로 인정하여 그를 광주 부윤으로 제수하였다. 부윤은 종2품으로 경상도 경주, 경기도 광주, 함경도 함흥, 평안도 평양, 의주, 전라도 전주 등 여섯 곳에만 있다. 광주 부윤으로 부임하여 고질적인 아전들의 횡포를 막고 백성들의 어려움을 덜어주려던 홍봉한의 의욕은 아전들의 반발과 충돌하여 뜻을 이루지 못하고 집의(執義) 신사관의 상소로 이어졌다. 홍봉한은 결국 정3품인 동부승지로 체직되어 왕의 곁으로 돌아왔다. 이것은 영조의 의도적인 배려였다.

홍봉한에게는 홍인한이란 동생이 있다. 세자빈이 된 홍씨 가문에서는 친정아버지보다 작은아버지 되는 홍인한(洪麟漢)의 위세와 거드름이 심했다. 홍인한은 비주류인 소장파에 끼어있으면서 김수한을 통하여 문성국이란 사람을 소개받았다. 문성국은 한량인지 건달인지 알 수 없는 사람으로 '나리집'이라는 주막에 기거하면서 그 집 주모의 딸 나리와 눈이 맞아 살고 있었다. 영조의 첫째 아들 효장 세자(사도 세자의 형)가 일찍 죽자 그의 아내 현빈 조씨(趙氏: 孝純王后)는 후사 없이 홀로 되었는데, 그녀의 곁에는 지(池) 상궁이 늘 수발을 들고 있었다.

그러던 어느 날 지 상궁이 갑자기 세상을 떠났다. 지 상궁에게는 노리개 삼아 기르던 아지(阿只)라는 7살 난 어린아이가 있었는데 갑자기 천애 고아가 된 것이다. 현빈 조씨가 보니 아이가 몹시 귀엽게 생겨 곁에 두고 길렀다. 아지와 같은 궁중의 어린아이를 생각시라 한다.

아지와 문성국은 먼 친척 오라버니뻘이 된다. 문성국은 아지가 현빈의 귀여움뿐 아니라 여러 사람의 귀여움을 받고 있다는 소식을 들었다. 아지가 잘하면 후궁에라도 오르지 않을까 기대하면서 기회가 있을 때를 대비하여 문성국은 학문에 열을 올렸다. 그러면서 종씨라는 것을 빌미로 내시부 색장나인 문대복과도 자주 만났다. 세자가 광질을 앓고 있어 괴성을 지르며 몸을 움츠리는 짓을 자주 한다는 소식도 문대복한테서 들었다.

영빈 이씨와 세자빈 홍씨는 문복(問卜: 점쟁이에게 앞일을 물음)에 기대를 걸고 시중판수에게 물어본 결과 거처를 옮기라는 점괘가 나왔다.

세자가 태어나서 지금까지 거처해온 저승전은 지금의 낙선재 자리이고, 그 서쪽에 장희빈이 거처하던 취선당은 소주방으로 쓰고 있었다. 세자는 처음에는 대조전 옆 융경헌으로 옮겼다가 창경궁 경춘전으로 옮겨갔다. 영빈 이씨가 거처하는 곳이 경춘전에서 가까운 연경당인지라 화평 옹주가 자주 드나들며 위로해주었다. 친어머니가 옆에 있고 화평 옹주도 오라버니를 극진히 위로해줌으로써 오랜만에 혈육의 끈끈한 정을 느꼈음인지 세자는 안정을 찾아가기 시작하였다. 옮겨 간 보람이 있어 세자는 거의 정상인처럼 차도를 보였다.

영조 23년(1747) 10월 25일 밤 2시경 중궁의 차비가 화재를 내어 인정전 행각까지 번졌다. 화재로 인하여 영조가 경희궁으로 옮겨 가자 세자도 가고 세자 내외는 집희당으로 거처를 옮겼으며, 영빈은 양덕당(養德堂)에, 화평 옹주는 일영당(逸寧堂)에 거주하게 되었다.

또다시 어머니와 동생 화평 옹주와 멀리 떨어져 살게 된 것이다.

경희궁에 옮겨온 세자는 칼 쓰기, 활쏘기 말고 또 다른 취미가 하나 더 생겼다. 기예와 경 읽기를 즐겼는데, 그가 읽는 경문은 유교에서 배척하는 도학(道學)의 경전이었다. 영특하여 마음만 먹으면 한두 번의 학습으로 모든 것을 섭렵하는 세자인지라 쉽게 도학에 심취되었다.

세자가 가까이하는 당주는 김명기(金明基)라는 무당이었는데 나라에서 제사 지낼 때 부르는 소경이었다. 김명기는 『옥추경(玉樞經)』이라는 도교의 주문을 세자에게 써주었다. 김명기는 화술이 능란하여 세자의 마음을 사로잡았다. 김명기에 현혹된 세자는 자연히 유교를 중심으로 강론하는 시강에 나태해질 수밖에 없었다. 자기가 좋아하는 일에 심취한 탓인지 세자의 병증이 가라앉았다. 그러나 그것도 잠시였다. 어느 날 갑자기 대전 내관들이 들이닥쳐 어명이라 하그는 세자가 아끼는 활과 칼, 그리고 경문과 잡서까지 모두 거두어 가버렸다. 누군가가 고변한 것이 틀림없었다. 영조의 분노는 이미 이성을 잃은 상태로 폭언을 퍼부으며 당장 끌어오라 호통을 치고 있었다. 세자빈 홍씨는 황망 중에 이 일을 수습하기 위하여 시어머니 영빈 이씨와 시누이 화평 옹주를 모셔 오도록 서둘렀다.

때마침 이때 영조가 총애하는 화평 옹주의 신열이 불덩이 같다는 소식이 전해왔다. 천우신조라 할까? 영조는 온통 그쪽에 신경을 쓰는 바람에 세자에게는 한숨 돌릴 수 있는 여유를 가지게 되었다. 화평 옹주는 동복동생으로 영조의 총애를 한 몸에 받고 있기 때문에 세자의 허물을 덮어줄 수 있는 유일한 사람이었다. 영조는 옹주 중에서 정빈 이씨 소생의 화순 옹주와 화평 옹주 그리고 화완 옹주를 총애하였고, 세자와 화협 옹주는 미워했다.

❖ 변화무쌍한 영조의 품성

영조 24년(1748) 6월 24일 화평 옹주가 그 길로 세상을 떠나고 말았다. 그녀의 생은 짧았지만, 왕실의 불화를 잠재울 수 있는 유일한 인물이었다. 영조는 석 달이 넘도록 슬픔에서 헤어나지 못하고 있었다. 그러고 나서 사(死) 자와 귀(歸) 자를 사용하지 못하도록 엄명을 내렸다. 세월이 지나면서 슬픔에서 다소 벗어나고는 있었으나 영조의 행동도 이상해졌다. 씻을 물을 대령하라 하고 그동안 너무 많은 불필요한 말을 들었기로 귀를 씻고 입도 헹구었다. 자신이 입안에 담았던 불경한 말들도 헹구어낸 것이다. 그리고는 매일 새 옷으로 갈아입었다.

영조의 이상스러운 행동은 이에 그치지 않았다. 좋은 일이 있을 때와 궂은일이 있을 때 출입하는 문이 달랐고, 좋아하는 사람과 싫어하는 사람이 절대로 한곳에 있지 못하게 했다. 정사를 돌봄에 있어서도 사형수에 관한 일이나 형조의 공사(公事)와 친국 등의 불길한 일이 있을 때는 세자를 시좌시켜 하라 하고 자신은 향연, 하례를 받는 의식, 활쏘기 구경, 능행 등에만 참여하였다.

영조의 귀여움을 받고 있는 화완 옹주는 얌전하여 말이 없는지라 동복동생임에도 세자에게는 전혀 도움이 되지 않았다. 세자는 여전히 경문과 잡서를 가까이하여 경연에 소홀히 하였으므로 경연관들의 고초는 이만저만이 아니었다.

영조 25년(1749) 1월 22일 세자 내외가 15세가 되어 세자에게 관례를 올리고 닷새 뒤에 합방하는 합례(合禮)를 올렸다. 그러나 세자가 15세가 될 때까지 선왕들의 능행에 한 번도 수가한 일이 없어 세자는 서운하고 섭섭하여 울 때도 있었다. 이래저래 세자의 합방은 의미가 없고 울화병만 깊어갔다.

그해 5월에 세자빈의 친정아버지 홍봉한은 예조참판이 되어 어영대장을 겸임하게 되었다. 어영대장은 대궐의 숙위와 도성의 치안을 담당하는 어영청의 우두머리로 막강한 자리였다.

영조는 아들인 세자는 미워했어도 며느리 세자빈 홍씨는 지극히 사랑하였다.

세자에게 관례를 올린 지 5개월여 만인 6월 18일 세자빈 홍씨가 계례를 올렸다. 관례는 남자의 성년식이고, 계례(筓禮)는 여자의 성년식이다. 이날 영조는 의정부와 육조 그리고 삼사의 우두머리들을 모아놓고 갑자기 세자에게 대리청정을 명했다. 세자가 성인이 되었으니 정무를 충분히 감당할 수 있다는 것이 명분이었다. 세자를 불신하고 있는 대궐 분위기에 대리청정은 아무래도 부자연스러운 처사로 볼 수밖에 없었다.

당시 영조의 보령은 56세, 역대 왕 중에서 60수를 넘긴 왕이 태조 이성계와 숙종 말고는 거의 없는지라 당시 수명으로는 적은 나이로 볼 수 없는 노령이라 할 수는 있으나 평소에 장차 세자가 보위를 잇게 되면 종사가 걱정된다던 임금이 아니던가? 영조의 성격도 병적으로 변해가고 있었다. 조정의 분위기와는 상관없이 한 달에 여섯 번 있는 차대를 세 번은 영조가 하고, 세 번은 세자가 주도했다. 차대(次對)란 매달 여섯 차례씩 의정부, 대간, 옥당(玉堂: 홍문관의 별칭)들이 입시하여 중요한 정무를 상주하는 궁중 행사다. 빈대(賓對)라고도 한다. 조정중신들의 반대에도 불구하고 영조는 대리청정을 단행하고 있는 것이다.

그것은 세자를 난처하게 하려는 의도적인 것이었다. 세자가 가장 어려운 것은 상소의 처리였다. 영조에게 어의를 물으면 그만한 일도 처리 못 하느냐고 핀잔이고, 묻지 않고 처리하면 그런 중대한 일을 알리지도 않고 처리하였느냐고 꾸중하니 세자는 어디서부터 어디까지가 자기 일인지 종잡을 수가 없어 당혹스러웠다. 천재지변이라도 생기면 영조는 세자가 덕이 없어 그렇다고 탄식하니 세자는 더욱 주눅이 들어 정무를 제대로 처리할 수 없었다.

영조 26년(1750) 초가을 세자빈 홍씨는 원손을 낳았다. 세자에게 기대를 저버린 데다 손이 귀한 영조는 이듬해 5월에 서둘러 원손을 세손에 봉했다. 이 세손이 정조의 형이 되는 의소 세손이다.

영조 27년 11월 14일 창경궁 건주당 의춘헌(宜春軒)에서 현빈이 37세의 나이로 세상을 떠났다. 현빈은 영조의 장자 효장 세자의 부인이다. 후에 효장 세자를 진종(眞宗)으로 추존하면서 현빈도 효순왕후(孝純王后)로 추존하였는데, 영조의 맏며느리로 들어와 일찍 청상과부가 되어 혼자 살고 있는 처지가 안타까워 영조의 사랑도 지극하였다. 현빈이 몸져눕게 되면서 영조는 자주 건극당을 찾았는데 그때부터 미모가 뛰어난 문녀(文女) 아지에게 별난 관심을 가지게 되었다. 현빈이 죽자 영조는 건극당에 들러 현빈을 간호하던 상궁 나인들로 하여금 건극당에서 그대로 거처하도록 하고 나서 건극당의 별채인 고서헌(古書軒)에 자리하고는 아지에게 주안상을 차려오라 일렀다. 이곳에서 아지는 성은을 입었다. 영조의 보령 58세, 아지의 나이 16세였다. 영조 27년(1751)의 일이다.

현빈에 기대를 걸고 학문도 열심히 닦은 문성국은 영조 27년 현빈이 죽던 그해 봄에 초시에 오르고 나리와의 사이에 두 아들을 두었다. 김수완을 통하여 홍인한과의 접촉도 계속하고 있었는데, 현빈의 죽음은 문성국에게는 큰 충격이면서 낙담이었다. 그런데 동생뻘 되는 문아지(文阿只)가 성은을 입어 정4품인 소원(昭媛)에 오르고 문성국과 교분이 있었던 문대복 상궁이 고서헌의 큰 상궁이 됨으로써 전화위복이 되었다. 현빈보다 더 든든한 배경이 생긴 것이다. 덕분에 오라비 문성국은 정8품 사보(司鋪)로 승차하였다.

의소 세손이 세 살 나던 영조 28년 정초에 사도 세자는 어느 날 밤 황룡 꿈을 꾸었다. 세손이 엄연히 살아있는데 용꿈을 꾼 것은 쉽게 발설하기 어려운 금기이었으나 세자는 그 용을 손수 그려 침실 벽에 붙여놓았다. 그런데 세손이 얼마 되지 않아 병을 얻어 죽었다. 화평 옹주의 화신으로 믿고 애지중지 사랑했던 의소 세손이 죽자 영조는 넋을 잃을 만큼 허탈했다.

영조 28년(1752) 9월 22일 세자빈 홍씨가 왕자를 낳았다. 이름을 산(祘)이라 하였는데 후에 정조 임금이 된다. 호사다마라 했던가? 세손의 탄생으로 궐 안이 기쁨으로 들떠있을 때 대간 홍준해(洪準海)의 예기치 않은 상소가 올라와 대궐을 발칵 뒤집어놓았다.

국사가 두 곳에서 처리되니 가끔씩 혼란이 오는지라 왕권을 하나로 하여달라는 주문이었다. 영조는 이 일로 세자를 질타하고 나섰다.

영조 28년 12월 8일 세자는 창경궁 환경전 앞에 꿇어앉아 영조의 꾸지람을 받았다. 세자가 신하들을 충동질하여 이런 상소를 올리게 했다는 것이다. 그리하고 나서는 추운 겨울인데도 세자를 환경전 뜰 앞에 둔 채 영조는 자리를 떴다. 대왕대비 인원 왕후(숙종의 계비)의 도움으로 겨우 그 자리를 모면하였으나 7일 뒤 영조는 대왕대비가 거처하는 창의궁(彰義宮)에 들러 전위의 뜻을 밝혔다. 세자에게는 꾸지람보다 더한 형벌이었다.

❖ 드리우는 검은 그림자

　　　　　　　　　세자는 시민당 손지각에서 엄동설한의 혹한 속에 떨며 석고대죄를 시작하였다. 혹한에 떨고 있는 세자의 모습이 바를 수는 없었다. 영조는 추운 겨울에 석고대죄를 하고 있는 세자를 보고 측은한 생각을 하기는커녕 산만한 모습만 눈에 거슬려 괘씸한 생각뿐이었다. 세자는 다시 자리를 창의궁으로 옮겨 어름 위에 짚을 깔고 석고대죄를 하면서 머리를 돌에 부딪쳐 망건이 다 찢어지고 이마가 상하여 피를 흘렸다. 부자간의 악연이 이보다 더한데가 어디에 또 있겠는가? 밤이 이슥해서야 대전에 당도한 영조는 2품 이상 당상관들을 모두 삭탈관직하고 내치라는 어명을 내렸다. 홍봉한이 간청을 드리고 동분서주한 끝에 8일 만에 어명을 거두었다. 영조는 마음이 아팠던지 세자의 상한 이마를 어루만져 주면서 위로해주었다.

　영조 29년 3월 따뜻한 봄날 문소원은 옹주를 낳았다. 보령 60세에 얻은 딸이다. 왕자가 아님을 몹시 서운하게 생각하는 문소원을 위로하고 내명부 서열 종2품 숙의로 올렸고, 오라비 문성국을 액정서(掖庭署)의 수장 사알(司謁)에 임명하였다. 액정서는 원래 내시의 전담직으로 임금이 쓰는 지필묵과 대궐 설비를 관장하는 부서인데 그 수장 사알은 정6품에 해당된다.

　대궐 출입이 자유로워진 문성국이 기회 있을 때마다 궁내 유력 인사들의 포섭에 나섰다. 내관 전성해(全城海)도 그중 한 사람이다.

전성해는 숙의 문씨의 거처를 내왕하면서 영조의 명을 전할 만큼 왕의 신임이 두터웠다. 세자의 병은 이제 광질(狂疾)로 소문날 만큼 종잡을 수가 없었다. 이제는 또 천둥소리를 무척 두려워하여 귀를 막고 한참 후에야 일어나는 증상이 생겼다. 우레 뢰(雷) 자와 벽력 벽(霹) 자를 아예 읽지 못할 정도로 벌벌 떨고 옥추단이 무섭다 하여 차지도 못하는 등의 괴질까지 더해졌다. 옥추단(玉樞丹)이란 녹향과 석웅황 등의 한약재로 여러 가지 모양을 만들어 금박을 바르고 오색실로 꿰어 차는 일종의 부적이다. 이 같은 소식은 문 숙의가 걱정이나 하는 듯 푸념 섞인 말속에 끼워 넣어 영조의 귀에 전해졌다.

 문소의는 문성국의 야심 때문에 영조가 미워하는 사도세자와 간격을 두고 있었는데, 어느 날 내명부의 서열을 무시하고 세자의 생모인 영빈에게 언쟁 중에 욕설을 퍼부은 일이 있었다. 이를 안 대왕대비(인원 왕후)가 문소의를 불러 "네가 왕세자의 안면을 보아서라도 영빈에게 이토록 무례할 수 있느냐?"라며 종아리를 친 일이 있었다. 이때부터 문소의는 세자에게 앙심을 품고 기회 있을 때마다 왕에게 세자를 모함하였다. 두 차례의 석고대죄를 한 후에 세자의 병세는 날로 심하여졌고, 그럴수록 세자는 옥추경에 더욱 매달렸다. "뇌성보화천존이 보인다. 아 아, 뇌성보화천존이 보인다." 하다가 갑자기 소리치며 밖으로 달려나가는 일도 있었다. 세자의 광기를 보고 이를 안타까워 한 사람은 세자의 친모 영빈 이씨와 세자빈 홍씨

뿐이었다.

그 와중에 세자는 동이라는 나인 하나를 가까이했다. 동이를 가까이하는 동안만은 세자의 광기는 씻은 듯이 낮았다. 그러니 세자빈 홍씨는 세자 저하의 환후만 나아진다면 하는 생각으로 아픈 가슴을 부여안고 동이를 보살펴주었다.

그러던 어느 날 영조가 들이닥쳐 세자가 옥추경을 읽고 있는 것을 보았다. 문 숙의의 말이 사실로 드러난 것이다. 풍문은 바람을 타고 날아다녔다. 세자가 미쳤다느니 보위를 이어갈 뜻이 없다느니 도저히 국정을 다스릴 수 없는 사람이라는 등의 소문이 궐 안팎으로 번져갔다. 그것을 빠짐없이 영조에게 전하는 사람이 문 숙의이고, 그 각본은 모두 문성국이 창안한 것이었다.

영조 29년(1753) 6월 홍인한이 정시(庭試) 병과(兵科)에 2등으로 올랐다. 이것을 가장 반기는 사람이 문성국과 김수완이었다. 사도세자에게는 악마의 검은 그림자가 다가오고 있음이었다.

이 무렵 세자 곁에 있던 동이가 결국 사내아이를 낳고 말았다. 이 아이가 철종의 할아버지 은언군이다. 이를 안 영조의 분노는 하늘을 찔렀고, 이번에는 총애하던 세자빈 홍씨까지도 호된 꾸지람을 들었다. 그래도 세자빈이 눈물로 죄를 청하는 바람에 영조는 진노를 누그러뜨리고 대전으로 돌아갔다.

그 후로 큰 사단 없이 한동안 조용하던 조정에 또다시 옥사가 일어났다. 영조 31년(1755) 2월 3일 전라감사 조윤규가 급보를 올려왔다. 나주에서 생긴 '괘서(掛書)의 변'이라는 사건인데 주동자는 김일경의 옥사 때 고문당해 죽은 윤취상(尹就上)의 아들이다.

영조의 등극 과정에서 참형을 받은 사람들의 후손들이 주도한 역모 사건으로 윤지와 윤지의 아들 윤광철, 나주 목사 이하징(李夏徵), 윤희철, 이효식, 염국훈 등이 주도하고 영조의 치정에 불만 있는 사람들이 가세하여 그 세력이 도성에서 멀리 떨어진 나주에서 커가고 있었다. 영조가 어떠한 부당한 경위로 임금이 되었으며, 절개 있는 명망 높은 신하들이 영조의 미움을 사서 얼마나 많이 희생되었을지를 기록한 방이 나주 곳곳에 나붙었다. 이 사건은 어떤 관원 한 사람이 발견하여 전리 감사에게 바침으로써 노출되었다.

영조는 이들을 잡아들여 추국을 세자에게 맡겼다. 세자는 이들을 추국하는 과정에서 "경종은 영조가 올린 게장을 먹고 승하하였다."라는 풍문을 사실로 믿게 되었고, 이로 인해 부왕에 대한 존경심을 아주 잃게 되었다. 그러니 이 사건 처리의 진행이 더딜 수밖에 없었다. 보다 못한 영조가 친국에 나섰고, 결국 이에 연루된 자들을 모두 처형해버렸다. 이 괴서의 변을 수습한 것을 기념하는 정시가 있었는데 윤지와 가까운 심정연이 응시하여 답안지에 영조를 비방하는 글을 써 올렸다. 영조는 이마저 참수했다. 이 사건으로 인하여 세자는 영조의 비행이 풍설이 아니라 사실로 마음에 각인이 되었다.

세자빈 홍씨는 원손인 산(祘)에 이어 첫째 딸 청연과 둘째 딸 청선을 낳은 후로 세자와의 사이가 조금씩 소원해지기 시작하였다. 이러한 세자궁의 동태는 빠짐없이 문 숙의를 통하여 영조에게 전해졌다. 결국, 홍봉한이 세자의 감시를 소홀히 했다 하여 파직되었고, 설상가상으로 가을에는 세자빈 홍씨의 어머니, 다시 말하면 홍봉한의 아내가 세상을 떠났다.

  영조 33년(1757) 2월 15일 세자빈 홍씨의 정성스러운 간병에도 불구하고 영조의 정비 정성 왕후가 66세로 승하하였다. 같은 날 화완 옹주의 부마 정치달이 또 세상을 떠났다. 정치달은 정치에는 뜻이 없고 평생 서책만을 가까이하다 세상을 떴다. 이런 와중에 대왕대비(숙종의 계비) 인원 왕후마저 몸져누운 지 얼마 안 되어 3월 26일 71세의 보령으로 승하하였다. 연속되는 궁중 상사에 모두가 지쳐있었다. 세자빈 홍씨는 새 중전이 들어올 때까지 내명부를 다스리는 윗전이 되어있었다. 세자의 생모 영빈 이씨가 있으나 후궁인지라 세자빈의 위치를 앞설 수가 없었다. 이때 세자빈은 숙의 문씨가 중전이 될까 봐 마음을 졸이고 있었다. 숙종이 후궁을 중전으로 맞지 못하도록 국법으로 정하라 했지만, 만일 그 국법이 무너지면 세자의 안위를 걱정하지 않을 수 없었기 때문이었다.

❖ 병세는 깊어지고

　　　　　　　　세자의 병세는 갈수록 깊어 천둥소리뿐 아니라 쏟아지는 햇볕마저 두려워하게 되었고, 옷을 입지 못하는 의대증(衣襨症)까지 가지고 있었다. 옷을 입을 때 팔다리가 굳어져서 움직이지 않았다. 그렇다고 대리청정을 하는 입장인지라 세자의 정식 복장을 갖추어 입지 않을 수는 없는 일이었다. 한번 옷을 입으려면 찢어지고, 화가 나 찢고, 불태우고 하여 네댓 벌의 옷이 필요했다. 옷을 짓는 침방 나인들은 죽을 지경이었다.

여기에 또 하나의 증세가 나타났다. 동이는 물론이고 세자빈과 동침할 때도 매질을 하고서야 이불 속에 드는 변태적 성벽까지 나타났다. 이제 세자는 갈 데까지 간 듯싶었다. 금주령이 내렸는데도 술을 마셨다. 술을 마시면 잠을 편안히 잘 수 있기 때문에 주변에서도 차마 말리지 못했다. 영조 33년 9월에 인원 왕후 전에서 일하는 침방나인 빙애를 데려왔다. 심성은 요악했으나 세자를 진정으로 사랑했다. 영조의 성정도 변해가고 있었다. 어느 날 초경에 임금이 상복 차림으로 승화문 밖의 한지에 나가 엎드려 있는데 세자 역시 상복 차림으로 뒤에 엎드려 있었다. 승화문은 효소정의 바깥문이다. 대신들이 묻기를 "전하는 무엇 때문에 이리합니까?" 하니 "세자가 잘못을 뉘우친다는 말이 있어, 네가 뉘우친 잘못이 무엇이냐고 물으니 대답을 못 한다."라고 했다. 참으로 어처구니없는 광경이었다.

하루는 갑자기 영조의 부름이 있었는데 세자는 의대중이 도저 옷을 입는데 시간이 지체되는 바람에 한참 늦게야 임금 앞에 나타났다. 거기에 술 냄새까지 풍기고 있었다. 음주와 빙애에 관한 일들을 문소의의 고자질로 영조가 알고 이것을 추궁하기 위하여 부른 것이다. 불문곡직하고 빙애를 끌고 오라는 영조의 명이 내렸다. 당황한 세자는 다른 나인에게 옷을 갈아입혀 빙애라고 하고 영조 앞에 데려갔다. 영조는 그녀를 삭발하여 비구니로 살라 하고 궁 밖으로 내쳤다.

이 일이 있은 후 세자는 왕에 고자질한 사람이 내관일 거라 의심하고 내관들을 모아놓고 추궁하다가 김환채라는 내관을 죽였다. 세자는 김환채의 머리를 들고 와 나인들에게 보여주었으니 이제 완전히 실성한 사람이 되어있었다. 그날 나인도 여러 명 상했다. 또다시 궁중이 발칵 뒤집혔다. 영조는 거려청 공묵합으로 세자를 불러내어 다그쳤다. 영빈이 달려오고 대소 신료들도 달려와 또다시 석고대죄를 권했다. 마지못해 석고대죄에 들어간 세자가 갑자기 일어나 달려가 양정합 우물 속에 몸을 던졌다. 다행히 우물에 물이 적어 방직이 박세근이라는 자가 업어내어 살려냈다.

영의정 김상노는 사람됨이 음흉하여 세자에게는 아부하고 주상에게는 갖은 사설을 늘어놓아 세자를 헐뜯었다. 그 때문에 영조 34년 2월 27일 관희합에서 세자를 불러내어 또다시 꾸짖으면서 그간의 일을 거짓 없이 아뢰라고 했다. 세자는 사람 죽인 숫자며, 아바

마마께서 사랑하지 않으시므로 슬프고 꾸중하시기로 무서워서 화가 되어 그리했다고 숨기지 않고 다 아뢰었다. 의외로 주상은 따뜻한 말로 내 이제 그리하지 않겠다고 다짐하면서 측은해 하였다. 모처럼 부자간에 나눈 따뜻한 정분이었지만 세자는 그 말도 이제 믿지 않았다.

영조 35년(1759) 2월 중전 간택을 위한 금혼령이 내렸다. 곤위가 비어있는지라 내명부는 세자빈 홍씨가 관장하고 있었기 때문에 중전 모시는 일이 급했다. 그러나 조정이 이렇듯 어수선한 데다 영조의 보령이 높아 대소 신료들이 간택 단자 올리기를 꺼렸다. 우여곡절 끝에 결국 김한구의 딸이 중전의 자리에 올랐다. 신랑인 영조는 65세, 신부 중전 김씨는 15세이었다.

같은 해 7월 22일 대왕대비 인원 왕후 김씨의 상을 마치고 종묘에 봉안하면서 이를 기리기 위하여 별시를 실시하였다. 병과(兵科)에 급제한 아홉 사람 가운데 조진도(趙進道)라는 유학(幼學)이 있었다. 그는 조덕린의 손자로 조덕린은 '신임옥사'에서 죽은 김창집 등을 역적이라 하였다가 부처되어 제주도로 가는 도중에 죽은 사람이다.

'신임옥사'란 경종 재위 연간, 신축년(辛丑年), 임인년(壬寅年) 두 해에 걸쳐 노론이 소론에게 밀려 노론이 많은 희생을 당한 옥사였다. 희빈 장씨의 아들 경종을 지지하는 세력이 소론이었고, 당시 세자로 있었던 영조를 지지하는 세력이 노론이었는데 경종이 보위에 있을 때 일어났으므로 노론이 많은 희생을 당할 수밖에 없었다. 경종이 병약하여 일찍 죽고 영조가 보위에 오르자 노론이 득세하였기 때문에 소론인 조덕진의 손자가 등과하는 것을 간과하기는 어려운 상황이었다.

정언(正言) 이윤욱(李允郁)이 조 진도의 삭과를 주장하고 나서자 영조는 이를 윤허하였다.

이때 영의정 김상노는 영조를 배알하고 엄청난 말을 입에 담았다. '신임옥사'에 대하여 세자가 영조의 생각과는 달리 잘못된 생각을 가지고 있다는 것이다. 영조는 진노하여 세자를 불러 세워놓고 조진도의 삭과를 반대하는 연유를 물었다. "황숙께서 무슨 죄가 있습니까?"라고 따지고 들었다. 황숙은 경종을 말한다. 그것은 경종을 왜 독살했느냐는 힐문이다. 목숨을 내놓지 않고는 발설할 수 없는 엄청난 도발이었다. 너무도 당돌하고 불경한 대답에 영조는 몸을 떨었다. 그러나 세자는 의외로 태연하였다. 오히려 마음이 후련하였다. 지금까지 마음에 쌓인 응혈을 토해내는 것 같은 가벼운 쾌감까지 느꼈다. 영조는 연상을 들어 세자에게 던졌다. 세자가 크게 다치지는 않았다. 큰 폭풍을 예상했던 것과는 달리 의외로 조정 안팎이 조용했다. 아들에게서까지 그런 이야기를 들은 영조는 기운이 빠진 것이다. 이 일로 세자는 부왕과의 거리가 너무 멀리 있음을 느꼈다.

어느 날 세자의 몸에 부스럼이 나더니 온몸에 번져갔다. 주위에서 온천행을 권했으나 누구 하나 주상께 주청하는 사람이 없었다. 아내 홍씨의 행동이 굼뜨자 세자는 울화가 치밀어 바둑판을 던졌는데 빈의 오른쪽 눈에 맞아 선혈이 낭자하였다. 세자빈 홍씨는 후일 이때의 심정을 죽고자 하나 차마 세손을 버리지 못하여 결행하지 못하였다고 술회하였다. 화완 옹주의 간곡한 주청에 이어 호조판서 홍봉한, 좌의정 이후의 주청이 주효하여 왕이 온천행을 윤허했다.

영조 36년(1760) 7월 13일 세자는 온양온천으로 떠나 온천행궁에서 열흘 동안 머물렀다. 세자는 다행히 피부병이 완쾌되어 대궐로 돌아왔다. 부스럼도 나았고 광질도 좀 뜸해졌으나 궁을 벗어나려는 병질이 하나 더 보태졌다. 격간도동(膈間挑動)이라는 정신질환으로 일종의 현실도피증이다. 병질로 왕의 윤허를 얻어 잠시 피접하는 것은 별문제가 없겠으나 대리청정하는 입장에서 세자가 이유없이 궐을 비우면 분조(分朝)가 된다. 분조는 전시와 같은 비상사태에 임하여 만약의 사태에 대비하기 위한 불가피한 때에 단행한다.

세자는 온양온천을 다녀온 후로 궐 밖 미행을 자주 나갔다. 영조가 얼마 전 세손을 데리고 경희궁으로 옮겨갔기 때문에 세자와는 멀리 떨어져 있어 행동이 좀 자유로웠다.

그러나 세자의 의대증은 여전했다. 그래도 발작을 덜 하는 때는 빙애가 수발을 들 경우뿐이었다. 그래서 세자는 빙애의 거처에 주로 머물렀다. 그런데 어느 날 세자의 미행을 위하여 미복을 갈아입

히다가 세자가 발작을 일으켜 빙애를 죽이는 사단이 일어났다.

이 소식에 접한 이천보가 참다못해 자진해버렸다. 세자의 병증을 고칠 방도도 없고, 그렇다고 주상께 이를 고할 수도 없어 죽음의 길을 택한 것이다. 영조 37년(1761) 1월 5일이었다. 유서에 세자를 너그러운 마음으로 배려해줄 것을 간청하면서 덧붙이기를 "어리석은 신하에게 이리저리 동요되지 마시고"라는 대목에서 현 영의정 김상노를 꼬집고 있었다. 김상노는 기회 있을 때마다 세자의 병폐를 주상에게 은근히 귀띔해준 사람이다. 이때 김상노는 격노했으나 자제했다. 영조는 장례 비용을 조정에서 부담하여 재상의 예에 따라 장사를 치르라 명했다. 영조는 청렴한 원로 재상 이천보를 아끼고 있었다.

세자의 미행은 계속되었다. 궐 밖을 나가야 마음이 후련하였다. 허나 환궁할 때에는 외간 여인을 대동하고 들어오는 것이 문제였다. 궐 밖에서 자고 오는 날도 잦았다. 마침내 세자가 궐 밖에서 비구니를 데려와 토굴 속에 숨겨놓았다는 소문이 나돌기 시작하였다. 친모인 영빈 이씨가 이를 확인하러 세자빈 홍씨를 찾아와 함께 세자가 파놓았다는 토굴을 찾아갔다. 영빈 이씨는 내관 박문흥(朴文興)의 안내를 받아 사다리 네댓 간 내려간 토굴 안에 비구니가 떨고 있는 것을 보고 그 자리에서 졸도해버렸다. 같은 해 2월 16일 이천보와 다찬가지로 우의정 민백상이 비상을 마시고 자진해버렸다.

세자는 이런 사단이 일어나고 있는데도 아랑곳하지 않고 이제 미행도 진력이 났는지 색향으로 이름난 평양을 가고 싶어 했다. 민백상이 맡고 있던 우의정에 홍봉한을 제수했는데, 세자는 인사차 찾아온 홍봉한에게 평양에 다녀오고 싶다는 심정을 토로했다. 세자의 일로 중신들이 목숨을 버리고 있는데 이 무슨 어린애 같은 망발인지 주변에서는 가슴을 태우고 있었다. 3월 4일 좌의정 이후가 세자의 비행을 상주하지 못하고 또 자진하였다.

그런데도 세자는 기어코 평양행을 단행하였다. 화완 옹주의 은근한 부추김도 있었다. 그러나 이번에는 극비리에 추진하였다. 평양으로 떠나기 전에 내관 유인식과 박문총에게 자기를 대신할 역할을 훈련시켰다. 유인식이 세자 역할을 맡고 박문홍이 내관 역할을 맡아 전의가 들면 세자 목소리를 내어 오늘은 괜찮으니 다음에 오라 하여 따돌렸다. 그런 후 세자는 평양 관찰사의 후한 대접을 받으며 20일을 지내다 자미라는 미희를 얻어 도성으로 돌아왔다.

그런데 이 사실을 정순 왕후 부친 김한구가 모두 알게 되었다. 김한구의 아들이 당시 강서 현령으로 있었는데 아들 김귀주로부터 세자의 평양 행보에 대한 자초지종을 알려온 것이다. 김한구는 이 일을 주상에 알려야 한다고 영의정 김상노를 채근하였으나 상노는 신중한 태도를 보였다. 그러니 어찌하겠는가? 궁리 끝에 김한구는 주상이 알게 하는 방법으로는 이 사실을 『승정원일기』에 기록하고 주상이 이를 보게 하는 방법밖에는 없다고 판단하였다. 『실록』은 당대 임금이 절대 볼 수 없으나 『승정원일기』는 임금이 그때그때 볼 수가 있었다. 김상노는 주상이 이 사실을 알기 전에 영의정의 자리를 떠나야 한다고 판단했다. 주상이 알게 되면 영의정은 물론 관계자 모두에게 불벼락이 떨어질 것은 뻔한 일이었다. 김상노가 사직 상소를 올리자 영조는 가납하였다.

이제 의정부 일은 사도 세자의 장인 우의정 홍봉한이 혼자 맡게 되었다. 좌의정 신만이 상중이라 잠시 물러나 있었기 때문이다. 따라서 세자에 관한 모든 일은 홍봉한의 책임 하에 있었다. 홍봉한은 우선 병조판서 홍계희가 군역청 제조로 있을 때 뇌물을 받아 챙긴 사실을 주상에 고했다. 정적인 홍계희가 자칫 의정부에 오르는 것을 사전에 막기 위한 조치였다. 홍계희는 영조 임금의 신임을 받고 있었기 때문에 미리 손을 쓴 것이다. 영조는 홍계희를 삭탈관직하면서 다시는 서용하지 말라는 어명을 내렸다. 그러나 홍계희는 사도 세자의 서행을 『승정원일기』에 적어놓도록 이미 손을 썼다.

세자는 평양에서 돌아와 정무를 보는 시민각에 나가 대리 저군으로서 차대도 하고 경연에도 참여하여 한때 마음을 잡아가는 듯했다. 허나 그것도 잠시, 오래지 않아 정무를 소홀히 하기 시작했다. 그가 없어도 정사는 돌아가고 있었기 때문이었다.

홍인한, 홍지해, 홍계희 등은 세자의 평양행을 폭로하기 위하여 성균관 유생들을 충동질하기 시작했다. 성균관의 대사성 서명응은 이조판서를 지낸 서종옥(徐宗玉)의 아들인데, 홍인한 등의 행위를 붕당의 소이로 판단하고 세자를 해치려는 음모라 여겨 세자에게 손을 써 이 사실을 알려주었다.

세자는 화완 옹주를 먼저 의심하였다. 차츰 세자에게 위기가 닥쳐옴을 느낀 홍봉한은 세자를 위해 의정부를 보완할 것을 염두에 두고 8월에 좌의정에 승차하면서 평양 감사 정휘량을 우의정으로 끌어들였다. 이 무렵 세자가 동궁 후원에서 잔치를 한다고 화완 옹주를 초빙하였다. 신변의 위협을 느낀 옹주는 홍봉한을 불러 의논하였다. 세자의 잔치는 죽음의 잔치가 아닌가?

위험에 처한 화완 옹주를 구하기 위하여 홍봉한은 이런저런 궁리를 하다 갑자기 일어나 어전으로 달려갔다. 더 급한 일이 생긴 것이다. 영조는 3정승이 자결한 기록을 보고 더 자세한 내용을 알기 위하여 하문이 있었는데 이에 대해 답변을 하고자 김상노와 홍인한이 어전에 들었다는 소식을 듣고 홍봉한이 한걸음에 달려간 것이다. 김상노와 홍인한은 자리를 비켜줄 수밖에 없었다.

이 무렵 영조는 한동안 병석에 누워있다 일어난 때라 홍봉한이 영조의 쾌차를 하례 드리며 이를 기념하기 위한 정시(庭試)를 제안하자 이를 받아들였다. 화제를 다른 것으로 돌려놓은 것이다. 그때 영조는 홍봉한에게 봉서 하나를 내렸다. 영의정 홍봉한, 좌의정 윤동도, 우의정 정휘량이라 쓴 승진의 전지였다. 이 자리에서 홍봉한은 세자를 버리고 세손에게 양위하려는 영조의 의중을 파악했다.

동궁 후원에서 있은 세자의 잔치에 내관 두 사람이 또 희생되었다. 기녀들은 알몸으로 춤을 추어야 했고, 억지로 참석한 세자빈은 자리를 뜨려다 세자의 눈에 띄어 큰 위험에 처할 뻔하였으나 화완 옹주의 만류로 위협에서 벗어날 수 있었다. 이때 화완 옹주의 마음에는 세자를 제거해야 한다는 생각이 확고해졌다. 화완 옹주는 연회에서 있었던 일을 홍인한과 형조판서 윤급(尹汲)에게 전했고 윤급은 김상노와 홍계희에게 전했다.

 영조는 『승정원일기』를 마저 읽어가다 세자가 몰래 서경(평양)에 다녀온 사실을 알고 진노했다. 홍봉한 등 삼정승을 부르고 세자도 불렀으나 세자는 병중임을 핑계로 오지 않았다. 업어 오라 했다. 영조의 부름을 받은 세자는 옷을 입느라 무진 애를 쓰다 평양에서 데려온 장미가 살해되고 나서야 가까스로 옷을 입었다. 세자의 서행에 관련된 관리들을 엄하게 처단하려 하였으나 그 주범이 화완 옹주임이 드러나자 영조는 어쩔 수 없이 내관 몇 사람만 직을 거두거나 유배를 보내는 선에서 매듭지었다. 생각했던 것보다 아주 경미한 조치였다. 이 일로 홍봉한이 사직상소를 올려 영조가 가납하므로 영의정에서 물러났다.

 9월 28일 정시에 홍봉한의 아들 홍낙인이 을과(乙科)에 합격하였다. 아들이 임금을 배알할 때 홍봉한도 같이 있었는데, 영조는 홍낙인에게 세손을 받들라 하면서 동석한 홍봉한을 다시 영의정에 제수하였다. 그러면서 세손의 가례를 영의정이 맡으라고 어명을 내렸다. 세손(후에 정조)의 나이 10세이었는데, 간택에 세자 내외를 제외하라는 어명을 덧붙였다. 그래도 3간에는 세자 내외가 참석하도록 허락이 내렸다.

삼간이 있던 이 날도 세자는 의대증에 몹시 시달리고 있었다. 의대를 다 갖춘 때는 이미 시간이 상당히 지체되어있었다. 복장을 다 갖추고 도리옥관자를 찾다가 없으니까 할 수 없이 통정옥관자(通政玉貫子)를 가져다 꾸몄다. 망건은 상투 맬 때 머리에 두루는 그물 같은 것으로 상투를 동여매는 당줄이 달려있는데 이것을 망건당줄이라 한다. 망건당줄을 꿰는 고리가 관자인데 이는 나이, 신분 또는 빈부에 따라 금, 옥, 뼈 등으로 만들어 단다. 옥관자는 벼슬 높은 사람만이 쓴다. 그중에서 도리옥관자는 일품이상의 고위 관직자가 쓰기 때문에 세자는 반드시 도리옥관자를 써야 한다. 통정옥관자는 정삼품이 쓰는 옥관자인데 세자가 급한 김에 쓰고 간 옥관자는 무관이 쓰는 옥관자라 도리옥관자보다 크다. 그래서 세자가 쓰고 간 통정옥관자는 영조의 눈에 바로 띠었다. 그런 데다 시간도 많이 지체되었다. 이런 경사에 세자가 통정옥관자가 웬 말이냐며 영조의 일갈이 터져나왔다. 결국, 물러가라는 불호령이 내렸다. 세자는 이제 원한으로 사무쳤고 세자빈도 시아버지인 영조가 몹시 원망스러웠다. 정순 왕후의 배려로 승석 무렵에야 세자는 간택된 세손빈을 만날 수 있었는데 정순 왕후가 세손빈에게 세자 내외가 있는 곳에 들르도록 당부해놓은 것이다.

❖ 세자를 제거해야

영조 38년(1762) 건달 두 사내와 그를 따르는 하인배들이 북성 안암동 일대를 헤집고 다녔다. 세자 저하의 명이라 하면서 세손마마 가례 때 쓸 것이니 집집마다 금, 은, 옥을 있는 대로 내놓으라고 윽박지르고 다녔다. 이들은 박치성, 김인서란 건달들인데 세자가 미행 때 수종하던 자들이다. 이들은 여승 가선(假仙)이란 여인을 궁으로 데려오는 데도 결정적인 역할을 한 사람들이다. 이와 같은 노략질이 세손 가례를 올리는 2월 1일까지 계속되었다. 이들의 행패가 시작된 데는 원인이 있었다. 세자가 병중이 심하여 액정서에 소속된 내로라하는 무리들과 어울려 밤낮없이 노니는 과정에서 기분 내키는 대로 하사품을 주어 내수사의 비용이 거덜나게 되었다. 부족한 내수사의 물건을 채워놓기 위하여 장사치들의 물건을 거두어들였는데 액정서의 하인들이 필요 이상으로 물건을 빼앗고 노략질까지 하여 원성이 자자하였다.

북성 일대를 노략질하고 다닌 박치성, 김인서도 세자의 하수인으로 물품 조달에 합세한 인물들이다. 안암동 여승들이 있는 절간에서 산대놀이를 벌인다는 말을 듣고 김인서 외 2인이 그리로 가는 도중에 민가에 들러 부녀자를 보고 세 사람이 차례로 겁탈하고 가버렸다.

이들에 당한 그 여자가 형조에 고변함으로써 참판 이이징이 붙잡아다 형조에 가두고 문초하여 주상께 고해 올렸다. 이것을 보고 울분한 사람이 나경언(羅景彦)이었다. 나경언은 한때 오흥 부원군 김한구가 국구가 되기 전에 그 집 식객 노릇을 한 적이 있었고, 판중추 김상노의 집에서도 식객 노릇을 한 한량이었다. 나경언은 그동안 형조판서 윤급 밑에서 일하면서 노론의 주축이 되는 대신들 사이를 내왕하며 심부름꾼 노릇을 하고 있었다. 노론은 세자가 부왕(영조)이 경묘(경종)를 독살한 것으로 알고 있기 때문에 앞으로 무슨 짓을 저지를지 몰라 좌불안석이었다. 더구나 지금 대리청정을 하고 있지 않은가? 주상이 보령이 높아 언제 국상이 날지 모르기 때문에 세자 제거를 서둘렀다. 나경언은 안암동 일대에서 노략질하는 패거리들이 세자가 미행 때 데리고 다니던 박지성, 김인서임을 알아냈다.

　이런 기미를 알아차린 윤급이 나경언을 불러 세자 제거를 위한 구체적인 안을 모색한 뒤 실천에 옮겨 가고 있었다. 차제에 세자빈 홍 씨의 외사촌 형조참의 이해중이 어느 전각 앞에서 괴문서 하나를 주웠다. 겉봉에는 '춘궁지계(春宮之計)'라 쓰여있었다. 춘궁이란 세자를 말한다. 세자가 황음한 일로 사람을 죽이는가 하면 때로는 옆에 시침하는 나인을 요괴스럽다 하여 칼로 쳐 죽이고 온양행차 후에 궐 밖을 나가 시정잡배들과 어울리다 여승을 궁내로 데려온 일과 의대증이 심하여 옷을 입는 과정에서 내관이고 나인이고 마구 쳐 죽이는가 하면 몇 차례 세자빈을 죽이려 했다는 내용을 적고 환관들이 죽어가는 수가 늘어나니 위협을 느낀 환관들이 모여 세자를 물리칠 계책을 세우고 멀지 않아 거사를 한다 하니 속히 춘궁의 환관들을 문초하여 주모자를 찾아 엄단해야 한다고 썼다. 그리고 말미에 나경언이라는 신분을 밝혔다. 이해중은 이튿날 그 괴문서를 영조에게 바쳤다. 문서를 받아든 영조는 내관으로 하여금 읽게 하고 나경언을 잡아들이라 했다. 시민당 손지각에 국청을 차려놓고 원임, 시임 대신들을 불러 세운 뒤에 나경언을 형틀에 매었다. 이 자리에서 나경언은 세자의 소행을 빠짐없이 고했다. 다 듣고 난 영조는 나경언을 문초하지 않고 오히려 시립해있는 대신들을 꾸짖었다. 구언(求言)에 응한 자가 잘못이 아니라 이런 사실을 모르고 있는 대신들을 질책한 것이다. 그러고 나서 영조는 이와 같은 사실들을 나경언이 어찌 알았는지 추국하라는 말을 남기고 추국장을 떠났다. 홍봉한으로서도 이런 상황에서 어찌해볼 도리가 없었다.

이 소식을 들은 세자는 절망감에 빠져 이제는 또다시 죽음을 생각하였다. 홍봉한은 다시 세자에게 석고대죄를 청하도록 했다. 세자는 또 발작을 일으켜 무서움증이 도져 이불을 뒤집어쓰고 땀을 비 오듯 흘리고 있었다. 어느 정도 진정된 뒤에 세자빈을 비롯한 주변 사람들의 권고로 대죄를 청했다. 영조 38년(1762) 5월 22일 그믐달이 뜰 무렵 세자는 금천교 다리 위에서 멍석을 깔고 삿갓 쓰고 도포 차림으로 대죄를 청했다. 후환이 두려운 신만, 윤급, 김상노 등이 나경언의 신속한 처형을 주장하고 나섰다. 기막힌 일이었다. 이제까지 같이 모의했던 사람들이 아닌가? 영조는 서두르는 신하들의 말을 듣지 아니하고 나경언이 진술한 안암동에서 있었던 시정 잡배들 일을 거론하였다. 세자는 대죄를 청하는 자리를 손지각 앞으로 옮겨와 죄인들과 대질을 원했으나 국정을 대리하는 자가 죄인과의 대질이란 가당치 않다 하고 응해주지 않았다. 결국, 나경언의 참수로 친국을 끝낸 영조는 나경언이 진술한 건달들을 문책하고 세자의 궐실(闕失: 해서는 안 될 잘못)도 확인할 겸 북성 안암동에 친임했다.

이때 누군가가 미리 북성에 나가 사실대로 말하면 마을에 불을 지른다면서 입단속을 시키고 다니는 사람이 있었다. 봉조하 조재호 밑에 있던 엄홍복도 사실대로 말하면 죽인다고 엄포를 놓고 다녔다.

반대쪽에서도 가만있지 않았다. 홍인한, 김수안, 문성국이 주민들을 불러놓고 세자의 실덕을 사실대로 고하고 엄홍복의 일까지 빠짐없이 고하라 당부하고 다녔다.

영조는 북성 안암동에 친임하여 백성들을 불러들였다. 어느 안전이라고 백성들이 거짓을 고하겠는가? 세자의 일과 건달들의 행패를 빠짐없이 고해 올렸다. 박지성, 김인서 등을 주살하고 승녀가 있었던 주지승과 노략질하던 무리를 다 잡아들이라 명한 뒤에 영조는 경희궁으로 환궁하였다. 세자도 대죄를 거두고 또다시 토굴 생활로 돌아갔다. 거기에는 아직도 즐겨 읽는 옥추경이 있고 발가벗은 계집아이들이 있었다.

세자의 비행을 다 알고 돌아온 영조는 세자의 장인이 영의정에 있음은 부당하다 여겨 홍봉한을 좌의정으로 체직하였다. 그 후임에 세자의 사부로 오래 있었던 판중추 신만을 영의정에, 윤동도를 우의정에 제수했다. 이때까지 세자가 무사했던 것은 장인인 홍봉한이 영의정에 있었기 때문이었다. 신만이 영의정에 오른 것은 세자에게는 비극의 서막이었다. 신만이 세자를 가르치는 과정에서 세자의 궐실을 누구보다 잘 알게 되었고, 그러다 보니 충돌도 여러 차례 있었다. 이대로 세자가 보위에 오르면 사직이 위태로울 것이라는 생각을 신만은 확신하고 있었다. 그런 신만에게 세자의 궐실을 조사하라는 어명이 내렸다. 긴장한 세자는 어명으로 대리를 거둔 사실이 없기 때문에 시민당으로 나와 삼정승을 불렀다. 신만을 제거하려는 의도에서였다. 이것을 알아챈 내시들이 삼정승은 어전에 있다고 둘러댔다. 세자는 토굴로 돌아가 신만의 아들 영성위를 불렀다. 영성위는 학질을 핑계하고 가지 않았는데 화가 난 세자는 애꿎은 내관을 칼로 쳐 죽였다. 울화가 치민 세자는 그 길로 수구(水口)를 통하여 윗 대궐로 올라가 영성위 거처로 달려갔다. 영성위가 피하고 없어 잡아오지 못하고 영성위의 관복, 조복, 융복, 일용제구와 패옥, 띠까지 모두 가져다 불살라버렸다.

영성위는 화협 옹주의 남편인지라 영빈 이씨에게는 친사위이다. 화협 옹주는 영조 28년 겨울 홍역으로 세상을 떠났다. 영성위가 신만의 아들이라는 것이 문제였다. 영빈 이씨는 어쩔 수 없는 한계를 느꼈다. 일이 이 지경에 이르렀으니 세자가 병이 더 심하여 사위뿐 아니라 며느리, 손자까지 안위가 심히 걱정이 되었다. 영빈 이씨는 고심 끝에 중대한 결심을 했다. 사정을 끊고 대의를 가지고 주상에게 세자에 관한 자초지종을 아뢰었다. 결국, 친자식을 죽음으로 내몬 어미가 되고 보니 가슴이 찢어지는 괴로움을 말로 표현할 수가 없었다. 괴로움을 이기다 못해 거처하는 양덕당(養德堂)으로 가 식음을 전폐하고 누워버렸다. 영조 38년(1762) 윤 5월 13일이었다.

그때 의금부에서 공초가 또 올라왔다. 엄흥복의 자복에 의하면 전하가 북성 안암동에 도착하기 전에 동궁의 궐실을 입에 담는 자는 살아남지 못하리라는 말로 백성들을 위협하고 다닌 사람이 있었는데 그 모두가 봉조하 조재호가 시킨 일이라 하고, 여기에 좌의정 홍봉한, 홍문관 응교 이미 등이 연루되어있다는 내용이었다. 그때 영조는 경희궁 경현당(景賢堂) 관광청에 있었다. 영조는 벌떡 일어나 창덕궁 경화문(景華門)으로 거동했다. 영조는 평상시에는 만안문(萬安門)을 이용하는데 좋지 않은 일이 있을 때는 경화문으로 출입한다.

세자는 교자를 타고 덕성합으로 가면서 아내 홍씨를 불렀다. 세자의 눈에 사람이 보이면 무슨 일이 일어날지 모르기 때문에 세자가 타고 다니는 교자는 뚜껑을 하고 사면에 휘장을 치고 다니도록 했다. 홍씨는 덕성합으로 가면서 환경전에 들려 세손 내외에게 무슨 일이 있어도 놀라지 말라 당부하고 떠났다. 갑자기 까치 떼가 경춘전을 에워싸고 울어댔다.

대전 내관이 영조의 부름을 알려왔다. 세자는 세손이 쓰는 휘항(揮項: 방한모)을 쓰고 학질에 걸린 것처럼 위장하고 부왕 앞에 부복했다.

영조가 자리한 곳은 창경궁 휘녕전이었다. 휘녕전은 편전인 문정전 동쪽에 있는데, 영조의 첫째 비인 정성 왕후의 재실이다. 임금은 휘녕전에 도착하자마자 세자를 불러내어 계단 아래 꿇어 앉히고 선전관에게 명하여 궁성을 호위하라 했다.

세자빈 홍씨가 숭문당에서 휘녕전으로 통하는 건복문(建福門) 밑에 당도하니 아무도 보이지 않고 칼 두드리는 소리와 세자의 용서 비는 소리만 났다. 왕은 칼을 뽑아 들고 토굴을 판 것과 상복과 상장(喪杖)을 거기에 둔 연유를 물었다. 세자가 답하기를 정성 왕후(영조 첫 왕비) 상을 당하였을 때 쓰던 상복과 상장을 그냥 버려둘 수 없어 토굴을 파고 묻었다 하였다. 왕은 주서(注書) 홍경언(洪景彦)을 시켜 파본즉 세자 말대로 그 당시에 쓰던 것이었다. 그러나 왕의 추국은 계속되었다. 궐 안에 비밀 토굴을 판 것은 왕을 죽여 묻으려 한 것이 아니냐고 몰아붙였다. 세자가 파놓은 땅굴은 방이 세 칸인데 드나드는 문을 위로 내고 널판지로 뚜껑을 만들어 그 위에 떼를 덮어 뚜껑을 닫으면 전혀 알 수 없도록 만들었다. 끝내 왕은 세자에게 자진을 명했다.

"내가 죽으면 나라가 망할 것이고, 네가 죽으면 나라는 망하지 않을 터이니 당장 내가 보는 앞에서 자진하라. 너 스스로 죽지 않는다면 내 몸소 너의 목을 치리라."

세자는 허리띠를 풀어 목에 감고 조였다. 결국, 기절하여 엎드러지니 좌우에 있는 신하들이 울며 풀어주고 내의(內醫)를 불러 물에 청심환을 타서 마시게 하였다. 왕은 내의마저 몰아내고 영상을 비롯한 대신들이 들어오려 하였으나 단호하게 물리쳤다. 사서 임성(任城)이 남아 가만히 시신(侍臣)들에게 명하여 세손을 데려오게 하였다. 왕은 세손이 들어오는 것을 보고 불호령을 내렸다. 별군직 김수정이 발버둥 치며 저항하는 세손을 안고 나갔다. 왕이 계속하여 자진을 재촉하자 세자는 이제 곤룡포를 찢어 목을 졸랐지만 강관(講官)이 또 풀어놓았다.

❖ 뒤주를 대령하라

자진이 어렵다는 것을 안 왕은 날이 저물어가자 뜬금없이 뒤주를 가져오라 했다. 선인문 밖에 있는 어영청 뒤주가 먼저 도착하였다. 소주방 뒤주는 멀리 있어 늦게 도착한 것이다. 이때 여러 시신과 별감들이 나서서 말리려다가 애꿎은 별감 한 사람만 목이 베이고 다 쫓겨났다.

왕은 세자에게 뒤주 안으로 들어가라 명했다. 세자는 하는 수 없이 뒤주 안에 들어가면서 "아바마마 살려주소서, 살려주소서." 하며 애원하였다. 세자가 뒤주 안으로 들어가자 왕은 뒤주에 자물쇠를 채우고도 모자라 친히 큰 못을 박았다. 밤 3경에 살펴보니 뒤주 한편에 틈이 있고 옹이구멍이 나 있어 대신 이광현과 사서 임성이 약과 미음을 넣어주었다. 이광현은 지필묵을 가지고 어명을 받아쓰는 임무를 맡았으므로 그 자리에 있는 것이 용인된 것이다. 날이 몹시 더워 세자는 뒤주 안에서 몰래 넣어준 삼베옷으로 갈아입었다. 뒤주 안에 들어가던 날 세자는 생무명 한 벌만 입고 있었다. 왕은 뒤주 안에 틈이 난 것을 알고 그것마저 막아버렸다.

그리고 난 후 왕은 도승지 이이장에게 명하여 왕세자를 폐하라는 교지를 받아쓰라 하였으나 아무리 왕명이라도 이러한 분부는 받아쓸 수 없다고 거절하였다. 왕은 크게 노하여 이이장을 참하라 하고, 또 정순검에게 쓰라 하니 순검 역시 거절하였다. 왕은 하는 수 없이 직접 교지를 써서 반포하였다. 그리고 세자가 가깝게 지내던 내관 박필수와 기생, 별감, 장색이며 무녀들까지 모두 처형해버렸다.

밤 4경(새벽 1시에서 3시) 세자빈 홍씨는 세손을 데리고 청휘문(清輝門)을 거쳐 저승전 자비문에서 가마를 놓고 궁 밖 사저로 옮겨갔다. 세자를 폐하였으니 법도 상 궁궐에 머무를 수가 없었다. 이튿날 14일 왕은 뒤주를 선인문 안뜰에 옮기도록 하고 뒤주 위에 풀과 두엄을 덮어 공기마저 통하지 못하게 차단했다. 그리고 병졸 100여 명으로 뒤주를 지키게 하고 포도대장 구선복(具善復)과 옥당 홍락순(洪樂純)으로 하여금 감시하라 하였다. 가끔 뒤주를 흔들어 생사를 알아보는데 뒤주에 들어간 지 7일까지는 "어지러우니 흔들지 말라." 하더니 8일째 되던 날에는 아무 소리가 없었다. 이날이 윤 5월 21일 새벽이었다. 뒤주를 춘방(春坊) 세자 시강원으로 옮겨 못을 뽑고 열어보니 세자는 누워 한 다리를 꼬부렸는데 도저히 펼 수가 없고 판장을 뜯어보니 박은 못이 다 휘어 꼬부라져 있었다. 영조는 통곡했다.

"네가 나를 위해 울어야 하거늘 내가 너를 위하여 울다니 장차 나를 위하여 누가 울어준다는 말이더냐?"

맹자가 자식을 잃고 울부짖던 말이다.

왕은 세자의 죽음을 확인하고 다시 경희궁으로 환궁하여 세자에게 대리케 하였던 업무를 친정한다고 반포하였다. 세손은 건복합(建福閤)에서 발상하였다. 선희궁 영빈 이씨는 가슴을 치며 대성통곡했다. 왕세자가 죽자 영조는 바로 왕세자를 복위시키고 시호를 사도 세자(思悼世子)라 하였다. 다시 세자에 복위되었으므로 세자빈과 왕세손을 환궁하도록 하고, 궁관(宮官)으로 하여금 복상(服喪)케 하였으니 세자의 예로 장례를 치르게 한 것이다. 세자빈 홍씨를 혜빈(惠嬪)이라 하고, 새로 혜빈의 옥인 일체를 내려주어 조정에서 통용되도록 하라는 전교를 내렸다. 폐세자 후 8일만이다. 사도 세자의 장지는 경기도 양주 배봉산으로 하고 묘호를 영우원(永祐園)이라 하였다. 지금 서울시립대학 뒷산이다.

사도세자의 친모 영빈 이씨는 세자가 죽은 지 2년 영조 40년 7월 26일 자식 잃은 울화증으로 심중에 병이 되어 생을 마쳤다. 사도세자는 슬하에 아들 넷을 두었다. 정비 혜경궁 홍씨한테서 난 아들 정조 외에 임동이(숙빈 임씨)한테서 난 아들이 은언군(恩彦君) 인(䄄)과 은신군(恩信君) 진(禛)이고, 박빙애(경빈 박씨)한테서 난 아들이 은전군(恩全君) 찬(禶)이다. 후에 은언군 손자가 철종 임금 강화 도령이 되었고, 은신군 진의 손자가 고종 임금이다.

아들을 뒤주에 가두어 죽인 전대미문의 참혹한 이 사건은 영조의 변덕과 세자의 병질이 빚어낸 비극이다. 영조가 정신분열증에 가까운 변덕을 부린 것은 선왕 경종의 죽음이 당시 세자궁에서 올린 게장을 먹고 승하하였다는 의혹과 자신의 어머니가 무수리 출신이라는 영조의 열등의식이 반복적으로 교차되면서 빚어진 병증이 아닌가 싶다. 더구나 이와 같은 민감한 사항을 자식인 세자가 가슴 깊이 새겨 두고 있음을 안 영조는 자신의 갈등을 심화시켰고, 거기에 더하여 노론의 분열이 이 참담한 사건을 야기시켰다.

영조가 늘 염두에 두었던 탕평책에도 불구하고 이 사건으로 노론이 시파와 벽파로 갈라져 또 하나의 파당을 만들어놓았다. 벽파는 사도 세자를 죽음으로 내몬 김상로, 신만, 홍계희, 윤급, 김한구, 김한록, 김귀주 등이고, 시파는 사도 세자를 옹호한 홍봉한, 유척기, 조재호, 한익모, 김상복 등인데 남인들이 여기에 가세한 것이다. 사도 세자가 죄를 얻어 죽고 나니 세손의 정통성이 문제가 되었다. 죄인의 자식이 보위를 이어갈 수는 없다는 것이다. 영조는 사도 세자가 죽은 지 2년 후 1764년 2월 20일에 세손을 효장 세자의 후사로 삼았다. 훗날 정조는 마음속으로 외쳤다.

"나는 누구의 자식입니까?"

사도 세자의 묘소는 정조가 즉위하던 다음 해 1777년 경기도 화성군 태안읍 안녕리 화산(花山)으로 이장하고 현륭원(顯隆園)이라 고쳤다.

정조 4년 정월에 현륭원을 참배한 왕은 애통한 마음을 이기지 못하여 돌아오는 길에 돌아보고 또 돌아보고 오다 수원을 지나 현륭원이 보이는 마지막 고개를 넘으면서 시 한 수를 남겼다.

명발화성 회수원 明發華城 回首遠
지지대상 우지지 遲遲臺上 又遲遲

오늘 출발하여 멀리 화성을 돌아보니
지지대 위에 또 머뭇거리는구나.

이곳이 지지대이고 지금도 수원과 안양 사이 산업 도로변에 그때 세운 지지대 비가 남아있다. 정조는 1776년 3월 10일 25세의 나이로 보위에 올랐는데 19일에 사도 세자의 형 효장 세자를 왕으로 받들어 진종이라는 시호를 올렸다. 그러나 자기의 생부이며, 14년간이나 왕을 대리하여 정사를 보아온 사도 세자를 왕으로 추존하지 못하고 장헌 세자(莊獻世子)로 존호만 바꾸었다. 영조는 생전에 세손에게 "후일 너의 아버지의 추존을 말하는 자가 있으면 나에게 불충하는 것이며 너에게도 불순한 자이니라." 하고 눈물을 흘리며 하교한 바 있었다.

그 후 광무 3년(1899) 11월 12일 고종이 장헌 세자를 왕으로 높이고 묘호를 장조(莊祖)로 하였다. 이로 인해 혜경궁 홍씨를 경의왕후(敬懿王后로) 추존하고 임동이를 숙빈(肅嬪), 박빙애를 경빈(景嬪)으로 높였다. 은언군, 은신군은 숙빈 임씨(林氏) 소생이고, 은전군은 경빈 박씨 소생으로 고종이 숙빈 임동이의 직계후손이기 때문에 영조의 유교에도 불구하고 추존한 것이다.

사도 세자의 비화는 혜경궁 홍씨가 쓴 『한중록(閑中錄)』이 있어 그 전말을 자세히 알 수가 있다. 『한중록』은 혜경궁 홍씨가 회갑이 되던 해인 정조 19년부터 10여 년 동안 쓴 작품인데 제1편은 친정 조카에게 써보낸 순수한 회고록이고, 나머지 세 편은 손자 순조에게 보일 목적으로 친정아버지 홍봉한의 억울한 죄명을 자초지종 설명해준 일종의 해명서이다.

　영조는 처음에는 정조가 영종으로 묘호를 올렸으나 고종 26년 (1889) 11월 27일 김상헌의 주청에 의하여 영조로 바꾸었다. 그러므로 『조선왕조실록』의 명칭은 『영종실록』으로 되어있다.

반달이
네가 무슨 반달이냐 초생달이 반달이지

　　　　　창덕궁에서 창경궁으로 넘어가는 작은 언덕이 건양재이다. 이 건양재에 건양문(建陽門)이 있는데, 이 문이 창덕궁과 창경궁을 구분하는 경계선이라 할 수 있다. 건양문을 지나 동쪽으로 조금 내려가면 아늑한 골짜기가 있다. 숲이 우거져 경관이 수려한 데다 연못도 있어 한적하고 은밀한 곳이다. 헌종은 이곳에 기정(旗亭)을 짓고 궁녀 중 절세미인이었던 반월이를 여기에 두고 수시로 드나들었다. 옛날에는 음식점이나 술집을 표시하는데 간판으로 등을 달거나 기를 꽂았으므로 기정이라 하였다. 지금으로 말하면 정치나 사업상 필요하여 만든 안가와 같은 것이다. 헌종은 당시 가장 많이 왕래하는 청나라 사신을 여기에서 주로 대접하였다. 임금의 총애를 한 몸에 받던 반달이는 막강한 힘을 가진 청나라 사신들과도 폭넓은 교제를 하게 되어 어느덧 권력의 중심에 서게 되었다. 오히려 임금의 위에 군림하여 막강한 힘이 축적되었다. 모든 벼슬도 그녀의 손아귀에서 요리되었으며, 따라서 많은 재물이 그녀의 치마폭에 쌓이고 그만큼 백성들의 원성도 높았다.

    당당홍의(堂堂紅衣)
    정초립(鄭草笠)이
    계수나무 능장 짚고
    건양재로 넘나든다
    반달이냐 왼달이냐
    네가 무슨 반달이냐
    초생달이 반달이지

백성들의 원성은 늘 그랬듯이 동요나 민요 같은 참요 속에 스며들어 은유적으로 뱉어내는 가락은 레지스탕스의 민족 정서 속에 축적되어 순화·공감되어갔다.
이 가사는 '아나 농부야 말 들어'로 시작되는 「농부가」와 유감(類感)되어 '반달만큼 남은 논배미'로 하루 고된 일이 마무리되어 감을 자축하는 환희의 축가로 불려오고 있다.

> 서마지기 논배미가
> 반달만큼 남았네
> 네가 무슨 반달이냐
> 초생달이 반달이지.

　반달이가 살았던 기정은 원래 숙종 때 장희빈이 거처하던 취선당 자리이다. 취선당은 장희빈이 숙종 비 인현 왕후를 내쫓기 위하여 갖은 음모와 공작을 벌이던 곳이며, 종내는 무당을 불러 복위된 인현 왕후를 저주하다 발각되어 장씨가 사약을 받은 곳이라 한동안 버려두었던 집이다.

　반달이의 뒷이야기는 알 수 없으나 그녀의 세도는 오래가지 못한 것 같다. 헌종 12년에 반달이가 살았던 곳에 왕이 한가롭게 독서도 하며 쉴 수 있는 낙선재를 지었고, 그 옆에 경빈 김씨가 거처할 석복헌을 지어 오붓한 정을 나누었다.

　장희빈, 반달이, 경빈 김씨 등 임금이 총애하는 여인들이 여기서 살았다. 이곳은 여인들의 애환이 교차된 곳으로 여인들과 인연이 깊은 음혈(陰穴)이 아닌가 싶다.

강화 도령 철종
다락에서 내려와 화려한 연을 타고 궁으로

❖ 천애의 고아로 문전걸식

　　　　　조선 왕조에서 가장 비참하게 죽은 영조의 아들 사도 세자에게는 정조 임금 말고 그 밑으로 세 아들이 있었다. 은언군(恩彦君), 은신군(恩信君), 은전군(恩全君)이 그들이다.

　큰아들 은언군에게도 슬하에 세 명의 아들을 두었는데 장남이 상계군(常溪君), 둘째가 풍계군(豊溪君), 셋째가 전계군(全溪君)이다. 큰아들 상계군은 홍국영의 음모로 정조 3년(1779) 반역죄에 연루되어 정조 10년에 유배지에서 자살하였고, 둘째 풍계군은 은전군이 후사가 없어 양자로 들이는 바람에 은언군의 슬하에는 전계군만 남아있었다. 큰형 상계군이 반역으로 몰려 유배되자 이에 연좌된 아버지 은언군도 강화에 부처됨에 따라 전계군은 아버지와 같이 강화로 옮겨 살 수밖에 없었다.

　사도 세자의 손자요, 은언군의 아들인 전계군은 이때부터 귀양살이가 시작되었다. 시련은 이것으로 끝나지 않았다. 순조 1년(1801)에 은언군의 아내 송씨와 홀로 된 상계군의 아내 신(申)씨가 몰래 잠입한 중국 신부 주문모에게 세례를 받은 것이 탄로 나 은언군도 같이 배소에서 처형되니 전계군은 천애의 고아가 되어버렸다.

　상당한 세월이 흐른 헌종 10년(1844) 헌종의 계비 명헌 왕후 홍씨(洪氏)의 간택으로 전국에 대사면령이 내려지는 바람에 전계군은 유배지에서 풀려나서 도성으로 돌아와 경행방(慶幸坊, 지금 종로구 익선동 164)에서 살았다.

　그동안 전계군에게도 세 아들이 있었는데 첫째가 원경(元慶)이고, 둘째가 경응(慶應)인데 아주 어려서 죽고 셋째가 원범(元範)이었다. 원경이는 적실인 최씨 소생이고, 원범이는 강화도에서 맞아들인 염(廉)씨 소생으로 둘이는 배다른 형제였다. 전계군은 부처에서 풀려 돌아오긴 했으나 너무도 오랜 세월 동안 갖가지 몰려드는 시련과 공포 속에 몸부림치다 가까스로 얻은 안식으로 긴장이 한꺼번에 풀렸던 탓일까? 돌아온 지 2년이 채 안 되어 세상을 떠났다. 졸지에 원경이와 원범이 형제는 이집 저집을 전전하며 걸식해야 하는 거렁뱅이가 되어있었다. 형인 원경이는 원범이보다는 영리한 데다 나이도 네 살 위여서 눈치껏 적응을 잘하는 바람에 남의 밥을 얻어먹는 데도 비교적 수월했다. 이것이 또한 화근이 되었던가? 어느 날 아침에 일어나보니 형 원경은 역모의 우두머리가 되어 강화도에 위리 안치라는 중벌이 내려졌다. 감시의 눈길이 이들 형제의 주변을 한시도 떠나지 않았던 것이다. 원범은 그야말로 천애의 고아가 되어있었다. 원범은 할 수 없이 형을 쫓아 강화도로 잠입했다. 원경이 18세요, 원범이 14세 때이다. 오래지 않아 원경이는 바로 그해 사약을 받고 죽었다. 원범에게 강화도는 어릴 때부터 뛰어놀던 곳이라 고향이나 다름없었고, 산천은 낯이 익어 친근감이 있었으나 할아버지 때부터 집안 식구들이 역모로 몰려 죽어갔으므로 이웃들이 접촉을 꺼려 기피하는 지라 홀로된 원범의 생활은 말로다 형용할 수 없는 참혹한 것이었다.

당시 조정 형편은 어떠했는가? 순조는 안동 김씨 문중에서 중전을 맞았다. 그녀가 순원 왕후(純元王后) 김씨로 김조순의 딸이다. 김조순은 임금의 장인이었음에도 불구하고 당시 첨예하게 대립하고 있는 시파, 벽파 어느 파당에도 속하지 않고 매사에 신중하였으며, 임금이 제시하는 여러 요직을 사양하는 겸양의 미덕을 보여줌으로써 그의 중후한 인품이 주변에 두터운 신망을 쌓은지라 훗날 안동 김씨 세도의 힘을 키우는 데 큰 기반이 되었다. 그 후 정치적 야심이 많은 그의 아들 김좌근이 문무를 겸한 출중한 인물인 데다 아버지의 후광을 입어 안동 김씨 세도정치의 중심인물로 부상하였다.

순조 임금이 붕어하기 전에 효명 세자가 보위에 오르지도 못하고 죽자 순조의 후사를 손자인 헌종이 잇게 되었다. 당시 헌종은 보령

8세로서 조선 왕조에서 가장 어린 나이에 보위에 오른 임금이었다. 헌종의 모친은 효명 세자의 부인 신정 왕후 조씨(神貞王后趙氏)인데, 이 여인이 풍양 조씨 문중에서 간택해온 소위 조 대비이다.

그동안 안동 김씨 문중의 세도를 키워온 순조의 비 순원 왕후와 이를 견제하려는 조 대비 간에는 음으로, 양으로 알력이 심했다. 고부간의 갈등에도 불구하고 헌종이 8세의 어린 나이에 보위에 오를 수 있었던 것은 순원 왕후의 친손자인 데다 수렴청정을 할머니인 순원 왕후가 하기 때문이었을 것이다. 그러나 할머니보다는 어머니의 입김이 더 셀 수밖에 없는 것은 헌종이 조 대비의 친아들이어서 천륜을 저버릴 수 없었기 때문이었다. 이리하여 풍양 조씨 일가의 견제로 안동 김씨의 세도는 헌종의 재위 동안 주춤하지 않을 수 없었다.

그러나 은밀히 기회만을 엿보고 있던 안동 김씨 세력들은 헌종이 23세의 나이로 후사 없이 죽자 물실호기라, 안동 김씨 일가에게는 이때가 더할 나위 없이 활용해야 할 절호의 기회가 된 것이다. 옥쇄는 안동 김씨 순원 왕후 손에 있었기 때문에 조정 중신들은 너나없이 숨을 죽이고 순원 왕후의 교지를 초조하게 기다렸다.

"영조 임금의 혈통으로는 금상(今上)과 강화에 살고 있는 원범이뿐이다. 그래서 종사를 원범에게 맡기는 것으로 정한다."

순원 왕후의 언문 교지가 내려오자 조정 중신들은 당황했다. 어느 누구도 짐작할 수조차 없는 낯선 이름이었다. 그제서야 대신들은 『선원보략(璿源譜略, 왕실 족보)』을 뒤지기 시작했다. 정치적으로 원숙한 김좌근은 헌종 이후의 후사를 대비하여 미리 『선원보략』을 살펴 원범의 신상과 내력을 알아두고 시치미를 떼고 있었다. 풍양 조씨 가문의 중심인물인 조만영은 황당했으나 이미 때는 늦었다. 아무리 탄식하고 후회해도 만사휴의였다. 보위에 오를 왕재가 정해 졌으면 서둘러야 한다. 조정 안팎이 이 일로 경황없이 돌아가고 있었다.

원범은 성격이 양순한 데다 고생만 혹독하게 하고 자라서 좀 어눌한 편이었다. 거기에 글을 익힌 바 없어 문맹이나 다름없었다. 일부 대신들이 이를 걱정했으나 안동 김씨 일가에게는 이점이 더없이 좋은 재목이었다. 글은 보위에 오른 뒤에 학자들을 선발하여 좀 가르치면 되는 일이었다.

❖ 나무꾼이 왕이 되고

강화읍 관청리 내수골에 있는 원범의 집에 임금을 모실 연(輦)이 도착하였다. 봉영 대신으로는 영의정 정원용이었다. 원범의 집은 집이라 할 수조차 없는 다 무너져 내린 초옥이었다. 원범은 집에 없었다. 강화 섬의 외딴곳에 원범의 외가가 살고 있었는데, 수상한 사람만 들면 외숙인 염보길의 집에 숨어 지냈다.

이날도 원범은 이 집 다락에 숨어있었다. 그러나 사전에 주도면밀하게 원범의 동태를 살펴온 김좌근인지라 원범을 찾아내는 데는 그다지 시간이 오래 걸리지 않았다. 외삼촌 집에 사람들이 들이닥쳤을 때 원범의 가슴은 철렁 내려앉았다. 이제 원범 자신도 마지막 길을 가는 것이 아닌가 하는 생각이 언뜻 스쳐 갔다. 도망칠 생각도 해보았으나 이미 때는 늦었다.

원범은 모든 것을 체념하고 다락에서 내려왔다. 신료들을 따라 집 가까이에 이르자 원범이의 눈은 휘둥그레졌다. 할아버지나 형의 경우에는 의금부 나졸들이 몇 사람 나와 형을 집행하고 돌아갔는데 이번에는 호화롭게 장식한 가마를 앞에 놓고 뒤에는 관복 차림의 조정 중신들이 시립해있는 것이 너무도 대조적이었다. 원범은 영문도 모른 채 도승지 홍종응이 시키는 대로 가져온 도포, 갓, 각신 등 임금이 갖추어야 할 의관을 모두 갖추고 연에 올랐다. 원범은 왜 이런 옷을 입어야 하고, 연에 올라서는 어디로 가는지조차 모른 채 강화 섬을 떠났다. 그리고 창덕궁 인정전에 당도했다. 나무꾼 원범에게는 이곳은 분명 천상세계였다. 고래 등 같은 전각들이며, 머리 숙이고 정중한 자세로 시립해있는 조정 중신들과 삼가고 수줍은 자태로 뒤따르는 선녀 같은 상궁 나인들은 모두 천사들이었다. 꿈이 아니고서야 이와 같은 천상세계를 와볼 수 있었겠는가? 원범은 연에서 내려 걷는다기보다 공중에 떠가는 느낌으로 용상에 올랐다. 이렇게 하여 나무꾼 원범은 19세의 나이에 보위에 올랐다. 마지막 혈육인 형 원경이 죽은 지 5년 만의 일이었다. 보위에 오른 철종은 입궐한 지 2년만에 중전을 맞이했다. 이 또한 안동 김씨 문중인 김문근(金汶根)의 여식이다. 김문근은 철종의 장인이 되므로 인하여 안동 김씨 세도정치의 제2의 중심인물이 되었다.

철종은 보위에 올랐으나 궁중 법도는 고사하고 글조차 제대로 익히지 못하였으니 조정 대소사의 업무나 정치는 아예 상상조차 못할 일이었다. 나라 안의 모든 일은 수렴청정하는 대왕대비 순원 왕후의 입을 통하여 안동 김씨 문중의 의도대로 움직여 가기 시작하였다.

15년 동안 숨죽이고 처신해온 안동 김씨들은 철종의 등극으로 다시 활기를 띠기 시작한 것이다. 수렴청정은 약관(20세)이면 끝나야 하는 것이 법도인데 22세까지 이어진 것은 철종의 철벽같은 무지에다 안동 김씨의 이해관계가 맞아떨어졌기 때문이었다.

철종에게는 중전 철인 왕후(哲仁王后) 외에 귀인 2명, 숙의 2명, 궁인 3명 등 모두 7명의 후궁을 거느리고 1849년 궁궐에 들어와 1863년 승하할 때까지 14년 동안 거의 창덕궁에서만 지냈다. 단 한 번 재위 11년(1850) 9월부터 이듬해 4월까지 약 8개월 동안 경희궁에 옮겨 산 일이 있을 뿐이다. 19세에 들어와 14년간 재위하고 33세에 승하했으니 철종도 단명한 임금이었다.

철종의 아버지 전계군은 철종이 즉위하면서 전계 대원군으로 추존하여 선조의 부친 덕흥 대원군에 이어 조선 왕조 두 번째 대원군이 되었다.

　철종이 살았던 강화도 오두막집은 철종 4년(1853)에 강화유수 정기세(鄭基世)가 새로 건물을 세우고 용흥궁이라 했다. 1903년에 이재순이 중건하였는데 내전 1동, 외전 1동, 별전 1동의 집을 지어 잠저의 면모를 갖추었다. 그리고 오두막집 자리에는 비각을 짓고, 그 안에 잠저구기비(潛邸舊基碑)를 세웠다.

명성 황후 시해
며느리 사랑은 시아버지라는데

❖ 대원군의 섭정

조선말 우리나라는 왕은 없고 흥선 대원군과 명성 황후만이 존재하는 것 같은 이상한 모양의 정치 형태를 띠고 있었다. 이렇게 된 데는 그럴 수밖에 없었던 필연이 두 사람 사이에 존재하고 있었던 것이다. 그 필연이 무엇인지 알기 위해서는 두 사람이 정치 일선에 등장하게 된 배경부터 설명해야 한다.

흥선 대원군은 순조 20년(1829) 은신군(恩信君)의 외아들 남연군(南延君)의 넷째 아들로 태어났다. 은신군은 사도 세자의 셋째 아들이니 대원군은 사도 세자의 증손자인 것이다. 남연군은 은신군의 친아들이 아니고, 은신군이 후사가 없자 인조 임금의 셋째 아들 인평 대군의 6대손인 남연군을 양자로 들였다. 남연군의 넷째 아들로 태어난 흥선 대원군 이하응은 12세 때 어머니를 여의고 17세 때 아버지를 여읜 뒤 불우한 젊은 시절을 보냈다. 당시 조정은 안동 김씨 일문의 세도 안에 있어서 변변한 왕족일 경우 안동 김씨들의 눈총을 받게 되어 자칫 큰 변을 당할 수밖에 없는 때라 이하응의 고초는 컸다.

순조 대 안동 김씨 가문의 김조순의 딸이 중전에 간택되면서 외척이 국정에 간여하게 되었는데, 그때부터 안동 김씨들이 조정에 대거 등장하면서 세도정치가 시작되었다. 그런데 순조의 적자인 효명 세자는 보위에 오르지도 못하고 세상을 떠났고, 순조가 붕어하자 효명 세자의 아들 헌종이 8세의 어린 나이에 보위에 올랐다. 헌종이 즉의하여 효명 세자를 익종으로 추존함으로써 효명 세자 부인인 헌종의 친모 조씨는 대비가 되었다. 왕이 나이 어림으로 궁중 법도상 순원 왕후가 수렴청정을 하게 되어있었으나 친모인 조 대비의 입김이 더 클 수밖에 없었다. 한순간에 조정의 실권이 조 대비의 장중으로 들어감으로써 헌종 재위 15년 동안 안동 김씨 일문은 풍양 조씨들의 등장으로 한동안 위축되어있었다.

기회만 엿보고 있던 안동 김씨들은 헌종이 후사 없이 붕어하자 사고무친인 철종(강화 도령)을 보위에 올리는 데 성공함으로써 다시 활기를 띠기 시작했다. 그러나 철종 또한 후사가 없자 안동 김씨 일문은 불안해지기 시작했다. 반면 절치부심 기회를 노리고 있던 조 대비는 파락호 생활을 하면서 자신을 위장하고 사는 이하응과 암암리에 은밀한 내통을 하고 있었다.

　철종이 끝내 후사 없이 붕어하자 조 대비는 발 빠르게 움직여 이하응의 둘째 아들 명복을 보위에 올리는 데 성공하였다. 이명복이 13세의 나이로 보위에 오르니 이 이가 바로 고종이다.

　아들이 왕위에 올랐으므로 이하응은 흥선 대원군에 봉해졌다. 왕이 어린 탓으로 궁중 법도상 조 대비가 수렴청정을 해야 하나 조 대비는 이제 나이가 들고 여자로서 정치 일선에서 조정 대소사를 처결하기가 버거우므로 흥선 대원군에게 대섭을 맡겨 결국 흥선 대원군이 직접 섭정을 하게 되었다. 대원군 이하응은 어려서 부모를 잃고 자라면서는 안동 김씨의 세도에 밀려 야망을 숨기고 파락호 생활로 자신을 위장하면서 심지어는 안동 김씨들을 찾아다니며 구걸까지 해온지라 그 마음에 맺힌 한이 너무도 컸다. 쇠락해진 왕권을 회복하기 위하여 우선 안동 김씨의 정치 세력부터 꺾어야 했다. 지방 토호들의 근거지인 서원을 대폭 정리하고, 서민이나 일반 그리고 토호 등의 구분 없이 조세를 균등하게 하였으며 궁중에 올리는 진상제도도 폐지하는 등 정치적인 의욕을 보였다. 그러나 고종이 보위에 오르면서 왕권의 상징인 경복궁의 복원을 시작하여 서두르다 보니 가뜩이나 재정이 어려운 상태라 백성들의 고초는 헤아릴 길이 없었다. 원납전(대원군이 각계각층에서 모금한 기부금), 당백전(상평통보 1전을 100배의 명목가치로 통용한 화폐) 등을 발행하고도 모자라 매관매직으로 재원을 조달하는 지경에까지 이르렀다. 거기에다 밀려오는 외세에 대한 준비가 되어있지 않은 상태에서 열강국들의 조선에 대한 외교 공세는 집요하고 강력해서 대원군은 막중한 국정 대사에 몸이 묶이게 되었다.

섭정으로 시작된 대원군의 입지는 어느덧 국정의 중심에 서서 국정을 주도하는 중심인물이 되어 쉽게 짐을 벗을 수도 없는 입장이 되어버렸다. 대원군도 그런 자신의 입지가 싫지 않았다.

사고무친의 왕비 명성황후 민씨는 여성 부원군 민치록(閔致祿)의 딸로 8세의 어린 나이에 부모를 모두 잃고 혈혈단신으로 자랐다. 흥선 대원군 부인인 부대부인(府大夫人) 민씨가 문중에 수소문하여 민씨의 천거로 간택된 규수였다. 사고무친인 민씨가 왕비로 간택된 것은 선대에 안동 김씨의 세도에 국정이 흔들리는 것을 보아온 대원군이 이 폐단을 막기 위하여서는 가장 적임자로 생각했기 때문이었다.

민비의 아버지 민치록은 과천 현감, 임피 현령, 덕천 군수 등을 지냈는데 민비가 8살 때 56세로 죽었다. 민치록의 슬하에는 1남 3녀가 있었는데 모두 요절하고 막내인 민비만 살아남았다. 민비는 양반 가문에서 학문을 익힌지라 그녀의 총명함이 더하여 영특했고, 궁중에 들어와서는 궁중 법도에도 쉽게 적응할 뿐 아니라 차츰 나라 안팎의 정세에도 눈을 뜨게 되었다.

대원군과 민비 사이에 생긴 맨 처음 불목은 궁녀 이씨 몸에서 태어난 완화군(完和君) 때문이었다. 대원군은 완화군 선(墡)을 지극히 사랑하여 편애함으로 원자를 둔 민비로서는 긴장하지 않을 수가 없었다. 당시 대원군이 국정의 실권을 다 쥐고 있었기 때문에 더욱 그랬다.

민비로서는 한 치도 양보할 수 없는 초미의 관심사가 아닐 수 없었다. 고종이 성년에 이르면서 민비의 본심은 서서히 드러나기 시작했다. 고종이 성년이 되었으므로 대원군은 이제 제2선으로 물러나고 친정을 해야 한다는 것이 민비가 나서는 명분이었다. 여기에 민씨를 중심으로 한 노론의 세력도 가세하였다. 그리고 대원군의 정적인 안동 김씨의 세력이 힘을 보태어 꾸준히 압력을 가하고 있는데, 때마침 대원군을 규탄하는 최익현의 상소가 올라왔다. 모두가 명분이 있는 일이라 흥선 대원군은 결국 정계에서 물러나 양주 곧은 골(直谷)로 은퇴하고 말았다.

대원군이 실각한 후 명성 왕후는 민씨 친족들을 동원하여 왕권을 장악한 뒤 고종의 친권 체제 확립이라는 명분을 내세워 고종으로 하여금 일본과 '강화조약'을 맺고 일련의 개화정책을 펴나가도록 시도하였다. 그러나 전통사회에 젖어있는 당시에는 개화라는 새로운 문물은 강력한 저항에 부딪힐 수밖에 없었다. 따라서 개화파와 수구파 간에 반목이 심화되고, 조정에서 일어나는 비리나 불만은 민씨 일족이 집권하고 있는 개화파에 모든 책임이 돌아가게 되었다. 그뿐 아니라 매관매직이 성행하고 부정부패가 만연한지라 각계각층에서의 불만이 봇물 터지듯 쏟아져 나왔다. 군에 지급되는 각종 보급품마저 제때에 제 수량이 지급되지 못하였다.

1882년 6월초에 전라도에서 쌀이 도착하였다. 이 쌀을 훈련도감 군병들에게 한 달분의 급료로 지급하였는데 이 쌀에 겨와 모래가 많이 섞였을 뿐 아니라 양도 반이나 모자랐다. 이것이 도화선이 되어 군이 폭동을 일으켰다. 이들은 급기야 궁궐을 범하게 되고 차제에 민비를 제거하려 하였으나 아이러니하게도 대원군 부인 여흥 부대부인의 도움으로 민비는 궁궐을 탈출하여 장호원에 있는 민흥식의 집으로 숨어들어 목숨을 구했다. 이 사건이 '임오군란'이다.

이렇게 되고 보니 고종은 이 사태의 수습을 흥선 대원군에게 부탁할 수밖에 없었다. 흥선 대원군이 은거지에서 나와 사태를 수습함으로써 조정의 실권은 다시 대원군에게로 돌아갔다. 대원군이 복위한 후 명성 왕후의 행방이 오래도록 묘연함으로 죽은 것으로 간주하여 국상을 공포하고 그 척족들의 숙청을 단행하였다. 그러나 이 문제는 죽음을 확인하지 않고 국상을 공포하는 것은 예가 아니라 하여 예법을 내세운 원로 가운데 중도적 입장에 있는 관료층의 강력한 반발에 부딪혀 대원군 재집권의 걸림돌이 되었다.

이때에 민흥식 집에 숨어든 민비는 비밀리에 고종과 연락을 취하면서 청국에 군사적 개입을 요청하여 청국군의 도움을 받는 데 성공하였다. 청국의 개입으로 잠시 정권을 장악했던 흥선 대원군은 청국으로 끌려가 4년여 동안 유배나 다름없는 생활을 하게 됨으로써 민비는 무사히 궁중으로 돌아와 민씨 일가가 재집권하게 되었다. 그러나 민비가 친청 사대모화로 전환함에 따라 당초 손을 잡고 추진했던 개화세력과는 반목하는 입장이 되고 말았다.

　1882년 7월 '임오군란'을 진압한 청나라는 우리나라를 실질적으로 속방화 할 야심으로 민비 정권을 세워 원상복구를 해놓고도 병력을 철수하지 아니하고 조선 내정에 깊숙이 간여하였다. 원세개를 통하여 군권을 장악하고 묄렌도르프를 파견하여 외교권까지 장악하는 등 청나라는 조선의 자주권을 크게 훼손하고 있었다. 이에 격분한 김옥균을 중심으로 한 개화당은 청나라로부터 완전 독립을 쟁취하고 위로부터 대개혁을 단행하기 위하여서는 '무장정변'을 도모할 수밖에 없다는 결론을 내렸다. 1884년 5월 청나라와 프랑스 간에 전쟁의 조짐이 일자 청나라는 우리나라에 주둔하고 있던 청나라 병사 3,000명 중 1,500명을 빼내갔는데, 그해 8월에 전쟁이 발발하여 청나라가 패하고 말았다. 이때를 가장 좋은 기회라고 생각한 김옥균, 홍영식, 박영효, 서광범, 서재필 등은 1884년 10월 17일 우정국 낙성식을 축하하는 연회를 계기로 정변을 일으켰다. 개화당의 병력은 광주 유수 박영효가 양성한 500명의 신식 군대 일부와 윤웅렬이 모집 훈련한 500명의 군대, 일본에 유학시킨 사관생도 14명, 김옥균이 정변을 준비하기 위하여 만든 비밀결사대 요원 43명의 충의계(忠義契) 등 개화당 군대는 모두 800여 명에 일본 공사가 제공하는 150명의 병사가 전부였다. 개화당의 당초 계획은 어느 세력과도 결탁하지 않고 독자적으로 결행하려 했다. 그런데 일본에 잠시 귀국했던 일본공사 다께조예 신이찌(竹添進一郎)가 9월 15일 서울로 취임하여 종전에 가졌던 적대적 태도를 버리고 개화당에 적극적인 호의를 보이면서 일본군이 합세하게 된 것이다.

이 소식을 들은 고종은 경우궁으로 옮겨갔다. 개화당의 정변으로 수구당 요원들이 다수 피살되면서 고종은 궁궐을 떠날 수밖에 없었다. 이때 피살된 대신들은 좌영사 이조연, 후영사 윤태준, 전영사 한규직, 좌찬성 민태호, 중추부지사 조녕하, 해방총관 민영목, 내시 유재현 등이다. 다음 날 경우궁(순조의 생모 수빈 박씨 사당)에서 새 내각 명단을 발표하였다. 서광범을 교섭사무협판 겸 독판대리, 김옥균을 혜상공국 당상관, 서재필을 전영 정렬관으로, 사관학교 생도부장 12명을 별궁관으로 임명하였다. 이어서 홍영식 좌우영사 박영효 전후영사 김옥균을 호조참판 겸 판서대리, 이재원 좌의정, 홍영식 우의정, 이재완을 병조판서, 윤응렬 형조판서, 김홍집 한성부판윤, 김윤식을 예조판서로 임명하였다. 개화세력을 중심으로 한 새 내각이 들어선 것이다. 그것도 잠시 19일 오후 3시경 서울에 남아있던 청나라 군사 1,500명의 병력이 공격을 가해왔다. 수적으로 열세에 있는 개화당 세력은 힘없이 무너지고 '갑신정변'은 3일 천하로 끝나고 말았다. 김옥균, 박영효, 서광범, 서재필 등은 일본으로 망명해버리고, 고종은 홍영식, 박영교와 7명의 생도들이 호위하여 후원 연경당을 거쳐 북문에 이르렀는데 이때 청군이 들이닥쳤다. 영식과 영교 그리고 생도 7명은 그 자리에서 피살되고 고종은 원세

개의 군사들에 의하여 궁궐로 돌아왔다.

조정은 다시 민비의 천하가 되었다. 대원군은 원세개를 따라 귀국하였으나 이제 한가한 노인에 불과할 뿐 조정의 실권은 청국과 러시아의 도움을 받고 있는 민비가 장악했다. 한동안 잠잠하던 정국이 1894년 2월 10일 '동학농민봉기'로 큰 혼란에 빠지게 되었다.

정부는 자력으로 이 난국을 수습하기 어려움을 알고 동학농민군이 전주성을 점거하기 전후 5월초에 청국에 원병을 청했다. 청나라 이홍장은 섭지초(葉志超)로 하여금 군사를 거느리고 아산만에 주둔하게 하고 '천진조약'에 따라 일본에 이 사실을 알렸다. 청나라와 일본 사이에는 1885년에 조약을 체결하여 조선에 무슨 일이 있을 때 중국이 마땅히 병사를 파견하는데, 이 사실을 일본에 먼저 알리고 평정 후에는 반드시 철수하도록 약조한 바 있었다.

일본도 즉시 대도의창(大島義昌)을 선봉장으로 하여 수륙군 5,000명을 인천항으로 상륙시켰고 5월 6일에는 서울로 들어와 12일에는 남산 잠두봉에 진을 치고 대포까지 배치하는 민첩함을 보였다. 조정이 쓰나미처럼 밀려오는 외세에 몸살을 앓고 있는 동안 가뭄과 탐관오리들의 학정에 시달리던 백성들은 치미는 울분을 주체할 길이 없었다. 그때 사람을 하늘처럼 존중해야 한다는 인내천(人乃天) 사상을 기치로 내걸고 전봉준(全琫準)이 고부에서 분연히 일어났다. 이것을 기폭제로 하여 전국 각지에서 요원의 불길처럼 함성이 번져갔다. 그러나 신무기를 가지고 원군으로 출전한 왜적들은 이들을 잔인하게 짓밟았다. 이렇게 하여 관군과 일본군은 전국 도처에서 궐기하는 동학농민혁명군을 진압해갔다. 전봉준을 필두로 한 동학혁명군은 결국 궤멸되고 백성들의 가슴에 맺힌 원한의 응어리는 한숨으로 토해내는 신음 소리로 흘러나와 참요로 떠돌았다.

새야! 새야! 파랑새(팔왕새)야!
너 어이 왔느냐?
솔잎 대잎 푸릇푸릇키로
봄철인가 나왔더니
백설 펄렁 휘날린다
새야! 새야! 파랑새야!
녹두밭에 앉지 마라
녹두꽃이 떨어지면
청포장사 울고 간다

파랑새는 팔왕(八王: 全)에서 유래된 유사음으로 전봉준을 가리킨다.

동학농민혁명군을 진압한 일본군은 이를 빌미로 계속 병력을 증강하여 이제는 대원군을 앞세우고 대궐까지 범하여 정무를 간섭하는 데까지 이르렀다. 청나라 군대가 아산만에 주둔하면서 망설이고 관망하는 사이에 벌어진 일이다.

민비는 일본에 밀리는 청나라 원세개가 원망스럽고, 대원군과 그

추종세력들이 대궐까지 들어와 위세를 부리는 것이 원통했으나 속수무책이었다. 일본공사 대조규개(大鳥奎介)는 대원군을 앞세워 조선 조정에 내정개혁까지 지속적으로 요구해왔다.

청나라에서는 조선 국내 문제가 수습되었으면 조선의 장래는 조선 스스로가 알아서 해야 한다는 입장에서 조선 철군을 일본에 요청했다. 일본은 조선은 그럴만한 자주 능력이 없으므로 자주 능력이 확립될 때까지 지원해주어야 한다는 명분으로 맞서, 대립만 심화될 뿐 요지부동이었다.

일본의 노골적인 내정간섭과 개혁정책에 대하여 대원군도 반발하고 나섰으나 대원군의 존재는 일본군이 입궐하기 위한 명분일 뿐 조선의 실권은 영의정에다 군국기무처회의 총재관을 겸하고 있는 김홍집(金弘集)에게 있었다.

❖ 대원군과 민비는 다른 배

대원군은 이제 일본의 꼭두각시로 전락해버렸다. 대원군을 앞세우고 대궐까지 장악한 일본은 일본문물을 추구하는 반봉건적, 반사대적인 개화세력에 의하여 1894년 6월 25일 '제1차 정치제도'의 개편을 시도하였다. 이 일은 군국기무처(軍國機務處)가 주도하였다. 종래 유명무실했던 의정부를 중심으로 그 밑에 육조를 개편하여 내무, 외무, 탁지, 군무, 법무, 학무, 공무, 농상 등 8아문으로 나누고, 그 아문에 권력을 안배하면서 사헌부, 사간원, 홍문관 등 3사는 폐지하였다. 그뿐만 아니라 문벌과 반상제도의 혁파, 문무 차별의 폐지, 공사 노비법의 폐지, 천인 신분의 폐지, 죄인 연좌법의 폐지 등 수백 년 동안 지켜 내려오던『경국대전』에 정해진 구시대의 법제를 혁파해버렸다.

여기에는 동학교도들이 내세우는 제도적 개혁안도 상당히 포함되어 있었다. 백성들을 선무하기 위한 정책적 배려가 있었던 것으로 보인다. 이것이 소위 '갑오경장(甲午更張)'의 시발이다.

곳곳에서 준동하는 동학교도들의 궐기를 진압하고 내정개혁에 힘을 보태기 위하여 일본 해군은 인천으로 상륙하여 들어오고 육군은 동래에서 조령을 넘어 한성으로 들어왔는데, 그들의 군수품이 천 리에 뻗어있고 24개의 병참을 설치하였다는『매천야록』의 기록을 보면 상당한 규모의 병력이 이미 우리나라에 들어와있었음을 알 수 있다. 그러나 일본의 입장에서는 청나라와 러시아 세력을 업고 사사건건 일본의 행동에 제동을 거는 민비가 걸림돌이었지만, 민란으로부터 대궐을 호위하고 치안을 유지한다는 명분을 가지고 조선에 들어와 주도권을 어느 정도 장악한 일본은 그들의 야심을 이루기 위해서는 청나라의 존재가 더 큰 장애물이었다.

일본은 결국 수백 년 동안 예속되어온 조선을 청나라로부터 독립시켜야 한다는 명분으로 1894년 7월 1일 청나라에 선전포고를 했다. 그런 사실을 우리나라에는 7월 9일에야 알려왔다. 일본이 청나라와 교전이 시작된 것은 청나라 군대가 주둔하고 있는 평양이었다. 청나라 군대는 7월 3일에 평양에 입성하였는데 총인원은 15,000명이었다. 그러나 청군에게는 장수들을 통솔할 원수가 없었고, 직위가 같은 지휘관들만 여럿이 있어 호령도 맞지 않아 군율이 서지 않았다. 더 중요한 것은 청나라 군사들이 가는 곳마다 약탈과 강간으로 민심을 잃은 것이다. 민비는 싸움을 하려거든 우리나라 밖에서 하라고 호통을 쳐댔으나 이 전쟁은 조선의 자주독립을 위해서 하는 것이라 하면서 일본은 이 항의를 묵살하였다. 오히려 전쟁을 위한 그들의 필요에 의하여 7월 26일 반강제적으로 '조일맹약'을 체결하였다. 이 맹약은 대조규개 공사가 군대를 대동하고 대궐로 들어가 고종 내외를 협박하여 대신들을 소집함으로써 체결된 공수동맹이었다. 내용은 청병을 조선에서 국경 밖으로 철수시켜 조선의 자주독립을 공고히 하고, 일본은 이미 청국과의 전쟁을 선포하였으므로 조선국은 식량 등 제반 지원을 준비하여 일본군에게 편의를 제공하는 것을 골자로 하고 있는데, 만약 청국과 화약이 이루어질 경우 자동 폐기하는 것으로 되어있었다. 이 동맹을 근거로 일본은 조선에서 식량을 징발하였고 조선인은 탄약을 비롯한 각종 물자를 운반하는 노역장으로 끌려나갔다. 조선의 내정개혁이 순조롭게 진행되지 못하고 '청일전쟁'까지 발발하게 되자 일본에서는 9월 28일 내무대신 정상형(井上馨)을 조선주재 전권공사로 전격 발령했다. 조선에 온 정상형은 산발적으로 일어나는 '동학농민운동' 세력의 여세를 진압하는 데 적극성을 보이면서 고문으로 와있는 강본유지조를 대원군에게 보내어 그가 일선에서 물러나도록 압력을 가했다. 과거에 청나라에서 그랬던 것처럼 일본에서도 신변보호라는 명목으로 대원군을 일본으로 데려갈 수도 있다고 협박했다. 각종 루머까지 퍼뜨려 대원군의 입장을 난처하게 함으로써 견디다 못한 대원군은 10월 21일 정계 은퇴 성명을 발표하고 일선에서 물러났다. 대원군의 나이 75세였다.

일본공사 정상형은 대원군의 퇴진을 계기로 '제2차 개혁안 20조'를 조선 조정에 제시하면서 이에 필요한 인재로 박영효, 서광범을 추천해 올렸는데, 뜻밖에도 민비가 이에 동의해왔다. 민비는 대원군의 퇴진에 크게 만족하고 있었기 때문이었다.

11월 13일 박영효의 직첩을 돌려주고 서용하는 한편 '갑신정변'에 관련되었던 대역 죄인들을 모두 사면하였다. 제2차 김홍집 내각이 민비의 동의하에 구성되어 박영효는 내무대신에, 서광범은 법무대신에 임명되었다. 이런 와중에서 1894년 12월 13일 고종은 조선이 자주독립국임을 태묘에 고하고, 다음 날 칙령을 내려 이 사실을 신민에 포고하였다.

'청일 전쟁'은 결국 일본의 승리로 끝나고 1895년 4월 17일 일본의 시모노세끼(馬關)에서 '청일강화조약'이 체결되었다. 내용을 보면 청국은 조선이 완전무결한 독립국임을 확인하고, 조선국이 청국에 대해 시행하던 각종 전예(典禮)를 폐지하며 청국은 봉천성 남부의 요동 반도와 대만 및 팽호도 등을 일본에 할양하도록 되어있었다. 그리고 청국은 전비 배상금으로 은 2억 냥을 7년 연부로 일본에 지불하는 것으로 하였다.

그중에 가장 문제가 되는 것이 요동반도를 일본이 소유한다는 것이었다. 그것은 그 땅에 연결된 조선의 독립을 위협할 뿐 아니라 청국의 안전을 저해하는 것이라 하여 러시아, 독일, 프랑스 등 일본주재 공사들이 일본 정부에 항의하고 나섰다. 그 결과 청나라는 은 3천만 냥을 일본에 주고 요동반도는 되돌려주는 것으로 고쳤다. 이때 가장 영향력을 행사한 나라가 러시아였다. 이를 계기로 러시아는 청나라에 많은 요구를 해와 봉천을 비롯한 만주 일대에 그 세력을 넓혀갔다. 러시아가 만주에 영향력을 행사할 수 있었던 것은 조선을 지배하려는 일본의 야심 때문에 일본의 묵계 하에 이루어진 것이다. 그러나 이것은 '러일 전쟁'의 시발이 되기도 했다. 개화 이후 고종은 밖으로는 일본의 견제를 받았고 안으로는 일본의 사주를 받고 있는 친일내각이 독주하여 사실상 허수아비에 불과했으므로 민비는 이를 분통하게 여기고 절치부심 고종의 복권을 노렸다.

민비는 동북아에서 가장 영향력 있어 보이는 러시아와 은밀히 관계를 유지하여 어떻게든 일본세력을 물리치고 조선의 명실상부한 독립을 이룰 수 있도록 획책하고 있었다. 이를 알아챈 박영효는 민비의 이러한 행위를 우려하여 민비를 제거하려고 일본에 병력을 요청하였다. 박영효는 이 사실을 가장 친한 유길준에 알렸는데, 유길준이 이런 음모를 고종에게 고하였다. 이로 인하여 박영효의 체포령이 떨어지자 박영효는 변장하고 용산으로 가서 기선을 타고 일본으로 도주해버렸다. 당시 민비의 입장을 보면 일본과의 관계가 대원군의 퇴진으로 다소 소강상태에 있는 데다 동북아에 러시아의 입김이 크게 작용하고 있어 친러 입장을 취하고 있었기 때문에 민비의 입지는 어느 정도 고무적인 상황에 있었다. 조정의 상당수 인사가 친러 쪽으로 전환한 것은 이 때문이었다.

이 무렵 '이준용 옹립의 역모'라는 대역무도한 사건이 터졌다. 이준용은 대원군의 큰아들 이재면의 아들이니 대원군의 친손자다. 이 사건은 조사 결과 사실로 드러났고 1895년 3월 23일 이 준용을 체포하라는 어명이 내렸다.

이 사건으로 인하여 4월 19일 조선에서는 처음으로 특별재판이 열렸다. 재판 결과 이준용은 종신유형, 주모자 박준양, 이태용, 전동석, 고정주, 최형식 등은 교수형에 처해졌다. 고종은 이 재판의 재결 과정에서 이준용을 감형하여 10년간 강화에 부처하는 것으로 하였다. 이런 와중에 대원군은 유배 중인 손자 준용이를 만나러 강화로 건너가려다 경찰에 붙들려 마포에 있는 공덕리 별장에 연금되는 사단이 벌어졌다.

러시아의 힘을 빌려 점차 위세가 높아진 고종은 윤 5월 17일 각의를 소집하고 지금까지 반포된 칙임(勅任), 칙명(勅命)은 짐의 뜻이 아니었음을 밝히고 오늘 이후 모든 정무는 짐이 친히 재결할 것이라는 중대 선언을 발표하기에 이르렀다.

조선의 사정이 자기 뜻대로 돌아가지 않자 일본공사 정상형은 사임하고 후임으로 미우라 자작을 천거하였다. 미우라는 삼포오루(三浦梧樓)를 말하는데, 육군 준장 출신으로 강골 무인이다.

1895년 6월 12일 대원군의 손자 이준용을 사면하면서 김홍집의 3차 개각이 단행되었다. 이 내각은 총리대신 김홍집, 내부대신 박정양, 외부대신 김윤식, 학부대신 이완용, 법부대신 서광범, 군부대신 안경수, 농상공부대신 정병신, 탁지부대신 심상훈, 궁내부대신 이경직 등으로 민비의 입김이 작용한 친러 인사들로 짜였다. 이완용도 이때는 친러 쪽에 있었다.

❖ 민비를 시해하라

어느 정도 세력이 커진 민비는 차제에 자신이 양성한 시위대의 확대·강화를 시도하는 한편 일인들에 의해 양성된 훈련대의 해산을 노리고 있었다. 훈련대는 일본군 수비대 장교들에 의하여 양성된 정부 직속부대이고, 시위대는 미국인 교관 제너럴다이에게 훈련받은 왕실 직속부대였다. 훈련대와 시위대는 늘 갈등과 반목을 계속해왔고, 때에 따라서는 훈련대 병사들과 순검들 사이에 패싸움이 자주 일어날 뿐 아니라 훈련대가 경무서를 습격하는 일까지 벌어졌다.

이 무렵 정상형 공사가 추천하여 부임한 삼포오루 공사는 외교관으로서는 너무 엉뚱한 모습으로 나타나 사람들을 어리둥절하게 만들었다. 그는 손에 염주 알을 굴리며 부임하여 공사관 2층에 불당을 차려놓고 염불과 사경에 몰두하는 바람에 염불공사라는 별명까지 붙었다.

이러한 삼포오루 행동에 불만을 가진 공사관 무관 남뢰행언(楠瀨幸彦)은 다짜고짜 삼포공사 거실로 밀고 들어가 민비가 내무협판 유길준을 의주로 몰아내고 훈련대에 소속된 친일 세력을 파면하는 것을 보면 훈련대를 해산하려는 의도가 분명하기 때문에 어떤 특단의 조치가 필요하다고 다그쳤다. 남뢰행언 중좌도 무관인지라 삼포오루의 등장이 무엇을 의미하고 있는지 짐작은 하고 있었으나 정세의 흐름이 예측하기 어려울 정도로 각박하게 돌아가고 있으므로 일본이 수세에 몰리는 듯한 위기의식을 느낀 나머지 삼포공사의 단안을 촉구한 것이다. 삼포공사는 오랜 침묵 끝에 강본(岡本)군과 의논하라는 답을 주었다.

강본유지조(岡本柳之助)는 무관 출신으로 궁내부 고문관이란 직책을 띠고 조선에 들어왔는데, 『한성신보』를 뒤에서 조종하는 인물이었다. 『한성신보』 사장 안달겸장(安達謙藏)은 웅본(熊本) 출신들의 건달 30여 명을 거느리고 신문사라는 이름을 빌려 정보를 수집

하면서 경우에 따라서는 특수 업무를 수행할 수 있는 특공대 조직체도 가지고 있었다. 강본유지조는 흥선 대원군과도 친분이 두터운 사이였다. 강본유지조는 거사 후에 발생할 조선 정부와 백성들에게 줄 수 있는 충격과 소요를 대비하여 대원군의 노탐을 이용할 계획이었다. 이 의견을 받아들인 삼포오루 공사는 강본유지조에게 흥선 대원군한테서 우선 몇 가지 약정서를 받아오도록 명했다.

그 약정서 내용은 이랬다.

1. 대원군은 국익을 보익하여 궁중을 감독하되 일체의 정무는 내각에 맡겨 결코 간섭하지 말 것.
2. 김홍집, 어윤중, 김윤식 등 3인을 중심으로 정부를 개조하여 개혁을 단행하도록 할 것.
3. 이재면 대원군의 아들을 궁내부 대신으로, 김종한을 동 협판으로 임명할 것.
4. 이준용 대원군의 손자를 3년 동안 일본에 유학시킬 것.

일본이 조선 지배의 기틀이 마련될 때까지 이준용을 볼모로 잡아두겠다는 뜻이다.

8월 18일 강본유지조는 대원군에게서 이 약정서에 서명을 받아내면서 거사 일을 1895년 8월 22일로 잡았다.

이때 민비는 강본유지조가 대원군 별장으로 들어가는 것을 나름대로의 정보망을 통하여 인지하고 그를 인천으로 내쫓았다. 그런데 뜻하지 않은 일이 발생하였다. 민비가 8월 20일로 훈련대를 해산한다는 정보가 들어왔다. 그렇다면 22일의 거사에 동원될 병력에 큰 차질이 생긴다. 할 수 없이 거사 일을 앞당길 수밖에 없었다.

삼포오루는 8월 19일 해가 지면 신문사 낭인들을 동원하도록 지시를 내리고 공사의 방으로 거사의 핵심 인물들을 집합시켰다. 『한성신보』사장 안달겸장과 공사관 무관 남뢰행언 중좌 등 거사 핵심 인사들이 들어오고 인천에서 강본유지조도 당도했다. 대궐을 범할 명분도 충분했다. 해산 명령을 받은 훈련대가 반란을 기도하고 있으므로 이를 진압하기 위한 것으로 하였다. 민비 암살에 참여하기 위하여 용산에 있는 일본 경찰서 후원에 모인 병력은 낭인부대 50명, 수비대 장병 4백50명, 우범선이 거느린 조선 훈련대 1백 명, 영사 경찰병 10여 명이었다. 이들은 자정 무렵부터 공덕리로 출발하여 20일 새벽 3시경 대원군을 앞세우고 별장을 나왔다. 당시 대원군은 76세로 망년된 노욕이 발동하여 일인들의 요구에 동의는 했지만, 그의 심정은 몹시 착잡했다.

새벽 5시경 낭인부대 건달들 50여 명은 광화문으로 진입하여 시위대 연대장 홍계훈과 군부대신 안경수가 인솔하는 병력과 교전하였으나 이때 홍계훈이 사살되고 안경수가 피신하는 바람에 저항군은 싸움 한번 제대로 해보지도 못하고 와해되고 말았다.

대원군을 일단 강녕전에 머물게 하고 폭도들은 일본군 수비대와 조선군 훈련대가 합세하여 고종 내외가 거처하는 건청궁으로 육박해 들어갔다. 건청궁에는 미국의 제너럴다이 교관이 지휘하는 시위대가 저항했으나 중과부적으로 10여 분 만에 무너지고 일본군 수비대는 뛰쳐나온 고종과 왕세자를 거처하는 장안당에 경호라는 구실로 다시 모셔놓았다. 강본유지조와 안달겸장이 지휘하는 낭인들은 중전 침소인 곤녕합(坤寧閤)을 휘젓고 다니면서 민비를 찾았다. 그 과정에서 궁녀들이 수없이 살해되었고, 낭인들은 급기야 민비가 피신하고 있는 옥호루로 들이닥쳤다. 옥호루는 곤녕합 동쪽으로 이어진 누각이다. 맨처음 이들을 가로막은 사람이 궁내부대신 이경직이었다. 이경직은 양팔을 벌려 강본유지조를 막았는데 한순간에 양팔이 잘리고 몸에 총을 맞아 쓰러졌다. 그곳에서 민비를 발견한 낭인들은 불문곡직하고 잔인하게 난도질하여 죽였다. 민비의 나이 45세였다. 위와 같은 일련의 과정을 『매천야록』은 이렇게 적고 있다.

"이때 민후는 어느 정도 복권이 되어 밤마다 궁중에서 연극을 관람하며 노래를 듣고 있었다. 일본인 소촌실(小村室)은 딸이 하나 있었는데, 그녀는 매우 영리하였으므로 민후가 사랑하여 항시 대궐로 불러들였다. 삼포오루는 그에게 일병(日兵)을 따라 배우들과 함께 연극을 보게 하고 민후의 초상 수십 개를 만들어 간직하게 하였다. … 그들은 그녀가 나누어준 민후의 초상 하나씩을 들고 소촌실의 딸은 그들을 인도하여 곤녕합에 도착하였다. … 이때 민후는 벽에 걸려있는 옷 뒤로 숨어있었는데 그들은 민후의 머리를 잡아끌어 냈다. 소촌실의 딸은 민후를 보고 확인하였다. 민후를 칼로 내리쳐 죽인 후 그 시신을 검은 두루마기에 싸 가지고 녹산(鹿山) 밑 나무 사이로 가서 석유를 뿌리고 불을 질러 태운 후 타다 남은 유해 몇 조각을 불 지른 자리에 매장하였다. 민후는 20년 동안 정치를 간섭하면서 나라를 망치게 하여 천고에 없는 변을 당한 것이다."

『매천야록』을 쓴 황현은 여자의 몸으로 정치 일선에 나선 민비를 몹시 미워하였다. 미국인 메켄지의 「조선의 비극」이라는 글을 보자.

"강본이 방 한구석에 숨은 작은 체구의 여인을 발견하자 머리채를 부여잡고 왕후가 아니냐고 물었다. 그 여인은 이를 부인하고 몸을 피해 마루 아래로 달아나려는 순간 불의의 일격을 당해 비명을 울렸다. 근처 장안당에 있던 왕세자는 세 번씩이나 자기의 이름을 부르는 어머니의 목소리를 듣기는 하였으나 더 이상의 말이 나오기 전에 일인들은 그녀를 덮쳐 살해하고 말았다. … 역도들은 석유를 나르고 아직도 절명하지 않은 왕후를 홑이불로 싸서 얼마 떨어지지 않은 정원 숲속으로 운반하였다. 그리하여 그 몸에 석유를 쏟아붓고 장작더미로 에워싼 다음 불을 지르고 말았다. 그들은 타오르는 불꽃에 계속 석유를 부어서 모든 것을 태워버리고 몇 조각의 뼈만 남겼다."

『조선 왕조 500년』, 신봉승

이러한 엄청난 사건이 일어난 날 밤 주모자 삼포오루 공사는 공관에서 삼촌(三村) 서기관과 함께 밤새도록 포도주를 마시고 있었다. 날이 밝자 간밤에 궁궐에서 큰 변이 났으니 속히 입궐하라는 어명이 내려왔다.

오전 8시경 삼포오루는 경복궁 북쪽 고종이 거처하는 건청궁 장안당에서 고종을 배알하였다. 삼포오루는 짜인 각본에 따라 말하기를 훈련대를 비롯한 조선 군사들의 반란으로 빚어진 사건이라 하고 이것은 조선 조정의 내정이 잘못되었기 때문에 일어났으므로 조속히 내각을 개편하여 일본군 수비대로 하여금 궁궐을 지키도록 해야 한다고 주장하였다. 결국, 친일 인사로 구성된 김홍집 제4차 내각이 들어섰다. 이때까지도 일본이 시치미를 떼고 있었으므로 민비의 행방을 아는 사람은 아무도 없었다.

외교사절들이 나서서 일본의 개입이 분명한데 조선 조정의 내부 일로 보는 것은 어불성설이라고 항의하자 일본공사는 어젯밤 일은 고종이 일본 수비대에 지원을 요청하여 벌어진 일이라고 하면서 고종의 동의를 구했다. 지난밤 악몽을 떠올리며 위협을 느낀 고종이 이를 인정함으로써 외교사절들은 할 말을 잃고 맥없이 돌아섰다.

일본인 이 발행하는 『한성신보』의 21일 자 기사는 이랬다.

"대원군이 어제 아침에 갑자기 병사를 인솔하고 소란을 피웠는데 그 이유가 궁중이 구태의연하고 관리들의 등용이 정실에 의하여 이루어지고 있으며, 이들의 횡포가 날로 심해짐으로 누구나 이를 두려워하고 있다. 이것이 대원군으로 하여금 분기하여 범궐하게 된 동기가 원인(遠因)이라면, 훈련대의 해산이 직접적인 동기가 되어 이들이 대원군에 호소하여 궐을 침입하게 된 것이다."

민비의 죽음에 관한 기사는 전혀 없었다. 이튿날 8월 22일 대원군은 김홍집, 김윤식, 조희연 등과 협의하여 황후 폐위 조칙을 내렸다. 요지는 민비가 친척을 끌어들여 국정을 농단하는 바람에 이번 변란이 발생하였는데, 자기 혼자만 피신하였고 이것은 '임오군란' 때와 똑같은 과오를 범하였으므로 그의 죄악은 실로 천지에 가득하여 그를 서인으로 폐한다는 것이다. 이것은 백성들의 민씨 부재에 대한 의구심을 잠재우고 민비 시해 사실이 알려짐으로써 야기되는 백성들의 충격과 소요를 완화시키기 위한 일인들의 술수로 내려진 조치이다.

❖ 백일하에 드러난 시해 사건

 엄청난 사건을 숨길 수 있는 시간은 길 수가 없다. 당시 '민비 시해 사건'을 직접 목격한 사람이 둘 있었다. 한 사람은 러시아 기사 사바친이었고, 한 사람은 대궐 수비에 임했던 미국인 교관 제너럴다이였다. 이들은 건청궁 근처의 양관(洋館)에 살고 있었기 때문에 그날 밤에 일어났던 일을 그리 멀지 않은 곳에서 볼 수 있었다. 가까스로 몸을 피한 내시들과 무수리들의 입을 통하여 중전이 살해된 사실이 소문으로 퍼져나가고 있는데, 러시아 공사 위베르와 미국공사 알렌은 사바친 기사와 제너럴다이를 통하여 민비 시해 사실을 알게 되었다.

 민비의 시해 사실이 거의 확실해지자 백성들이 분노하고 국제 여론이 들끓기 시작했다. 급기야 러시아와 미국이 각각 군대를 보내어 주둔시키자 일본이 당황하여 8월 26일 총리대신 이등방문 일행을 우리나라에 조사단으로 파견하였다. 그 결과 주모자라고 하는 사람들 30여 명을 지명하여 9월 2일에 추방하였는데, 이들은 광도재판소에 회부되었으나 모두 증거 불충분으로 무죄 방면되었다. 실제 '민비 시해 사건'에 관련된 일본인 50여 명은 9월 6일 이미 인천항을 통하여 유유히 떠나버렸다.

 한편 조정에서는 민비의 시신을 찾는 데 총력을 기울였다. 『매천야록』의 기록에는 이렇게 쓰여있다.

"민비의 시신이 발견된 것은 10월 15일이었다. 오운각(五雲閣) 서쪽 산봉우리 밑에 있는 녹산 숲속으로 가서 그곳 땅을 파보니 회사(灰沙)에 촌골(寸骨)이 섞여있어 부위를 잘 분간할 수가 없었다. 이때 고양군에 어느 노관(老官)이 있었는데, 그의 나이는 70여 세로 상사(喪事)에 익숙하여 휴골(朽骨)도 잘 구분한다는 소문이 자자하였다. 이에 많은 관리는 그를 불러 그의 말에 따라 옥골(玉骨)을 칠성판에 놓고 구분이 안 된 곳은 재(灰)를 넣어 보충하였다. 그리고 비단으로 된 어복(御服) 수십 벌로 여러 번 감아 재궁(梓宮)에 넣었다. 이것은 성복일(成服日)을 대비하여 만든 것이며, 그 부위를 맞추려고 한 것은 아니었다. 나는 이 말을 그 일에 참여하여 목격한 궁 내관 정만조(鄭萬朝)를 통하여 들었다."

폐위 조치를 내린 다음 날 왕세자가 민비의 복위를 눈물로 호소하고, 서광범이 복위를 간곡하게 주청하였는데, 대원군은 못 이긴 체 왕비가 아닌 빈(嬪)으로 사면하였다.

1896년 2월에 고종이 러시아 공관으로 파천한 후 8월에 대행 황후 빈전을 경복궁에서 경운궁으로 옮기고 11월 14일 다시 왕후로 복위시키면서 경순 왕후(敬純王后)라 추존하였는데, 다음 해 1월 6일 다시 명성 왕후(明聖王后)로 고쳤다. 1897년 2월 20일 러시아 공관에서 경운궁으로 환궁한 고종은 동년 9월 17일 황제에 즉위함으로써 명성 황후(明成皇后)로 봉하였다.

동년 11월 산능 총호사 조병세(趙秉世)가 인산(因山) 할 곳을 물색하여 양주의 청량리에다 임시 봉표(封標)를 하고 탁지부로 하여금 장례비 십만 원을 지불하도록 하여 동년 11월 21일 드디어 국장이 거행됨으로써 명성 황후의 원혼을 달랠 수 있게 되었다. 시해된 지 2년 3개월여 만의 일이었다. 민후의 장례를 미룬 것은 고종이 황제에 오른 후에 황후의 예로 국장을 치르기 위함이었다. 그 후 고종이 1919년 1월 21일 승하하여 양주군 미금면 금곡리로 능침이 정해지자 지아비 곁으로 이장하여 능호를 홍릉(洪陵)이라 하였다.

며느리 사랑은 시아버지라는 말이 있는데 이 어찌된 일인가? 흥선 대원군과 며느리 민비의 처절한 싸움은 결국 우리 민족에게 1905년 조선의 외교권을 박탈하는 '을사늑약'에 이어 1910년 '한일 합방'이라는 망국(亡國)의 한을 남겨주었다.

아관파천
38선 처음 거론되어

❖ 단발령과 춘생문 사건

고종은 민비가 시해된 지 5일 만에 엄 상궁을 불러들였다. 고종은 10년 전에 우연히 엄 상궁과 정을 맺게 되었는데, 이 사실을 알게 된 민후는 크게 노하여 엄씨를 죽이려 하였으나 고종의 간곡한 만류로 죽음을 면하고 궁 밖으로 내치는 선에서 마무리 지은 바 있었다.

엄 상궁은 용모와 성품이 민후와 꼭닮았다. 그녀는 궁에 들어오자마자 국정에 깊이 간여하기 시작하고 뇌물도 좋아하여 중궁전 분위기는 민후가 있을 때와 다름이 없었다. 고종이 이와 같이 중심이 없었으므로 도성 사람들이 한탄하였으나 당시의 상황이 왕이 믿고 시중들게 할 사람이 주변에 없었기 때문에 고종으로서는 불가피한 선택이었을 것이다.

　일본은 1895년 10월에 '민비 시해 사건'의 책임을 물어 삼포오루를 소환하고, 후임으로 소촌수태랑(小村壽太郎)을 조선공사로 임명하였다. 이로 인하여 조선의 개혁정책이 급물살을 타게 되었다.

　같은 해 11월 15일 지금까지 사용해오던 음력을 폐지하고 태양력을 사용할 것과 전 국민이 머리를 깎도록 하는 단발령의 조칙이 내려졌다. 단발령은 우리의 관복이 번거롭고 다양한 채색으로 되어있어서 외국을 방문하거나 외교사절을 접하기가 매우 불편함으로 이제 양복을 입어야 하는데 그러기 위하여서는 상투 대신에 머리를 깎아야 한다는 것이었다.

　우리 민족은 수천 년 동안 음력을 사용하여왔기 때문에 태양력을 받아들이기도 어려웠거니와 단발령은 수백 년 동안 유교사상에 젖어온 우리 민족으로서는 부모에게서 물려받은 신체는 어느 것이라도 함부로 자를 수 없다는 습속 때문에 쉽게 받아들일 수 있는 문화가 아니었다. 단발령은 훈구 대신은 물론이고 일반 백성들까지 들고 일어나 엄청난 저항에 부딪혔다. 이러한 일련의 조치들은 새로 부임한 소촌공사가 궁성을 포위하고 주변에 대포까지 배치하여 김홍집 내각에 압력을 가한 것이다. 할 수 없이 고종부터 머리를 깎았다. 고종도 처음에는 단발을 거절하였으나 일인들의 위협에 못 이겨 길게 탄식하면서 가까이 있는 정병하에게 "당신이 내 머리를 자르시오." 하면서 한숨을 토했다. 그래서 고종의 머리는 농상공부대신 정병하(鄭秉夏)가 잘랐고, 왕세자의 머리는 내부대신 유길준이 잘랐다. 궐 안에 곡성이 진동하고 전국 각지에서 의병들이 일어나 일본의 만행을 성토하는가 하면 단발을 거부하여 목메고 자결하는 사람까지 있었다. 이러한 신사조의 물결이 우리 백성들 속에서 어느 선각자의 목소리로 비롯된 것이라면 얼마나 좋았을까? 전통적인 유교문화에 젖어있는 우리 백성들의 정서인지라 갑자기 밀어닥친 신사조는 죽음을 불사할 정도로 극렬한 저항에 직면할 수밖에 없었다. 더구나 이러한 일련의 개혁정책은 조선을 위해서 시도된 것이 아니라 순전히 일본이 우리나라를 지배하기 위한 야심에서 비롯된 강압적 조치였기 때문에 문제가 되었다. 거기에 더하여 민비의 시해 사건이 일본의 소행임이 차츰 드러나면서 제천에서 이필희(李弼熙)가 봉기한 것을 시작으로 전국 각지에서 일본을 타도하는 의병들이 일어났다.

그러나 '청일 전쟁'에서 일본이 승리하고 명성 황후마저 살해된 데다 지난해 10월 대원군도 본인의 의사와는 상관없이 은퇴 선언을 했고, 대원군의 손자 이준용도 일본 유학이라는 명목이지만 사실상 볼모나 다름없이 데려갔으니 이제 일본은 조선에서 걸림돌이 모두 제거된 셈이었다. 그러나 조선에는 아직도 미국, 영국, 러시아 등 열강들의 영사관이 존재하고 있어 거침없이 전권을 행사하기에는 문제가 많았다.

이 무렵 고종과 러시아 공관 사이에는 은밀한 내통이 있었다. 민고 의지해왔던 청나라가 일본에 패하고 보니 가까이에 있는 이웃으로는 러시아밖에 없었다. 명성 황후 시해 사건으로 일본이 잠시 국제적으로 입장이 난처해진 틈을 타 러시아 위베르 공사는 발 빠른 움직임을 취했던 것이다. 친일 세력에 눌렸던 민비의 척족들과 친미, 친러 경향을 보이던 정동파 인사들이 자연스럽게 접근하면서 암암리에 힘을 키워가고 있었다.

이 무렵 신변에 위협을 느낀 고종은 먹는 음식도 손탁이 운영하는 정동구락부에서 날라다 먹었다. 이때 사용한 운반 용기가 철가방이었다. 이 철가방에 자물쇠를 채워 배달하면 열쇠를 고종만 가지고 있어서 손수 열고 음식을 들었다 한다. 이것이 철가방의 시초이다.

그러던 중 1895년 11월 28일에 '춘생문 사건'이 일어났다. 민비 계열의 인사들과 친미, 친러파의 관리 그리고 군인들에 의하여 고종 탈출을 시도한 것이다. 28일 새벽 친위대 제1대대 소속 중대장 남만리와 제2대대 소속 중대장 이규홍은 수십 명의 장교가 가담한 군대 800명을 이끌고 안국동 쪽에 있는 경복궁 건축문을 통하여 입궐하려 하였으나 뜻대로 되지 않자 삼청동 쪽으로 진격하여 춘생문 담을 넘으려다 정보가 누설되어 실패하고 말았다. 춘생문은 경복궁 후원(지금 청와대 자리) 동쪽 담에 있는 문이다. 이 계획은 이 거사에 협력하기로 한 친위대 대대장 이진호가 서리군부대신 어윤

중에 밀고하여 탄로가 났다.

여기에 가담한 인사로는 이재순, 임최수, 김재풍, 이도철, 이민굉, 이충구, 안경수 등 민비계와 친러, 친미파 관료들이고, 정동파 관료로는 이범진, 이윤용, 이완용, 윤웅열, 윤치호, 이하영, 민상호, 현홍택 등이었다. 외국인으로는 언더우드, 에비슨, 헐버트, 다이 등의 미국 선교사와 미국 공사관 서기관 알렌, 러시아 공사 위베르와 같은 외교관도 직간접적으로 관련되어있었다.

이 사건으로 체포된 사람 중 임최수, 이도철은 사형에 처하고, 나머지는 유배 또는 태형, 징역 등의 징벌을 받았다. 정동파 인사들은 재빨리 미국, 러시아 공사관이나 선교사 집으로 피신하여 체포를 면했다. 이 사건을 '춘생문 사건'이라 한다.

❖ 러시아 공사의 반격

'춘생문 사건'에 가담했던 이범진은 러시아로 탈출하였다가 얼마 되지 않아 다시 돌아와서 러시아 공관에 머물면서 이완용, 이윤용, 그리고 러시아 공사 위베르 등과 같이 고종의 파천 계획을 다시 모의하기 시작했다.

우선 고종을 설득하는 것이 급선무라 생각하고, 고종 곁에서 제일 가까이 지내는 엄 상궁과 그녀의 수하 궁녀 김씨에 접근하여 그들을 끌어들이는 데 성공하였다. 황현이 쓴 『매천야록』에는 이 과정에서 이범진 등이 은전 40,000냥을 엄 상궁에 건넨 것으로 기록되어있다.

　엄 상궁은 고종을 설득하기 시작했다. 경복궁에는 친일 세력들로 가득 차있어 언제 불행한 일이 또다시 닥칠지 모르니 하루속히 러시아 공관으로 피신하여 이범진 등 친러 세력의 보필을 받으라고 졸랐다. 그러나 일국의 국왕이 남의 나라 공관으로 피신한다는 것이 정말 수치스러운 일이라 썩 내키지 않아 망설이고 있었다. 친러 인사들은 이미 파천의 계획을 진행하여 거사 날까지 정해놓았다. 러시아는 1896년 2월 10일 조선의 국내 사정이 불안정하여 공사관의 경비를 강화한다는 명분으로 인천에 정박 중인 군함으로부터 대포 1문과 120명의 수병을 도성으로 끌어들였다.

　이날 엄 상궁은 눈물을 흘리며 오늘 저녁 변란이 일어날 것 같으니 밖으로 피신하라고 다그쳤다. 대원군과 일본인들이 궐내로 쳐들어와 고종을 폐위시키고 대원군의 손자 이준용을 보위에 올릴 계획이라고 변란의 내용을 설명하면서 러시아 공관에 위베르 공사와 이범진, 이완용 등이 기다리고 있으니 그리로 피신하여 후일을 도모하라고 호소했다. 위협을 느낀 고종은 다급해졌다. 당일로 준비하여 11일 새벽 고종과 왕세자는 미리 마련된 교자를 타고 영추문을 빠져나왔다. 수문장과 병사들의 제지가 있었으나 엄 상궁이 나서서 "노마님(헌종의 계비)의 신열이 불덩이 같아서 어명을 받자왔네."라고 둘러댔다.

　일설에는 고종 임금이 여인 복장을 하고 남몰래 신무문을 빠져나가 러시아 공관으로 파천하였다 하나 이것은 잘못된 기록이다. 신무문은 경복궁 북쪽 문으로 평상시에 출입이 금지되어 늘 닫아둔다. 특별한 경우에 왕명이 있어야 이 문을 열게 되어있다. 이 문을 나가더라도 경복궁 후원 서쪽에 있는 금화문이나 추성문을 통과해야 한다. 그러므로 누구든 비밀리에 출입할 수 없는 문이다. 반면 영추문은 경복궁 서쪽에 있는 문으로 평상시 승지와 홍문관, 교서관 등 궁중 각사에 봉직하는 벼슬아치들이 출입하는 문이다. 고종이 여인 복장을 하고 신무문을 빠져나갔다는 말은 일인들이 고종 임금을 폄하하기 위한 조작된 유언비어 같다.

　고종이 거처하는 러시아 공관의 방에는 임금이 사용하는 더블베드 하나, 왕세자가 쓰는 싱글베드 하나, 응접세트 한 벌, 옷장 둘, 받침 하나와 장식물로는 샹들리에와 사자상 하나가 전부였다. 일국의 국왕이 거처하는 곳으로는 너무도 초라했다. 전쟁에 버금가는 비상사태에 이른 것이다.

　고종의 수라는 손탁이 경영하는 정동구락부에서 제공하였다. 고종은 곧바로 '아관파천'의 이유를 설명하는 조칙을 발표하고 바로 개각을 단행하였다. 김홍집 내각을 모두 파직시키고 총리대신에 김병시를 임명하였는데, 너무 연로하여 내부대신 박정양을 임시 서리로 겸하게 하고 궁부대신 이계순, 법무대신 조병직, 외부대신 겸 학부대신서리 겸 상농부대신서리에 이완용, 군부대신 겸 경무사에 이윤용, 탁지부대신서리에 이재정을 임명하였다. 이완용은 3개 부서를 겸했다. 너무도 인재난에 직면해있음을 쉽게 알 수 있는 조각이었다. 국내에 있던 일본인 고문관과 교관이 파면되고 대신 러시아인 고문과 사관을 초청하였다.

개각에 이어 김홍집, 유길준, 정병하, 조희연, 장박 등을 체포 처형하라는 어명을 내렸다. 단발령도 폐지하고, 의제(衣制)는 백성들이 편리하게 입도록 했다. 김홍집과 정병하가 고종을 배알하러 가다가 광화문에서 궐기하는 백성들에 의하여 저지당하고 있는 중에 순검이 이 두 사람을 체포하였다. 그러나 돌을 던지며 달려드는 군중들로 인하여 압송하던 순검들은 달아나 버리고 김홍집과 정병하는 군중들의 손에 타살되었다. 그 시체는 종각까지 끌려가 살이 찢기고 심지어는 살점을 베어 씹어 먹는 사람까지 있었다. 김홍집의 나이 55세였다. 그는 저항 한마디 아니하고 의연한 자세로 죽음을 맞이했다고 한다. 탁지부대신 어윤중도 고향인 보은으로 가다가 용인에서 신분이 노출되어 백성들의 손에 타살되었다. 백성들은 이 여세로 일본인들을 습격하여 구타하고 심한 경우에는 살해하는 일까지 벌어졌다.

이와 같은 일련의 사건으로 인하여 친러, 친미의 새 내각이 정통성을 인정받게 되고, '아관파천' 또한 정당한 처신으로 합리화되었다.

정사는 모두 이범진이 결재하였다. 황현은 『매천야록』에서 김홍집과 이범진에 대하여 평가를 달리하고 있다.

"고종 임금이 러시아 공관으로 파천하고 김홍집 등을 체포 처형하라는 어명을 내렸을 때 김홍집은 숙직실에 있었으므로 사람들은 그에게 도주하라고 권했다. 그러나 그는 탄식하면서 '죽으면 죽었지 어찌 박영호처럼 역적이라는 이름을 들을 수 있겠습니까?'라고 하고 정병하와 함께 체포되었다. 옆에 있는 정병화가 '우리는 대신인데 어찌 함부로 죽일 수 있습니까? 재판을 받은 후에 죽게 해 주시오.'라고 말하자 김홍집은 그를 돌아보며 '어찌 그리 말이 많습니까? 나는 죽겠습니다.'라고 말하고 태연하게 죽음을 맞았다 한다.

김홍집이 비록 일본과의 강화를 주장하여 여론에 배치되는 행동을 했지만, 그는 국가를 위하여 심력을 다하였고 재간도 뛰어나 그가 살해된 후 매우 애석하다는 여론이 있었다. 그의 부인도 그가 살해되었다는 소식을 듣고 목메어 자결하였다. 그리고 젖을 먹던 어린 아들은 강보에 싸인 채 죽어있었으므로 사람들은 더욱 가련하게 생각하였다. 김홍집은 병자년 1876에 일병들이 침략할 때 흥양(興陽) 현감으로 있으면서 굶주린 백성 약 10,000명을 구제하였다."

김홍집은 우리나라가 개혁이 이루어져야 한다는 소신을 확실하게 가지고 있었으나 당시의 국민 정서가 받아주지 않았을 뿐이지만 그래도 자기 책임을 회피하지 않는 소신 있는 인물로 평가하고 있다. 반면 이범진에 대하여는 "이범진 등이 이런 일을 한 것은 충의(忠義)가 지극해서 한 것이 아니며, 그렇다고 러시아에 후하고 일본에 박하게 한 것도 아니었다. 다만 그들은 정권을 다툰 것뿐이었다."라고 하여 그의 행적을 폄하했다.

그런데 1910년 경술년 국치를 당하여 황현은 음독 순절하였고, 이범진은 권총으로 자결한 우국지사로 평가받고 있다. 아무튼 '아관파천'은 또 다른 문제를 야기했다.

일본은 그들의 야심이 러시아의 개입으로 무너졌지만 그렇다고 청나라와의 경우처럼 무턱대고 대결하는 것도 어려운 일이어서 또 다른 돌파구를 모색하기 시작하였다. 당시로써는 러시아와 타협하는 것이 최선이라 생각하였다.

1896년 5월 14일 러시아와 일본 사이에는 결국 전문 14개 조로 된 '제1차 러·일 협정'이 위베르, 고무라(小村壽太郎) 각서라는 이름으로 체결되었다. 이 각서의 골자를 보면 일본이 고종의 '아관파천'과 친러 정권을 인정하고 '을미사변(민비 시해)'에 대한 일본의 책임을 인정하며, 주한 일본국 병력을 감원 및 철수하여 러시아군과 동일한 수준으로 조절한다는 내용인데 이것은 러시아 입장을 일방적으로 반영한 것이었다.

'제2차 러·일 협정'은 5월 28일부터 6월 9일 사이에 모스크바에서 양국 대표가 비밀 회담을 열고 조선 문제에 대하여 '로마노프·야마가다 의정서'라는 이름으로 체결되었다. 내용은 공개 조관 2개조와 비공개 조관 2개 조 모두 4개 조항으로 되어있는데, 비공개 조항의 내용을 보면 장래 필요한 경우에 러·일 양국이 조선을 공동 점거할 것을 약속한 것이다. 당초에 일본은 조선을 3·8선을 기준으로 분할 점령하는 안을 내놓았으나 러시아에서 받아들이지 않았다. 이와 같이 우리 조선의 의도와는 상관없이 조선의 운명이 러·일 양국 사이에서 농단되고 있었다.

고종이 러시아 공관에 머무는 동안 조선 정부의 인사와 모든 정사가 러시아 공사와 친러파들의 의도대로 되어갔다. 그리고 경원·조성 광산채굴권, 인천 월미도 저탄소 설치권, 압록강 유역과 울릉도 삼림 채벌 등의 경제적 이권이 러시아에 돌아가고 이밖에 전차·철도 부설권, 광산 채굴권 등을 열강이 나누어가지는 주권 부재의 나라가 되어가고 있었다. 이것은 모두 고종이 러시아 공관에 머무는 동안 처리된 일이라 당시 외무대신인 이완용이 전부 주도했다. 일국의 왕이 다른 나라의 공관에 피신해있음으로써 민족적 자존심의 상실은 물론 국정을 다스리는데 너무도 많은 제약이 뒤따랐다. 이를 우려한 백성들은 고종의 조속한 환궁을 촉구하는 목소리를 높이기 시작했다. 그러나 러시아의 집요한 방해로 뜻을 이루기가 어려웠다. 결국, 스스로 인질이 되어버린 셈이다.

 독립협회를 비롯한 전국 유생들의 상소가 이어지고 장안의 시전들이 철시까지 하려는 집단 움직임이 보이자 고종은 1897년 2월 20일 경복궁이 아닌 경운궁(덕수궁)으로 환궁하였다. 경운궁으로 옮겨간 것은 주변에 러시아, 미국, 영국공사관이 있기 때문에 유사시에 신변의 안전을 위해서는 가장 적합한 곳으로 판단되었기 때문이다. 옮겨 온 후에 서쪽으로 미국 공관과 러시아 공관으로 이어질 수 있는 통로를 내고 영국 공관으로도 쉽게 왕래할 수 있는 문을 내었다. 1901년에는 경희궁으로도 왕래할 수 있도록 가운교(架雲橋)를 가설하였다.

 경운궁의 수리가 모두 끝나고 시설이 다 갖추어진 1897년 고종은 하늘에 제사 지내는 원구단을 만들고 독립협회의 진언을 받아들여 10월 12일 원구단에 제사를 드린 후 황제에 즉위하면서 국호를 대한제국(大韓帝國)이라 하고 연호를 광무(光武)로 선포하였다.

순화궁과 정화당
희비가 엇갈린 두 후궁 이야기

❖ 순화궁과 태화관

헌종 9년(1843) 8월 중궁전 효헌 왕후 김씨가 열여섯 살의 나이에 후사 없이 세상을 떠나자 이듬해 10월에 명헌 왕후 홍씨(洪氏)가 간택되었다. 그러나 중전 홍씨 역시 3년이 지나도 후사가 없자 조급해진 대왕대비 전에서 후궁을 뽑아 대통을 이으라는 교지를 내렸다.

헌종은 계비 홍씨를 간택할 때 대왕대비를 졸라 마지막 3간에 참석한 일이 있었다. 궁중 법도에는 없는 일이었다. 그때 헌종은 마음에 드는 한 여인이 있었지만, 대왕대비는 아랑곳하지 않고 홍씨를 최종 간택하였다. 3간에 올랐다가 간택되지 못하면 평생 출가하지 못하는 것이 당시의 법도였다. 대왕대비의 교지가 떨어지자마자 헌종은 간택할 때 마음에 두었던 그 여인을 수소문했다. 후궁은 대개 임금의 눈에 드는 궁녀 중에서 발탁되는 것이어서 내명부 첩지를 내리면 그만인데 김 여인은 안동 김씨 가문에다 간택에 올랐던 터라 예사 후궁과는 달랐다. 사대부가의 출신이어서 헌종 13년 10월에 가례를 올리고 경빈이라는 내명부 직첩을 내렸다. 그래서 경빈 김씨는 다른 후궁들과는 달리 왕비에 버금가는 특별대우를 받았다.

당시에 만들어진 순화궁 첩초(順和宮帖草)라는 것이 있다. 순화궁은 경빈 김씨의 궁호인데, 이것은 순화궁이 계절에 따라 입는 옷과 장신구 등에 관한 세부지침서이다. 이처럼 헌종은 경빈 김씨에게 마음을 쓰고 지극한 예우를 다했다.

이 무렵 헌종은 독서도 하며 한가로이 지낼 수 있는 낙선재를 지었다. 다음 해에 낙선재에 잇대어 경빈 김씨가 거처할 석복헌(錫福軒)과 대왕대비가 거처할 수강재(壽康齋)를 지었다. 석복헌은 '복을 내리는 집'이라는 뜻이다. 석복헌을 낙선재와 수강재 사이에 둔 것은 서쪽에 임금과 동쪽에 대왕대비 순원 왕후를 지근지처에 모시고 효도하면서 왕자를 생산하는 데 모든 힘을 다하도록 한 배려였다. 상량문에도 그 염원이 담겨있다.

오색 무지개가 기둥을 감도니 아기를 내릴 약속이로다.
하늘이 장차 난초 향기 그윽한 방에 계시를 하려는데 대인이 점

을 치니

　아들을 낳을 것이라 하였고, 그중에서 먼저 의남초(宜南草)를 얻는 것이 좋다네.

　의남초란 임신한 여자가 허리에 차면 사내아이를 낳는다고 하는 원추리라고 불리는 풀 이름이다. 경빈 김씨의 영화도 길지는 못했다. 3년여의 밀월을 즐기는 동안 갑자기 헌종이 23세의 꽃다운 나이에 승하하고 말았다. 경빈 김씨는 세속의 표현으로는 청상과부가 된 것이다.

　임금이 죽으면 후궁은 궁 밖으로 나가야 한다. 조선 초기에는 삭발하고 불문(佛門)에 드는 것이 상례였다. 그러나 경빈 김씨는 안동 김씨 집안으로, 당시 안동 김씨 세도가 흥성할 때이므로 안동 김씨 일가와 극한 대립을 벌이고 있는 조 대비의 며느리임에도 궐 밖 멀지 않은 곳에 거처를 마련하여 살게 하고 당호를 순화궁이라 하였다. 경빈 김씨는 여기서 그의 여생을 편안하게 마칠 수 있었다. 이 순화궁이 그 후 유명한 태화관이 된 것이다.

　1908년 이완용이 이 집을 사서 태화정이라 하고 여기서 거처하였는데, 어느 날 갑자기 이완용의 방문 앞에 있는 아름드리 고목나무에 벼락이 떨어져 두 조각이 나버렸다. 백성들은 이것을 나라를 팔아먹은 역적에 내리는 하늘의 징벌로 받아들였다. 이후 이완용은 이 집을 기피하여 명월관에 매각하고 말았다. 명월관에서는 이

집을 사들여 명월관 지점으로 하고 태화관이라 불렀다. 이 태화관이 나중에 3·1만세운동의 중심처가 된다.

❖ 비운의 여인 정화당 김씨

경빈 김씨와는 반대로 가장 비극적인 삶을 살다 간 후궁이 한 사람 있었다. 말년에 고종이 살았던 덕수궁 회랑 동편 공터에는 원래 30여 채의 기와집이 빼곡히 들어차있었다. 명성황후 참사 이후 고종이 의지하던 엄비마저 죽고 나니 외롭고 허전한 마음이 극에 달했다. 그래서인지 그 후 여섯 명의 후궁을 두어 그곳에 살게 하였다. 덕혜 옹주를 낳은 복녕당 양씨, 광화당 이씨, 보현당 정씨, 내안당 이씨, 삼축당 김씨, 정화당 김씨가 그들이다. 엄격하게 말하면 다섯 명이라야 옳다. 정화당 김씨는 고종의 의사와 상관없이 강제로 들여진 후궁이기 때문이다.

고종이 받아들인 후궁 중에 가장 가련한 사연을 안고 살다간 여인이 바로 정화당 김씨이다. 이 여인 또한 안동 김씨인데 고종이 어릴 적에 중전 간택에 올랐다 선택받지 못한 여인 중 하나였다. 국모의 자리에 오르지 못하면 평생을 고독과 싸우며 외롭게 살아가야 하는 것이 간택에서 탈락한 여인의 운명이었다.

당시 조정 대사는 순종 황후 윤씨의 큰아버지 윤덕영의 손에서 요리되고 있었다. 그의 뒤에는 일본이라는 막강한 세력이 뒷받침해 주고 있었기 때문이다. 윤덕영은 고종 황제에게 하세가와 총독의 뜻이라 하여 간택에서 선택받지 못하고 노처녀로 늙어가는 47세의 김씨를 후궁으로 맞이해줄 것을 제의하였다. 수절한 여인을 가납하지 않으면 부덕한 임금이란 말까지 덧붙였다. 당시 여성의 나이 47세면 중노인에 속한다. 심술이나 조롱이 아니고서는 도저히 용납할 수 없는 행패였다. 결국, 고종의 승낙과는 관계없이 이 여인은 입궁하게 되었다. 궁에 들어오긴 했으나 내명부 직첩은 받지도 못하고 정화당이란 당호만 받은 채 출입을 제한하는 조건으로 궁녀촌 모서리 동북쪽 한구석에 거처를 마련해주었다. 지금의 태평로 파출소 자리이다. 이것은 하세가와 총독이 순종으로 하여금 일본 천황을 배알하도록 허락받기 위한 압력이었다는데 나랏일로서는 너무도 치졸한 방법이 아닌가 싶다. 궁 밖에 있을 때는 출입이야 자유로웠다. 궁 안에 들어와서는 문밖 출입조차 할 수 없는 감옥살이와 같은 연금 상태이었다. 정화당 김씨가 일생 동안 단 한 번 전내(殿內) 출입을 허락받은 것은 고종이 승하했을 때이다. 빈소 앞에선 이 여인은 한꺼번에 쏟아지는 원통함과 울분으로 목놓아 울었다. 불끈 쥔 두 주먹으로 가슴을 치고 통곡하다 보니 업혀 나올 정도로 회한이 깊었다 한다.

어려서 간택에 올랐다 선택받지 못하고 뒤늦게나마 후궁으로 입궐하기는 했으나 일생 동안 고종의 얼굴 한 번 보지 못하고 생을 마친 어처구니없는 인생을 살다간 여인이다.

매국노 이완용
명문대가 양자가 되어 나라를 팔기까지

❖ 영특한 양자로 대를 이어

이완용은 경기도 광주군 낙생면에서 가난한 이호석의 아들로 태어났다. 이완용은 10세 때인 1867년 4월 20일 먼 친척이 되는 이호준의 집에 양자로 들어갔다.

이호준은 우봉 이씨로 생부인 이호석과는 32촌간으로 남이나 다름없는 처지였다. 이호준의 집안은 손이 귀해 양자로 대를 이어가는 경우가 많았으며, 그 자신도 양자로 입적한 처지였다. 7대조인 이상도 양자로 들어왔는데 경종 때 이조참판과 대사헌을 지냈고, 6대조 이만성은 우의정을 지낸 이숙의 둘째 아들인데 이상의 양자로 들어가 이조판서를 지냈다. 명문대가인지라 문중에서 인재를 골라 입양을 시킬 경우 가문의 후광을 입어 출세 항로에 순풍에 돛을 달게 된다. 이완용 입양 당시 양아버지 이호준도 예방승지 의전비서관으로 있었다.

어려서부터 영특했던 이완용은 1882년 11월 증광별시(增廣別試)에 합격하여 규장각 대교로 임명됨으로써 본격적인 관료 생활을 시작하였다. 증광별시는 임오군란 때 장호원으로 은거했던 민비가 청나라의 도움을 받아 환궁하여 다시 정권을 장악했는데, 이를 기념하기 위하여 임시로 행한 과거 시험이었다.

규장각 대교는 정7품에 속하는 높지 않은 벼슬이지만 이 별시에 합격된 사람들은 명성 황후로서는 남다른 생각을 가지게 하는 인재들로 민비의 총애를 받고 있는 데다 양아버지 이호준이 대원군과 두터운 정분을 나누고 있는 처지라 이완용에게는 앞길이 활짝 열린 등과였다.

흥선 대원군과 이호준은 협력하여 고종을 보위에 올린 인연 말고도 처가가 같은 민씨 집안인 데다 이호준의 서자 이윤용과 흥선 대원군의 서녀가 결혼하여 사돈까지 맺은 사이였다. 이런 배경 때문에 이완용은 34세에 참판급인 가선대부에 올랐고, 38세에 학부대신 정2품에 오르는 고속 승진의 행보를 이어갔다. 친러 쪽에 있던 이완용이 이범진과 함께 어려움에 처해있는 고종을 러시아 공관으로 파천하는 데 공을 세움으로써 외부대신을 포함한 3개 부처를 장악하는 막중한 자리에까지 오른 것이다.

이때 이완용은 직무와 관련하여 많은 이권에 개입한 것으로 알려졌다. 경인 철도 부설권(미국 모오스), 경의선 철도 부설권(불란서), 운산 금광 채굴권(미국인 헌트), 압록강, 두만강 유역과 울릉도 삼림 벌채권(러시아)을 인가해주는 과정에서 직무를 이용하여 엄청난 부를 축적했다는 것이다. 특히, 운산금광은 순금 80여 톤을 채굴하여 미국에 엄청난 부를 제공해주었다 하며, 새로운 금맥이 발견될 때마다 철저하게 접근을 금지했는데 이때 노다지(no touch)라는 말이 생겨나기도 하였다.

이러한 재력이 뒷받침되어 1896년 7월 2일 외부(후에 외무) 청사에서 이완용, 안경수, 이윤용, 김종한, 권재형, 고영희, 민상호, 이채연, 이상재, 현홍택, 김각현, 이근로, 남궁 억 등이 발기인이 되어 독립협회를 창설하였다. 추진위원장이 이완용이었는데, 같이한 서재필이 명단에 빠진 것은 그가 미국 국적을 가지고 있었기 때문이라고 한다. (『이완용 평전』, 윤덕한)

1897년 10월 12일 고종이 황제 즉위식을 가졌는데, 이완용은 12월 6일 황제의 비서원경(비서실장)이라는 막중한 자리에 올랐다.

독립협회가 창설되어 안경수가 회장이 되고 이완용이 부회장이 되었는데, 1898년 2월 27일 안경수에 이어 제2대 회장이 되었다. 이어 3월 10일에는 1만여 명의 회원이 종로에 모여 대규모 집회를 열어 만민공동회를 개최하였다. 이 자리에서 '러시아 군사교관과 재정 고문을 해고하라는 것과 절영도 조차 강요를 규탄'하였는데 이 모임도 이완용과 서재필이 주도하였다.

이로 인해 다음 달 3월 11일 비서원경에서 전라북도 관찰사로 좌천되어나갔다. 이때 독립협회 회장 자리를 그대로 가지고 떠났기 때문에 그때만 해도 독립협회 회원들의 통분 속에 전별했다. 그러나 외부대신 시절 이권에 개입하여 축재했다는 사실이 탄로 나 같은 해 7월 17일 독립협회에서 축출되었다. 그뿐 아니라 이완용은 전라북도 관찰사로 있으면서 정읍, 고창, 부안 등 관내 경치 좋은 풍광을 즐기며 향락에 빠져 지내다 1900년 7월 22일 공금유용 혐의로 면직되고 말았다.

1901년 4월 14일 이완용의 양부 이호준이 81세로 세상을 떠났다. 양부의 3년 상을 마치고 났을 때는 일본이 조선의 주도권을 장악하고 있을 때였다. 재력과 자신의 친일적 기반을 이용하여 1904년 11월 9일 이완용은 국내부 특진관으로 임명되었다. 이 시기에는 관직에 나가는 것 자체가 친일의 색을 가지지 않고서는 언감생심이었다.

1905년 7월 29일 일본의 가쓰라와 미국의 테프트 사이에 밀약이 체결되어 일본이 미국의 필리핀 지배를 인정해주는 대신 미국은 일본이 한국을 지배하는 것에 대하여 간섭하지 않기로 하는 협약을 맺은 데 이어 9월 9일에는 한국의 외교권을 일본이 가지는 것에 대하여 미국의 루즈벨트로부터 승인을 받아냈다. 이어 9월 26일에는 영국 정부로부터도 똑같은 내용의 승인을 받았으니, 일본의 한국 지배는 국제적으로 공인된 상태에 있었다.

이완용의 매국 행각은 이때부터 시작되었다. 일본이 한국 지배를 위해 파견된 인물이 이등박문이다. 일본이 조선에 들어와 여러 가지로 많은 희생을 감수했고 청일 전쟁, 러일 전쟁으로 인하여 아시아의 평화가 깨졌는데, 이것은 모두 조선의 우유부단한 정책 때문에 빚어진 일이므로 아시아의 평화를 위하여 당분간 조선의 외교권은 일본이 가져야 한다는 것이 이등박문의 주장이었다. 거기에 일본의 주장에는 충분히 일리가 있으므로 시의에 맞게 처신하는 것이 국익에 도움이 된다고 나선 사람이 이완용이었다.

조선의 특사로 온 이등박문은 이러한 이완용을 비범한 인물로 평가했고, 이완용도 말년에는 "이등방문은 나의 스승이다."라고 할 정도로 이등방문을 받들었다.

1905년 11월 17일 마침내 이완용이 주동이 되어 어전회의를 열고 조선의 외교권을 일본에 내어주는 '을사보호조약'을 가결시켰다. 여기에 서명한 사람은 박제순, 이완용, 이지용, 이근택, 권중현이었다. 이 다섯 사람을 '을사오적'이라 한다.

1906년 3월 2일 조선의 초대 통감으로 이등박문이 부임해왔다.

그 덕에 이완용은 참정대신(영의정)에 올라 이완용 내각이 출범하였는데, 이 무렵 '헤이그 밀사 사건'이 터졌다. 고종이 네덜란드 수도 헤이그에서 열린 세계만국 평화회의에 조선의 자주독립을 호소하는 밀사를 파견하였는데 일본이 이를 안 것이다. 일본은 이것을 이유로 노골적으로 고종의 퇴위를 강요했다. 이완용은 당분간 황태자로 하여금 대리청정을 하는 절충안을 가지고 고종에게 직접 진언했다. 고종은 처음에는 이완용이 내놓은 안을 충정 어린 마음에서 나온 불가피한 선택이라 생각하여 고맙게 받아들였다. 7월 19일 고종은 "황태자에게 정사를 대리하도록 한다."라는 조칙을 내렸다. 그런데 웃지 못할 헤프닝이 벌어졌다. 일본 천황이 황태자에게 축전을 보내왔는데 "황제 즉위를 축하한다."라는 내용이었다. 더욱 가관인 것은 모든 대신이 황태자에게 황제라는 호칭을 쓰고 있었다. 대리청정이라는 이름으로 사실상 황제 즉위식을 감행한 것이다. 순종은 이렇게 보위에 올랐다.

고종의 전위가 이완용의 책략에 의하여 전격적으로 이루어진 것을 안 백성들은 분노했다. 군중들의 손에 이완용의 집은 완전히 불타버리고 가족들은 쫓겨나 남산 아래 왜성구락부로 피신하였다. 이완용 가족들은 그곳에서 2개월 동안 지내다 이복형 이윤용의 집으로 옮겨 함께 살게 되었다. 이제 조선은 외교권뿐 아니라 국내 통치권까지 사실상 이등박문의 손에 들어가버렸다.

1907년 8월 1일 10시에 군대 해산 명령이 내려졌다. 11월 19일 엄귀비 소생 은(垠)을 황태자로 책봉하고 이등박문을 황태자의 태사(太師)로 삼음과 동시에 22일에는 이완용을 황태자 소사(少師)로 임명하였다. 이 두 사람은 은을 황태자로 지목하는 데 결정적인 역할을 하였다 하여 그 보답으로 이완용은 태황제(고종)로부터 20만 원, 엄귀비로부터 20만 원(모두 83억 원에 해당)을 받았다는 소문이

나돌았다.

1908년 1월 태황제로 물러난 고종이 저동에 있는 남영위궁을 하사하여 이완용은 다시 자기 집을 가지게 되었고, 고종을 양위하게 하고 정권마저 일본에 넘겨준 공로로 일본 정부와 조선 황실로부터 훈장을 받았다. 정말 어이없는 일이었다. 일본 정부는 그렇다 하더라도 나라를 팔아먹은 자에게 조선 황실에서 훈장을 주는 것은 웃지 못할 희극이었다. 이것이 사려 깊지 못한 순종 황제의 처신이었다.

1909년 12월 22일 이완용은 명동성당(당시 종현 카톨릭 성당) 앞에서 울분을 참지 못한 우국 청년 이재명의 칼에 저격을 당하였다. 빈사 상태에 이를 정도로 중태이었으나 대한의원에 입원하여 일본 의사 기쿠치의 집도로 수술을 받아 30일 만에 퇴원했다. 이때 순종이 2천 원, 고종이 1천 원을 비롯하여 각계각층에서 보내온 위로금이 2만 원에 달했다고 한다. 이제 조선 황실에는 매국노 아닌 자가 없었다.

1910년 8월 4일 이완용은 이인직을 조선통감부 외사국장 고마스 미도리에게 보내 일본의 의중을 확인하고 먼저 조선과의 합방을 제의하고 나섰다. 고마스 미도리는 "그물도 치기 전에 고기가 뛰어들었다."라고 미소 지었다. 이인직은 『혈(血)의 루(淚)』, 『귀(鬼)의 성(聲)』, 『치악산』, 『모란봉』 등 여러 작품을 남긴 신소설의 원조라 할 수 있다. 특히 『혈의 루』는 신소설의 효시로써 이인직은 현대문학에

공이 큰 인물이었다. 그럼에도 불구하고 한국 문학사에서 크게 빛을 보지 못한 것은 그가 한때 이완용의 식객 노릇을 하면서 그의 하수인이 된 후 계속 친일 행보를 이어갔기 때문이다.

결국, 이완용은 동년 8월 16일 통감부 관저로 데라우치를 찾아가 한일 합방을 확정하고 18일에 비상 내각을 소집하여 합방을 가결하였다. 22일 오후 1시 창덕궁 대조전 흥복헌에서 내각 대신들과 중추원 원장 김윤식, 시종무관장 지병무 등 문무 원로대신들과 황족 대표들이 참석한 가운데 어전 회의를 열어 합방을 확정 짓고 나서 총리대신 이완용을 전권위원으로 임명하여 조선통감과 한일 합방조약을 체결하도록 하였다. 이 합방조약은 어디까지나 한국 정부의 요청에 의하여 일본 정부가 받아들이는 형식을 취한 것이다.

8월 26일 순종은 이완용에게 대한제국 최고 훈장인 금척대수훈장을 수여했다. 국왕이 나라 팔아먹은 자에게 훈장을 수여하는 웃지 못할 촌극이 벌어진 것이다. 그뿐만 아니라 이완용은 일본 황제로부터 백작의 작위를 받음과 동시에 15만 원의 은사금을 받았다. 이 돈은 1999년 쌀값으로 환산하면 32억 원에 해당된다. 그러나 이 돈은 5년 거치 50년 이내에 전액 상환한다는 조건이었으므로 일제가 36년으로 끝나는 바람에 원금은 한 푼도 받지 못했다. 다만 매년 이자 7천5백 원씩 31년 동안 총 25만5천 원을 매국의 대가로 받았다. 9월 19일에는 내각 총리대신 인장과 내각 인장을 총독부에 넘겨주고 10월 3일 총독부로부터 퇴직금 1천4백 58원 33전을 받았다.

　1912년 8월 12일 이완용은 조선 총독부 중추원 부원장에 올랐다. 1919년 고종이 승하하자 고종의 국장도 이완용이 주관하였다. 이때 3·1운동이 일어났는데 손병희는 이완용에게 동참해줄 것을 요구했으나 "매국노라고 욕을 먹는 사람이 지금 독립운동에 참여한다고 해서 애국자가 되겠느냐?"라며 거절했다고 한다.

　1920년 12월 29일 일본 천황은 이완용의 작위를 후작으로 올렸다. 이완용은 술도 마실 줄 모르고 여자도 밝히지 않았으며 성격은 치밀하고 일상생활 역시 검소한 편이었다고 한다. 그러나 재물에 욕심이 많아 전국에 있는 요지에 토지를 사들이고 개간하여 엄청난 부동산을 소유했는데, 김제 만경에도 수십만 평의 농지를 매입했다고 전한다. 그러나 이재명의 칼에 찔린 이후로 겨울이면 해소와 천식으로 몸이 차츰 쇠약해져 갔다.

　1926년 1월 1일 조선 총독부 청사가 준공되었는데, 12일 오전 10시 총독부 신청사에서 열린 중추원회의에 다소 무리를 무릅쓰고 참석하더니 이내 몸져눕고 말았다. 그 후로 다시 일어나지 못하고 2월 11일 1시 20분 69세의 나이로 눈을 감았다.

　이완용의 시신은 용산역 광장에서 영결식을 마치고 2월 18일 6시 25분 용산역을 출발하여 2월 19일 오전 6시 30분 강경역에 도착했다. 여기서부터 30리를 상여로 운구하여 익산군 낭산면 낭산리에 묻혔다. 익산에 있는 이 땅은 이완용이 전라북도 관찰사로 있을 때 유명한 지관을 물색하여 그로 하여금 묏자리를 중심으로 36만 평을 구입해둔 것이다. 이완용의 묘는 1979년 증손자 이석형이 파묘하여 유골을 화장한 후 어딘가에 뿌렸다고 한다.

독립문의 의미
독립문인가, 사대문인가

　독립문(獨立門)은 1896년 독립협회에서 발의하고 국왕이 이에 동의하여 만들어졌다. 독립협회는 미국 망명에서 돌아온 서재필이 주동이 되어 조직한 단체인데, 협회 사무실은 모화관에 두고 있었다.

　독립문은 사대(事大)외교의 표상이라 할 수 있는 모화관의 정문인 영은문(迎恩門) 자리에 세운 자주민권과 자강운동의 기념물이다. 크기는 높이 14.28m, 너비 11.48m이다.

　이 석즈건물은 독립협회뿐만 아니라 많은 애국지사와 국민들의 성원으로 1896년 11월 21일 정초식을 거행하였다. 정초식의 초청장에는 이완용, 권재형, 이채연 명의로 되어있었다. 이완용은 독립협회 창립 당시 발기위원장이었고, 협회가 조직된 뒤에는 부위원장으로 활약하고 있었기 때문에 건립기금도 많이 냈다. 당시의 독립이란 청나라로부터의 독립을 의미하고 있었기 때문에 친일 인사들은 물론이고 일본 정부에서도 이 건물의 축조를 도와주고 있었다. 이 건축물은 다음 해인 1897년 11월 20일, 만 1년 만에 완공되었다.

모화관은 조선 시대 명나라와 청나라의 사신을 맞이하던 곳으로 처음에는 1407년 태종이 송도에 있는 영빈관을 모방하여 서대문 밖에 건립하고 모화루(慕華樓)라 하였다. 이듬해 태종은 모화루 남쪽에 연못을 파고 주변 경관을 수려하게 꾸몄다.

1430년 세종은 이 모화관 규모를 확장하고 루(樓)를 관(館)으로 고쳤다. 모화관 앞에는 출입하는 홍살문이 있었는데, 1535년(중종 30)에 중국 사신이 쌍주문(雙柱門)으로 고치고 '연조(延詔)'라는 편액을 달았다. 연조라는 말은 중국 황제의 조칙을 받드는 곳이라는 뜻이다.

1538년(중종 33) 중국 사신 설정총(薛廷寵)이 쌍주문을 영은문으로 고치고 편액을 바꾸어 달았다. 본관이나 출입문의 명칭에서 보여주듯이 중국을 받드는 정성이 곳곳에 묻어있다. 중국 사신들은 모화관에 도착하여 여장을 풀고 관복으로 갈아입은 후에 도성 안으로 들어온다.

정문에 세운 석주 두 개는 중종 33년에 만들었는데 그때 '쌍주문'이라는 명칭을 부여한 것이다.

중국 사신이 왕래할 때에 조선 조정에서는 왕 또는 세자가 마중을 나가거나 환송을 나간다. 누가 나가느냐 하는 것은 오는 사신의 직위에 따라 결정하는 것이 아니고, 그 직무의 경중에 따라 결정한다. 모화관은 우리나라 사대모화의 대표적 상징물이다. 독립문이 여기에 세워진 것은 그래서 의미가 더욱 크다. 구조는 서재필의 구상에 의하여 불란서 파리의 개선문을 본떠 만든 것이나 건축양식에는 별다른 특징이 없다. 서재필의 자서전에는 독일 공사관에 근무하는 스위스 기사가 설계하고 우리나라 목수가 시공했다 했는데 경성부사(京城府史)에는 러시아인 사바린이 설계한 것으로 되어있다.

홍례문의 이맛돌에는 이화문장(李花紋章)이 새겨있고, 맨위에 명자석(名字石)이 있는데 남쪽에는 '독립문'이라는 글자가 한글로 새겨져있고 북쪽에는 '獨立門'이라 한문으로 새겨져있다. 이 글씨는 그동안 김가진이 쓴 것으로 알려져왔다. 그러나 『이완용 평전』을 쓴 윤덕한은 그의 저서에서 "이것은 이완용이 쓴 것이 100% 확실하다"고 단언한다. 김가진은 1846년(헌종 12)에 태어나 1877년 문과에 급제하여 규장각 참서관(參書官)으로 관계에 입문하였다. 1887년에 주일본 판사대신(辦事大臣), 1894년에는 군국기무처 회원으로 내정개혁에도 참여하였다. 그 후로 병조참의, 외무독판서리(外務督辦署理), 공조판서, 농상공부대신을 지내다 1896년 중추원 1등 의관을 지냈다. 1900년 중추원 의장, 1902년 국내부 특진관, 1906년 충청도 관찰사, 1907년 규장각 제학을 역임하는 등 친일 인사가 아니고는 엄두도 못 낼 관직을 두루 거쳤다.

 1909년 대한협회의 회장이 되어 친일단체인 일진회를 성토하면서부터 김가진은 반일의 색채를 띠었으나 1910년 한일 합방 때 일제는 그에게 남작이라는 작위를 주었다. 그는 일단 작위를 거절했으나 그동안 일제가 인정할 만한 친일 행동을 해왔음을 부인할 수 없다.

 독립문이 건립될 당시에는 누구도 부인할 수 없는 친일 인사이었다.

 그 후 김가진은 비밀결사대인 대동단의 총재로서 독립운동에 적극적으로 참여하였고, 단원들이 왜경에 체포되어 대동단이 해체된 뒤에는 대한민국 임시정부 요원으로 활약하였다.

 이완용은 애국하다 끝내는 매국노가 되었고, 김가진은 친일하다 애국하는, 서로 상반된 삶을 살았다. 당시만 해도 이완용은 독립운동의 핵심 요원이었다. 독립협회는 서재필이 주동했으나 당시의 결성요원은 아관파천을 주도했던 이완용을 비롯한 정동파들이 주축을 이루고 있었다. 김가진이 독립협회 결성 당시 발기인의 한 사람이었으나 당일에 참석하여 서명함으로써 이루어진 일이고, 친일 인사도 참여할 수 있었던 것은 독립문이 중국을 섬기던 영은문 자리에 세움으로써 반청 시설물로 인식되었기 때문이다. 그래서 당시의 김가진의 입장으로서는 소극적인 참여밖에 할 수 없었다. 건립기금도 이완용은 100원을 냈는데 김가진은 10원만 냈다. 김가진의 당시의 입지가 이완용을 제쳐놓고 명자를 쓸 수 있는 위치에 있지 않았던 것은 분명해보인다. 그보다 더 중요한 것은 필적 감정이다. 이완용의 글씨는 굵고 힘찬 데 비해 김가진의 글씨는 가늘고 섬세한 것이 특징이라고 한다. 이완용의 글씨는 여러 곳에 남아있다. 덕수궁에 있는 중화문 상량문, 경복궁 함원전 현판, 고종 국상 때 고종 일대기를 쓴 행장과 덕행을 칭송하는 시책문 등 여러 곳에 남아있다. 필적을 감정하여 하루속히 그 진위를 가려내야 할 것이다.

또 하나의 중요한 문제는 민족의 자주독립을 상징하는 독립문 앞에 세워놓은 쌍석주 유물이다. 독립문이 자주민권과 자강운동의 상징물이어서 굳이 사대모화 사상의 상징물인 영은문 자리에 세웠다면 그 자리에 있었던 쌍석주는 독립문 앞에 세워놓아서는 안 된다. 영은문의 쌍석주가 독립문을 가리고 있으니 이것은 정말 웃음거리가 아닐 수 없다. 그런데도 아무도 이 난센스를 지적하는 사람이 없는 것이 더 큰 문제다. 역사적인 유물로 남겨둘 필요가 있거든 다른 곳에 옮겨 보존하던가 아니면 독립문을 다른 곳에 세웠어야 했다.

1977년 성산대로 공사가 시작됨으로 인하여 독립문은 1980년 원위치에서 서북쪽으로 70m 떨어진 곳으로 옮겨 현재에 이르고 있다. 도로가 굳이 독립문 자리를 통과해야만 했던 것도 문제이지만, 독립문을 옮기면서까지 그 앞에 쌍석주를 끌어다 놓은 것은 무슨 심사인지 알 수가 없다. 이것은 분명 옹색하고 구차한 사관에서 비롯된 것이라 보는데 이것은 분명 우리 민족의 결연한 의지를 희석시키는 퇴보적 발상이다.

명자가 이완용이 쓴 것이 틀림없다면 독립문은 사대모화의 상징인 영은문 석주를 끌어안고 이마에는 매국노의 손재주가 그 빛을 발하는 비단 누더기를 걸치고 있는 것이다. 아무리 비단이라도 누더기는 누더기일 뿐이다.

독립문을 처음 건립할 때에는 청나라로부터의 독립을 의미하였기 때문에 친일 세력들까지 가담하여 건립기금도 내고 여러 가지 편의도 제공해주었을 뿐 아니라 1928년에는 조선 총독부에서 경성부에 위탁하여 크게 수리한 바도 있다. 이때 조선 총독부에서는 수선비 4천 원까지 지원해주었다. 그러나 독립문은 건립 동기야 어떻든 우리 민족이 어느 나라의 간섭이나 지배를 받지 않는 자주독립국임을 선언하는 상징적 조형물이다. 그러므로 자주독립의 의지가 없는 사람들의 흔적이 여기에 남아있고서는 그 의미가 퇴색될 수밖에 없다. 아니면 일그러지고 모방된 지금의 독립문을 아픈 역사의 유산으로 남겨두어 교훈으로 삼고 싶다면 독창적이고 선명한 독립정신을 구현할 수 있는 새로운 우리들의 독립문을 구상해볼 필요가 있다.

올바른 역사관을 가져야 민족정기를 바로 세울 수 있기에 하는 말이다.

덕수궁 대한문
대한문(大漢門)을 대한문(大韓門)으로

　　　　대한문은 덕수궁의 정문이다. 덕수궁은 원래 명칭이 경운궁이었다. 이것은 '임진왜란' 때 궁궐이 모두 소실되어 선조 임금이 피난처에서 돌아와 거처할 곳이 없자 월산군의 사저인 이 집을 손보아 시어소(時御所)로 하였는데, 광해군 초에 창덕궁을 다시 지어 옮겨가면서 경운궁(慶運宮)이라 이름한 것이다.

　하지만 얼마 있지 않아 선조의 계비 인목 대비를 이곳에 유폐하면서 서궁이라 고쳐 불렀는데, 고종이 1897년 러시아 공관에서 이곳으로 옮겨가면서 크게 중건하고 다시 경운궁으로 불렀다. 그 후 1907년 순종이 즉위하여 창덕궁으로 옮겨가면서 부친인 고종 임금의 만수무강을 비는 뜻에서 덕수궁(德壽宮)이라 고쳤다.

　우리나라 도성 안에는 궁궐이 다섯 개가 있는데 그 정문의 명칭에 모두 화(化) 자가 들어가 있다. 경복궁의 정문은 광화문(光化門), 창덕궁의 정문은 돈화문(敦化門), 창경궁의 정문은 홍화문(弘化門), 경희궁의 정문은 흥화문(興化門)이다. 정문에 모두 화(化) 자가 들어간 것은 화민성속(化民成俗), 즉 백성을 선도 교화하여 좋은 풍속을 이룩한다(禮記 樂設篇) 또는 화치(化治), 즉 좋은 정치를 행하여 나쁜 풍속을 고친다(漢書 循吏傳)는 뜻이다.

덕수궁의 정문도 원래는 남쪽으로 인화문(仁化門)이라는 문이 있었다. 1902년에 고종은 정전인 중화전(中和殿)을 새로 짓고 남쪽 정전 정문인 중화문을 신축하면서 궁궐을 크게 중건하였는데, 이때 동쪽에 대안문(大安門)을 세우고 이문을 정문으로 삼았다.

이것은 중국의 자금성 정문이 하늘에 제사 지내는 천단(天壇)과 직선으로 마주 보고 있는 것을 본받아 동쪽에 있는 원구단(圜丘壇)과 마주 보도록 조치한 것이다. 당초 대안문(大安門)도 중국의 천안문(天安門)의 천(天)자에서 위 획 한 일(一) 자를 떼어낸 것이다.

천 년이 넘는 세월 동안 하늘에 제사 지내는 제천의식은 중국 황제만이 허용되었고, 제후국은 금기로 되어있었다. 1897년 고종이 정치적으로 청나라 지배를 벗어남으로써 천제(天帝)에 제사 지낼 수 있는 원구단을 짓고 나서 제천의식을 거행한 후 황제에 등극하고 그 자리에서 국호를 대한제국(大韓帝國)으로 선포하였다.

원구단은 지금 조선호텔 자리이다. 원구단과 마주 보고 있는 이 대안문은 1904년 경운궁의 대화재로 여러 전각이 불타면서 크게 훼손된 것을 1906년 5월에 수리하고 황명에 의하여 대한문(大漢門)으로 고쳤다.

『실록』에 의하면 "궁내부대신 이대극의 건의에 의하여 황명으로 바뀌었다."라고 간단하게 기록되어있다. 그러나 『고종실록』, 『순종실록』은 조선 총독부에서 일인들의 손으로 편찬되었기 때문에 『조선왕조실록』에서 제외되어있어서 그 진위를 가리기가 어렵다. 더구나 중국 천안문에서 유래했다 하여 대안문(大安門)으로 이름한 것을 대한문(大漢門)으로 고쳤다면 더욱 이해하기 힘들다. 한(漢) 자는 중국을 상징하는 대표적인 글자이기 때문이다. 현판을 바꾼 때가 청일 전쟁에서 일본이 승리하여 1905년 대한제국의 국권을 장악하는 '을사늑약'을 체결한 다음 해에 있었던 일이라서 더욱 그렇다. 그런 이유로 그 명칭을 한(漢) 자를 한(韓) 자로 고쳐야 한다는 주장이 그간 끊임없이 제기되어왔다. 누군가는 한 번쯤 짚고 넘어가야 할 과제가 아닌가 싶어 그 동기나 이유에 대한 여러 가지 설들을 모아보았다.

황현이 쓴 『매천야록』에는 전비서승(前秘書丞) 유시만(柳時萬)이란 사람은 겸암(謙庵) 유운용의 후손으로 그가 말하기를 "유운용의 계시를 받아 300년이나 된 선조의 묘소를 이장한다."라고 하면서 허위 첨서(籤書: 길흉을 예언한 글)를 조작하여 남모르게 선조의 무덤에 묻어놓았다가 그것을 파내어 은밀히 고종에게 바치었다. 그 첨서의 내용인즉 대안문(大安門)을 대한문(大漢門)으로 고치고 안동(安

東)의 신양면(新陽面)으로 천도하면 국운이 연장된다고 하였다.

고종은 이 말에 현혹되어 "짐의 꿈에도 그런 징조가 있었다."라고 한술 더 뜨면서 즉시 대안문의 이름을 바꾸라 명하고 유시만에게 돈을 주어 행궁을 지으라 했다. 이에 유시만은 그 돈을 가지고 벼락부자가 되었으나 끝내 행궁을 짓지 않았는데, 고종 임금은 그것을 불문에 부쳤다고 기록되어있다.

아무튼 안(安)이 갑자기 한(漢)으로 바뀐 이유에 대하여는 쉽게 이해할만한 이유가 없다. 항간에는 일본인들의 농간에 의한 것이라는 설이 많다. 한(漢)이 치한(癡漢), 무뢰한(無賴漢)과 같이 우리말로 비속어로 사용되는 경우가 있어 '대한(大漢)'이란 '큰 놈'이란 뜻으로 고종 임금을 가리킨다는 설도 항간에 오르내렸다.

1903년 12월 22일에는 요란스런 고깔을 쓴 젊은 무녀가 대안문 용마루에 연결된 밧줄을 타고 내려와 "대안대왕 강천이시다." 하면서 임금을 빨리 대령시키라고 호통을 치며 소란을 피웠다. 곧바로 출동한 경찰에 연행되었지만, 이 해프닝은 『코리아 리뷰』지에 실렸다.

그 후 얼마 되지 않아 덕수궁에 큰불이나 많은 전각이 소실되었는데 설상가상으로 다음 해에 국권을 절름발이로 만든 '을사보호조약'이 체결되었다.

이 무렵 러시아 공사 웨베르 부인 등이 덕수궁을 무시로 드나들며 서양 화장품으로 엄비의 환심을 사는가 하면 서양 요리로 고종의 입맛을 사로잡아 임금 내외가 국정을 운영함에 있어서 러시아가 의도 하는 대로 움직이게 하는 데 성공하였다. 이 여인들이 서양 모자를 쓰고 다녔다고 한다.

한편 소녀 시절 밀양 관기였던 배정자가 일본으로 탈출하여 이토 히로부미의 측근이 되어 첩자로 내한하여 활동을 하였다. 이 여인이 서양 모자를 쓰고 대안문을 드나들며 첩보 활동을 하였는데, 이래저래 갓 쓴 여인(安)이 출입하므로 나라를 망치고 있다는 여론이 비등하여 대한문(大漢門)으로 이름을 바꿨다는 풍설도 있다.

또한, 명(明)나라를 받드는 사대주의 사상에서 비롯된 것이라는 설도 만만치 않다. 1906년 6월 15일에 크게 수리하고 대안문(大安門)을 대한문(大漢門)으로 고치면서 찬(撰)한 상량문에 한(漢)의 의미를 운한(雲漢) 혹은 소한(宵漢)을 가리키는 것으로 이는 하늘을 상징한다 했다. 그래서 '큰 하늘 문'이라는 것이다. 운한(雲漢)은 『위문제집(魏文帝集)』(위나라 황제에 오른 조조의 아들 조비의 문집)에 나오는 말로 은하(銀河: 北翼翔雲漢)라는 뜻이다. 소한은 『후한서(後漢書)』에 나오는 말로 창공(蒼空: 如是則可以 陵宵漢 出宇宙之外矣)이라는 의미이다. 이 두 단어 모두 욕계(欲界)의 가시적인 하늘을 뜻한다. 구태여 위와 같은 문헌을 인용하지 않더라도 '한(漢)'이라는 글자는 그 자체로 본래 은하(銀河)를 뜻하는 말이다. 은하가 크므로 주로 크다는 의미로 많이 사용하고 있다. 그래서 한(漢)은 우리가 경외하고 신앙하는 천(天: 하느님)과는 의미가 전혀 다르다. 그리고 상량문을 쓴 이근명은 누구인가? 헌종 6년 1840에 태어나 1886년 이조참판을 거쳐 정헌대부, 홍문관학사, 경기도 관찰사를 거쳐 1905년 '을사늑약'이 체결된 뒤에 훈1등태극장(勳一等太極章)을 받았으며 1910년 '한일 합방' 뒤에는 일본 정부로부터 자작(子爵)의 작위를 받은 친일 거두이다.

또한, 대한문(大漢門)으로 고치도록 건의했다는 '한일 합방' 때 『고종실록』에 나와있는 궁내부대신 이대극 또한 일본 정부로부터 남작(男爵)의 작위를 받았으며, 현판을 쓴 특진관 남정철(南廷哲) 역시 남작의 작위를 받은 친일세력의 거두들이다.

이렇듯 당시 조정은 온통 친일세력으로만 채워져있어 임금은 허수아비에 불과했다. '을사늑약'도 기술한 바와 같이 고종 황제의 의사와는 상관없이 일본과 이에 부응하는 조정 대신들의 강압으로 이루어진 것이다. 이들이 천명사상에 의한 민족자주독립을 고무하는 문구를 사용하기 위하여 문 이름을 고쳤다고 믿기는 어려운 상황이었다. '을사늑약'으로 국권이 일본의 수중으로 들어가버린 때라 더욱 그렇다. 인용한 문헌이나 뜻으로 보더라도 이름을 지어놓고 이에 맞추어 윤색(潤色)한 느낌을 지울 수가 없다.

여러 가지 속설도 그렇고 실록이나 정사에 등장하는 인물들의 면면이 나라의 장래를 걱정하여 작명(作名)의 철리(哲理)를 따라 개명한 것은 아닌 것으로 보인다.

고종은 1897년 8월 17일 연호를 건양(建陽)에서 광무(光武)로 바꾸고 동년 10월 12일 원구단이 준공되자 하늘에 제사 지내고 황제에 즉위하여 대한제국(大韓帝國)을 선포하였다.

이와 같은 연유로 덕수궁 정문이 화재를 입어 수리한 후 정문 현판을 새로 달면서 일부에서 대한문(大韓門)으로 하려는 기미가 보이자 친일세력들이 일본의 사주를 받아 미리 선수를 써 대한문(大漢門)으로 고쳐 단 것이 아닌가 싶기도 하다.

대한제국(大韓帝國)을 선포한 곳이 경운궁이요, 대한제국을 선포한 고종 황제가 거처한 곳이 덕수궁이기 때문에 그 정문은 대한문(大韓門)으로 바꾸는 것이 바람직하다.

일찍이 한의학계에서는 한방(漢方)을 한방(韓方)으로 고쳤다. 민족적 주체의식을 가진 한의학도들의 선구적 혜안을 새겨볼 필요가 있다.

참고문헌

『국조보감』, 민족문화추진회, 한국학정보(주)

『연려실기술』, 이긍익

『도선비기』, 도선국사

『신증 동국여지승람』, 민족문화추진회, 한국학술정보(주)

『한국민족문화대백과사전』, 한국학중앙연구원

『한국사연표』, 한국정신문화연구원

『이규태의 600년 서울』, 이규태, 조선일보

『한중록』, 혜경궁 홍씨, 태을출판사

『인현왕후전』, 황국산 편저, 태을출판사

『계축일기』, 태을출판사

『매천야록』, 황현 저, 김준 번역, 교문사

『후한서』

『경국대전』, 윤국일, 과학백과사전

『조선과 예술』, 유종열 저, 박재삼 번역, 범우사

『한사경』, 김택영, 태학사

『국사대사전』, 이홍직, 교학사

『불교사전』, 운허용하, 동국역경원

『조선왕조 500년』, 신봉승, 금성출판사

『민족생활어사전』, 이훈종, 한길사

『이완용 평전』, 윤덕환, 중심출판사

『왕능』, 한국문원

『중국역사사전』, 이병갑, 학민사

『서경』, 이재훈 역해, 고려원

『왕궁사』, 이철원, 동국문화사

『개화기 한성부 연구』, 박경용, 일지사

『맹자집주』, 김혁재, 명문당

『오궁과 도성』, 공준원, 세계문예

『조선을 뒤흔든 16인의 왕후들』, 이수광, (주)다산북스

『지봉유설』, 이수광 저, 남만성 역, 을유문화사

『조선왕조실록』: 태조실록, 정종실록, 태종실록, 성종실록, 연산군일기, 중종실록, 선조실록, 선조수정실록, 광해군일기, 인조실록, 효종실록, 현종실록, 숙종실록, 영조실록, 정조실록, 순조실록, 헌종실록, 철종실록, 종실록

『책중일록』, 이민환, 서해문집